JOHN SWEENEY

DER KILLER
IM KREML

JOHN SWEENEY

DER KILLER IM KREML

INTRIGE, MORD, KRIEG

Wladimir Putins skrupelloser Aufstieg
und seine Vision vom großrussischen Reich

Aus dem Englischen von Ulrike Strerath-Bolz,
Karl Heinz Siber, Bernhard Schmid, Monika Köpfer,
Stefanie Römer, Larissa Rabe

HEYNE ‹

Die Originalausgabe erschien 2022 unter dem Titel *Killer in the Kremlin, The Explosive Account of Putin's Reign of Terror* bei Transworld.
Transworld ist Teil der Penguin Random House group of companies.

Transliteration kyrillischer Schrift ins Deutsche nach Alltagsgebrauch,
ukrainische Eigennamen aus dem Ukrainischen,
bei Emigrierten jeweils landesüblich.

Sollte diese Publikation Links auf Webseiten Dritter enthalten,
so übernehmen wir für deren Inhalte keine Haftung,
da wir uns diese nicht zu eigen machen, sondern lediglich
auf deren Stand zum Zeitpunkt der Erstveröffentlichung verweisen.

Penguin Random House Verlagsgruppe FSC® N001967

Deutsche Erstausgabe 2022

© by John Sweeney, 2022
© der deutschsprachigen Ausgabe 2022
by Wilhelm Heyne Verlag, München,
in der Penguin Random House Verlagsgruppe GmbH,
Neumarkter Straße 28, 81673 München
Redaktion: Kristian Wachinger
Umschlaggestaltung: Eisele Grafik Design
unter Verwendung eines Fotos von:
© by Liesa Johannssen/picture alliance/photothek
Satz: Leingärtner, Nabburg
Druck und Bindung: CPI books GmbH, Leck
Printed in Germany
ISBN: 978-3-453-21849-9

www.heyne.de

*Liza Kozlenko, Vlad Demchenko
und Semen Hlusman gewidmet*

Inhalt

1 Die Tötungsmaschine 9

2 Der Rattenjunge 42

3 Einmal Agent, immer Agent 49

4 Eine Bombe aus Zucker 73

5 Krieg ohne Mitleid 86

6 Die Giftanschläge beginnen 102

7 Ein Tod ohne Bedeutung 116

8 Ein Fall von Gin oder Tee 126

9 Russlands größtes Potenzmonster 151

10 Mr. Pleonexia 166

11 „Bedauern Sie die vielen Todesopfer in der Ukraine?" 182

12 Oppositionsführer erschossen 200

13 „Taking On Putin" 212

14 Der Blick vom Turm 226

15 Ein Krieg, von dem wir nicht wissen, dass wir ihn führen 244

16 Der Kreml-Kandidat? 252

17 Nützliche Idioten 269

18 Gift in der Unterhose 300

19 Der Patient im Kreml 307

20 Das wird blutig enden 318

Dank 329

Quellennachweise 332

Kapitel eins
Die Tötungsmaschine

Irgendein Idiot rückt in der Wohnung über mir Möbel. Ich schrecke aus dem Schlaf und bin schon drauf und dran, beim Lambeth Council anzurufen, damit sie sich darum kümmern, als mir einfällt, dass ich in Kyjiw (Kiew) bin. Es ist vier Uhr morgens, und der Krach stammt nicht von Tischen und Stühlen, sondern von der russischen Artillerie.

Der Idiot ist Wladimir Putin, und sein idiotischer Krieg ist gerade zwei Tage alt.

Ich stöhne, schlafe wieder ein, stehe irgendwann auf und gehe raus, versuche, Klopapier zu kaufen, aber vergeblich. Im Laden vor mir stehen ein Opa und eine Hausfrau. Der Alte kauft zehn Päckchen Zigaretten derselben Marke und sonst nichts - eine vulgäre Demonstration seines einzigen Lasters vor den Augen der Welt. Die Hausfrau schnappt sich sämtliche Cervelatwürste, die noch zu haben sind, und beweist damit, dass Panikkäufe auch ihre komischen Seiten haben. Komisch, aber alles andere als erfreulich.

Der Fußweg von meinem Quartier in der Nähe des Olympiastadions bis ins Stadtzentrum dauert eine halbe Stunde. Die Chreschtschatyk, die wichtigste Straße der ukrainischen Hauptstadt, wirkt wie eine neostalinistische Version des Royal Crescent in Bath, ergänzt durch ein paar Gläser Wodka. Sie ist so breit, dass man mit drei Panzern nebeneinander darauf fahren könnte. Und genau das hat Putin vor.

Auf halbem Weg fange ich an, in meine Handykamera zu

brummeln. Wenig später spricht mich ein derber Typ mit sehr authentischem britischem Akzent an und weist mich darauf hin, dass ich gerade am Rathaus vorbeigehe und dass das heute kein guter Aufenthaltsort sei. Ich erkläre meinem Landsmann, dass die Russen heute nicht auf das Rathaus schießen werden - das kommt erst später -, und mache, dass ich weiterkomme. Als ich die Hauptpost erreiche, baut sich eine Woge aus Lärm vor mir auf wie eine Monsterwelle auf See: Es ist die Luftschutzsirene, die sich da so gewaltig auftürmt und vor russischer Artillerie oder Raketen warnt. Ein obszönes Geräusch.

Sie nennen es Putins Wiegenlied.

Ich filme noch ein bisschen mit meinem Smartphone und poste einen Tweet, während die Sirene weiterheult: „Ich mache mir Sorgen um Roman Abramowitschs Jacht. Hoffentlich ist alles in Ordnung."

„Versenkt die Jacht", erwidert jemand auf Twitter.

Weiter geht es über den Majdan zur Mietwohnung meines Freundes Oz Katerji, einem britisch-libanesischen Reporter, halb so alt wie ich. Oz bietet mir eine Tasse Earl Grey an. Wir trinken unseren Tee wie die englischen Lords, die wir vielleicht in einem Paralleluniversum sein könnten. Durch das Fenster hören wir heftiges Artilleriefeuer. Nicht sehr nah, aber dieses Geräusch ist nie gut.

Artillerie. Wladimir Putin ruft mir in Erinnerung, wie ich 1976 für meine Abschlussprüfung in Englisch lernte. Wilfred Owens großes Gedicht *Anthem for Doomed Youth* kam dran - *Nur die scheußliche Wut der Geschütze ...*

Oz und ich sind beide Freelancer, die darauf hoffen, mithilfe von Interviews für BBC Northern Ireland oder Scotland, LBC und RTE in Dublin ihren kümmerlichen Lebensunterhalt zu verdienen. Der Stückpreis ist nicht hoch, aber wenn etwas gesendet wird, reicht es immerhin für ein oder zwei Döner.

Wir vertrödeln ein bisschen Zeit mit dem Versuch, ein Taxi zu finden oder sonst jemanden, der uns dorthin fährt, wo der Krieg ist. Nichts zu machen. Wer ein Fahrzeug hat, transportiert seine Lieben zum Bahnhof, damit sie aus der Stadt flüchten können. Wir nehmen die Metro. Sehen die Angst in den Gesichtern der Menschen. Eine Mutter schlägt ohne Anlass ihr Kind, eine alte Dame steht verwirrt da, während ihre Tochter in ihr Handy schnauzt, harte Männer im Kampfanzug strömen aus den U-Bahn-Wagen, andere zwängen sich hinein. Es kommt einem vor, als wäre Krieg. Was ja der Fall ist.

Wir steigen am Arsenal aus, dem alten Zeughaus der Stadt und gleichzeitig dem tiefstgelegenen U-Bahnhof der Welt. Er ist in den Felsen hineingebaut, der Kyjiw zu einer natürlichen Zitadelle macht. Hier wurde vor tausend Jahren das Reich der Rus gegründet. Moskau war nur ein Ableger, ist es bis heute und wird es immer sein. Als wir aussteigen, trifft uns eine Flut menschlichen Elends. Es fühlt sich an, als würden wir einen U-Bahnsteig im London des Jahres 1940 entlanggehen, mitten im Blitzkrieg. Im Februar 2022 verstecken sich die Menschen vor russischen Bomben. Ein altes Paar schläft tief und fest. Eine alte Frau sitzt umgeben von Einkaufstüten mit ihren Habseligkeiten da; die Muskeln in ihrem Gesicht zucken unkontrolliert. Zwei niedliche Kinder starren auf das Display ihres Smartphones, auf dem ein Film läuft. Ein alberner Hund sitzt zu ihren Füßen.

Verflucht, Wladimir Putin.

Wir gelangen mit der Rolltreppe nach oben und gehen am Westufer des Dnipro Richtung Norden. Angeblich steht irgendwo da vorne die russische Armee. Ich muss haltmachen, um mit Jeremy Vine für seine Sendung auf BBC Radio Two zu sprechen. Er ist ländliches Mittelschicht-England, aber das ist gut, er erreicht die ganz normalen Leute. Oz bleibt nicht stehen. An diesem Tag werde ich ihn nicht wiedersehen. Im Weitergehen filme ich mich selbst und im Hintergrund ein paar ukrainische Soldaten, die am Triumphbogen für die russisch-ukrainische Freundschaft herumlungern – keine Ironie, Leute. Ein Soldat brüllt mich an, ich solle aufhören zu filmen. Ich nehme die Kamera runter, gehe hundert Meter weiter und filme weiter.

Sweeney, du Idiot.

Ein junger Ukrainer mit Gewehr fängt an, mich auf Russisch anzubrüllen. Die Mehrheit der Stadtbevölkerung spricht russisch. Er ist nicht komplett im Tarnanzug, sondern trägt einfache grüne Hosen. Andere Typen schwenken ihre Gewehre eher so allgemein in meine Richtung.

Herr Grünhose verlangt mein Handy, er will sehen, was ich gefilmt habe.

„Sehe ich aus wie ein russischer Spion?" Ich trage eine orangefarbene Strickmütze und einen kamelhaarfarbenen Dufflecoat, wie ihn Trevor Howard anhatte, als er in dem Film *Der dritte Mann* den Major Calloway spielte, darunter ein braunes Cordjackett mit Flicken auf den Ellenbogen. Ich sehe aus wie ein arbeitsloser Erdkundelehrer aus Dorking.

Er verlangt trotzdem mein Handy.

Völlig bescheuert. „Sehe ich aus wie ein russischer Spion?", brülle ich noch mal – und ich kann ziemlich laut brüllen. Sollten Sie das nicht glauben, fragen Sie mal jemanden von Scientology.

Inzwischen werden die Gewehre nicht mehr allgemein in meine Richtung geschwenkt, sondern zielen auf mich.

Ich händige mein Handy, meinen Pass und meinen Presseausweis aus. Sie nehmen mich mit in ihre Basis, ich halte die Hände über dem Kopf. Eine Stahltür schließt sich hinter mir. Niemand hat gesehen, wie ich reingegangen bin, niemand hat meine Festnahme mitbekommen. Ich bin in Schwierigkeiten.

Wir befinden uns in einem Pumpwerk, das halb Kyjiw mit Trinkwasser versorgt. Es riecht nach gut geölten alten Maschinen.

Jemand ruft beim ukrainischen Inlandsgeheimdienst SBU an – Sluschba bespeky Ukrajiny. Ich sage immer wieder, schaut euch doch meinen Twitter-Account an! Grünhose holt seinen Kommandanten und dessen Stellvertreter. Die beiden sind echtes Militär und tragen die komplette Uniform der ukrainischen Armee. Der Chef ist ein großer Mann, größer als ich, und ich bin nicht gerade winzig. Der Stellvertreter ist kleiner, aber gerissen. Mit einer Mischung aus Amüsement und Ironie schaut er mich an. Ich vermute, ihm ist klar, dass ich keine Bedrohung darstelle. Die beiden erinnern mich an Captain Mainwaring und Sergeant Wilson aus der britischen Kriegs-Sitcom *Dad's Army*. Aber der Chef sieht mich grimmig an und sagt: „Russki schpion." Ich habe in der Schule Russisch gelernt und fast alles vergessen, aber so viel verstehe ich noch: „Russischer Spion". Da setze ich mich hin und bekomme einen Lachanfall.

Der russische Spion scheint sich nicht angemessen zu fürchten. Die Stimmung verändert sich. Grünhose googelt mich und findet endlich mein Twitter-Profilbild, auf dem ich Putin persönlich herausfordere. Nachdem im Juli 2014 eine russische BUK-Rakete, von Separatisten in der Ostukraine abgefeuert, alle Passagiere an Bord des Flugs MH17 der Malaysia Airlines getötet hatte, konnte ich den russischen Präsidenten in Sibirien stellen und ihn auf den Mordanschlag ansprechen.

Grünhose findet auch das Foto aus dem Jahr 2013, auf dem Donald Trump vor mir steht und mir die Hand geben will, um zu signalisieren, dass unser Interview beendet ist. Ich sitze noch da, die Hand erhoben. Meine Frage lautete: „Mr. Trump, warum haben Sie Beton von Fat Tony Salerno gekauft?"

Schon möglich, dass einer der beiden Männer auf diesem Foto ein russischer Spion ist, aber sicher nicht ich.

Eine Omi erscheint und bringt dem Häftling eine Tasse Tee.

Grünhose wird mein Held. Er stellt sich als Vlad Demchenko vor, ein netter, kluger Filmemacher, der 2014 eine Dokumentation über die Kämpfe um den Flughafen von Donezk gedreht hat. In einem früheren Leben, vor dem Krieg, war er viel auf Reisen. Wie man das so macht. Er spricht ziemlich gut Englisch, und wir verstehen uns auch gut, aber nun haben sie ja den SBU angerufen, also stecke ich in den Mühlen der Militärbürokratie fest und muss versuchen, mich von dem schlimmstmöglichen Verdacht zu befreien. Es ist, als würde man von bewaffneten Leuten in einer fremden Sprache beschuldigt, ein Verräter zu sein, und müsste sich dagegen verteidigen. Wir steigen in einen großen braunen Lastwagen, der Kommandant am Steuer, sein bewaffneter Stellvertreter, Vlad und ich auf dem Rücksitz. Überall in der Stadt werden Checkpoints errichtet. Soldaten mit Gewehren rennen herum, ständig heulen die Sirenen. Das Artilleriefeuer kommt näher. Wir parken in einer Seitenstraße unweit des SBU-Hauptquartiers und sitzen da. Und sitzen. Und sitzen.

„Ich glaube, sie werden ein bisschen paranoid", flüstert Vlad mir zu.

Willkommen in meiner Welt, denke ich, sage es aber nicht laut.

Mir geht durch den Kopf, dass das Hauptquartier des ukrainischen Geheimdienstes das zweitbeste Ziel für russische Raketen sein könnte, gleich nach dem Sitz des Präsidenten.

Irgendwann wird ein Fensterladen aufgestoßen, und jemand sagt etwas.

Drei ukrainische Soldaten erscheinen und übernehmen mich. Ich verabschiede mich von dem Kommandanten, seinem Stellvertreter und Vlad, und wir marschieren die Straße hinauf, um die Ecke des Gebäudes und eine breitere Straße entlang zum Haupteingang.

Dort warten wir. Es gibt hier ein schweres Drehkreuz mit elektronischer Steuerung, aber niemand kann sich bewegen, solange der ranghöchste Soldat nicht telefoniert hat. Und er kommt mit seinem Anruf nicht durch. Ich bemerke, dass mehrere Maschinengewehre genau auf uns gerichtet sind.

Schließlich tauchen wieder andere Soldaten auf, und ich werde durch das Drehkreuz in die Eingangshalle des SBU gebracht. Überall Sandsäcke und Soldaten mit automatischen Waffen und roten Augen, als hätten sie seit einer Woche nicht mehr richtig geschlafen. Was wohl auf die meisten Menschen in der Ukraine zutrifft. Ein hochgewachsener, streng aussehender Mann nimmt einem der Soldaten meinen Pass und meinen Presseausweis ab und bringt mich eine Treppe hoch, vorbei an todmüden Soldaten, die auf den Stufen sitzen. Ich muss an ein präraffaelitisches Gemälde einer Szene aus Tennysons *Morte d'Arthur* denken.

Der strenge Typ bringt mich in sein Büro, dessen Fenster mit dickem gelbem Klebeband gesichert sind, damit nicht so viel Glassplitter herumfliegen, sollte der SBU angegriffen werden. Wenn hier ein Marschflugkörper einschlägt, werden wir alle gegrillt. Drei oder vier weitere Soldaten sitzen auf Bürostühlen, sie wirken vollkommen erschöpft. Der Typ studiert meinen Pass und meinen Presseausweis, schaut sich dann die Fotos auf meinem Smartphone an. Seit dem 14. Februar bin ich in Kyjiw. Was für ein Valentinstag!

„Diese Fotos von ukrainischen Soldaten müssen gelöscht werden."

Ich lösche sie und bitte um Entschuldigung, dass ich ihm seine Zeit stehle. „Aber ich bin kein russischer Spion", sage ich noch.

„Sie sind frei", erwidert er. „Keine Aufnahmen von der ukrainischen Armee mehr."

Geht in Ordnung.

Draußen vor dem SBU-Hauptquartier wird es allmählich dunkel. Ich marschiere mit schnellen Schritten davon. In der Seitenstraße steht noch der braune Pick-up, mit dem ich hierhergebracht wurde. Der Kommandant ist allein, er sitzt am Steuer und telefoniert. Ich klopfe ans Fenster und zeige ihm mit erhobenem Daumen, dass ich freigelassen wurde. Er blickt auf, sieht mich grimmig an, ich mache, dass ich weiterkomme.

Mehr als einen Monat später schreibt mir Vlad: „Ich hab dir das bisher nicht gesagt, aber von den Leuten, die im Auto saßen, als du zum SBU gebracht wurdest, sind nur noch wir zwei am Leben, John. Die anderen beiden sind nach einer Operation an der Front verschwunden."

Vlad sucht nach dem Kommandanten und seinem Stellvertreter, damit die beiden ein anständiges Begräbnis kriegen. Er schickt mir ein Update: „Wir haben ihre Leichen nicht gefunden, also hat man sie entweder gefangen genommen, oder sie wurden irgendwo verscharrt. Ich weiß nicht, was ich ihnen wünschen soll."

Und er schickt mir ein Foto des ausgebrannten Pick-ups, ein verkohltes Skelett aus Metall in einem Wald irgendwo im Ödland nördlich von Kyjiw.

Zurück in meiner Unterkunft, drehe ich ein Filmchen für Twitter, in dem ich den Leuten von meinem heftigen Tag erzähle. Ich trinke einen kräftigen Schluck Gin mit grenzwertigem Tonic, während ich von meiner Festnahme und späteren Freilassung berichte. Am Ende erwähne ich, dass Strom und Internet noch funktionieren und dass ich den Eindruck habe, im Moment steckt weder Präsident Selenskyj in echten Schwierigkeiten noch ich. Sondern Wladimir Putin.

Dieses Twitter-Video bekommt eine Million Klicks.

Die Tage verschwimmen miteinander. Chou-Chou die Clownin ist gut, besser, als man erwarten könnte, denn ihr Publikum besteht aus etwa zwanzig Kindern und ihren Müttern und Vätern, die sich nie weit von ihrem derzeitigen Aufenthaltsort entfernen können. Wir befinden uns im Keller der Dialysestation im Kyjiwer Kinderkrankenhaus. Wenn diese Kinder von der Maschine genommen werden, sterben sie wahrscheinlich. Wenn sie hier bleiben, sterben sie wahrscheinlich auch, dank Wladimir Putins Krieg.

Chou-Chou, was so viel heißt wie „Verrückt-Verrückt", ist eine junge Frau mit klassischer roter Clownsnase, Zöpfen und in alberner Bluse und Rock. Ihr echter Name ist Anastasia Kalyuha und sie ist selbst ein Flüchtling – aus Donezk, wo Putin 2014 zum ersten Mal in die Ukraine einmarschierte. Ein Mädchen von zwölf oder dreizehn Jahren sitzt auf einem Rollbett, das Gesicht wie bei allen Kindern hier im Keller wegen der Nierenprobleme schwefelgelb. Doch sie ist Teenager genug, um zu wissen, dass Clowns etwas für kleine Kinder sind und dass diese Clownin Unsinn plappert. Ich erzähle ihr und Chou-Chou, dass ich aus London komme. Chou-Chou bietet mir auf Englisch ein Brötchen und Tee zum Frühstück an.

Das Mädchen auf dem Rollbett verzieht das Gesicht zu einem Grinsen.

„Wie heißt du?", frage ich sie.

„Elon", erwidert sie. Oder so ähnlich.

„Elon Musk", steigt Chou-Chou sofort ein, und darüber und über die Vorstellung, dass Mr. Tesla hier sein könnte, fangen wir beide an prustend zu lachen, das gelbgesichtige Kind und ich. Chou-Chou ist jetzt voll in Fahrt. Ich wende mich ihr zu und sage, im Rückblick ein bisschen zu herablassend, eher so wie John Cleese zu Manuel in *Fawlty Towers*: „Du machst das echt ziemlich gut." Chou-Chou ist wirklich verdammt gut.

Auf dem nächsten Bett liegt Angelica, vierzehn Jahre alt, die in exzellentem Schulenglisch mit mir plaudert, während zwei Schwestern ihr über die Vene Medikamente verabreichen. Nebenan piept eine Maschine, einige Kinder lachen. Ich sage zu Angelica, wenn sie hier rauskommt, soll sie mich in London besuchen. Sie soll meine Enkelin kennenlernen, und ich zeige ihr, wo die Queen wohnt. Sie gibt mir ein Daumen hoch. Mut unter Beschuss, Anmut unter Druck: Das ist die ukrainische Art, und hinter meiner coolen Maske kämpfe ich mit den Tränen.

Chou-Chou drängelt sich an mir vorbei und liefert eine Nummer mit ihrem Handy ab, die einen kleinen gelbgesichtigen Jungen dazu bringt, sich schlapp zu lachen, während seine Kumpel, all diese gelben Mädchen und Jungen, vor sich hin kichern und eine Mutter, die auf einem der Betten sitzt, lächelnd in meine Handykamera winkt.

Ich bin ein dreiundsechzig Jahre alter Kriegsberichterstatter. Ich habe Kriege und allen nur denkbaren Wahnsinn erlebt, in Ruanda, Burundi und im Südafrika der Apartheid, die Revolution in Rumänien, den Krieg im ehemaligen Jugoslawien, im Irak, in Syrien, Albanien, Tschetschenien, Afghanistan und Zimbabwe. Ich habe Babys mit abgehackten Gliedmaßen gesehen und einen alten Mann, dessen Augen durch eine Mine in den Kopf gedrückt worden waren. Menschen, deren Lunge zerfetzt war, und einen Mann, dem sie mit einer Machete den Schädel gespalten hatten. Aber nichts ist schlimmer als ein Kind, das auch im Krieg noch lächelt. Diese Noblesse der menschlichen Seele bringt mich zum Weinen. Und jetzt weine ich.

Ich kehre in meine Unterkunft im Zentrum von Kyjiw zurück, durchforste TikTok und Twitter, sehe ein Video von drei ukrainischen Bauernjungen, die ein liegen gebliebenes russisches

Maschinengewehr im Beiwagen ihres Motorrades abschleppen, und muss hysterisch lachen über diese Jungs – die besten Krieger der Welt.

Ob sie gut genug sind, um zu verhindern, dass Putins Militärmaschinerie die Dialysekinder im Keller des Krankenhauses umbringt? Ich weiß es nicht, aber eins weiß ich, und dieses eine lässt mich meine absolut rationale Furcht überwinden und hier bleiben und weiterhin berichten, bis mich vielleicht irgendwann doch das letzte bisschen Mut verlässt.

Ich weiß nicht, ob die ukrainischen Kämpfer Putin stoppen können, aber Leute, sie versuchen es. Und weil ich das gesehen habe und die unschuldigen Menschenleben kenne, die sie verteidigen, sind auch sie Teil jener Noblesse der menschlichen Seele, die Wladimir Putin zerstören will.

Im Moment ist das Böse ganz erfolgreich.

Am nächsten Morgen fahre ich per Anhalter zum Fernsehturm – ich bin ja schließlich Freelancer. Ein Typ, der ebenfalls Wlad heißt, nimmt mich in seinem keuchenden kleinen roten Škoda mit. Ich ernenne ihn auf der Stelle zu meinem persönlichen Fahrer. Wir kurven durch die Checkpoints, niemand hält uns auf, das marode Kugellager eines unserer Räder quietscht, und ich bin früher am Fernsehturm als alle anderen Reporter. Ein Kämpfer namens Rost, unheimlich in seinem Hoodie und mit seiner Waffe, zeigt mir den zerstörten Turm und das Übertragungsgebäude, das riesige Loch in der Mauer, das ein direkter Treffer hinterlassen hat. In der Nähe wird die dünne Schneedecke von einer leuchtend roten Blutlache gefärbt – dort wurde einer der Arbeiter getötet.

„Fuck Putin", sagt Rost.

„Fuck Putin", erwidere ich.

„Was hast du vor dem Krieg gemacht?", frage ich ihn.

„Ich war Heißluftballon-Pilot", sagt er. Wir müssen beide lachen beim Gedanken an die Absurditäten des Krieges.

Nicht weit von hier hat eine russische Rakete eine Schneise durch die Bäume geschlagen, sodass das Mahnmal von Babyn Jar zu sehen ist, das an die größte Massenerschießung während des Holocaust erinnert, bei dem die Nazis und ukrainische Kollaborateure 34 000 Juden aus Kyjiv ermordet haben. Putin behauptet, die ukrainische Regierung bestehe aus Neonazis. Der Präsident und der Ministerpräsident der Ukraine sind Juden, die Russen haben das Mahnmal angegriffen. Um eines klarzustellen: Nicht die Ukrainer sind es, die sich in diesem Krieg benehmen wie die Nazis.

Rost führt mich aus dem Komplex hinaus und über die Straße, wo eine der Raketen übers Ziel hinausgeschossen ist und eine Reihe von Geschäften getroffen hat. Der Qualm dringt noch aus den Gebäuden, Leichen liegen auf dem Boden. Die Männer vom Leichenschauhaus kommen und holen Decken aus ihrem dunkelgrünen Lieferwagen. Sie legen sie über die Toten: ein älterer Mann, eine Mutter mit Kind. Wenn der Kreml behauptet, man schieße nicht auf Zivilisten, dann ist das eine Lüge. Ich habe die zivilen Opfer des russischen Krieges mit eigenen Augen gesehen. Und davon berichte ich auf Twitter.

Vielleicht bekomme ich deshalb mitten in der Nacht eine Meldung von Microsoft, dass mein Account gehackt wurde und dass man den Hacker im Kreml oder in dessen unmittelbarer Nähe geortet hat. Es ist nicht ganz klar, was passiert ist, vielleicht ist das Ganze auch ein Phishing-Versuch. Aber es ist schon klar, allein die Tatsache, dass man hier ist, Filme auf Twitter postet und Artikel für alle möglichen Nachrichtenkanäle schreibt, macht einen zur Zielscheibe für den Kreml.

Die russische Armee bestattet ihre eigenen Toten nicht. Das ist nicht gut für die Moral der Truppe. Schlechte Moral ist ein Ergebnis des zweiten wichtigen Grundes für ein Scheitern der Russen: dass sich nämlich das Oberkommando keinen Deut um die eigenen Leute kümmert. Es kümmert sich nur ums Geld. Es ist korrupt.

Sprechen wir über das Hundefutter. Russische Soldaten bekommen die nahrhaftesten Rationen, die man sich vorstellen kann - Hundefutter. Man bekommt einen Geschmack davon, was beim Krieg in der Ukraine falsch läuft, wenn man sich an eine Geschichte erinnert, die Reuters vor gut zehn Jahren veröffentlichte. Da zitierte die Nachrichtenagentur den Ex-Major Igor Matwejew mit den Worten: „Es ist mir peinlich, darüber zu sprechen, aber die Soldaten hier bekamen Hundefutter. Es wurde zu Eintopf verarbeitet." Die Dosen wurden mit falschen Etiketten versehen, auf denen von „Premium-Rindfleisch" die Rede war.

Die Ukrainer haben in verlassenen russischen Armeefahrzeugen Lebensmittelrationen gefunden, deren Haltbarkeit vor sieben Jahren abgelaufen war. Der unglaubliche Witz daran ist, dass einer der Lieblingsgangster des Kremls für diese Dinge verantwortlich ist, Jewgeni Prigoschin, auch bekannt als „Putins Koch". Es wird vermutet, dass Prigoschin, eng verbunden mit dem militärischen Geheimdienst GRU, in Sowjetzeiten ein Sträfling, Trollfarmen und die mörderische Söldnertruppe „Gruppe Wagner", benannt nach Hitlers Lieblingskomponisten, finanziell unterstützt. Sein Firmenimperium kontrolliert 90 Prozent der Lebensmittelversorgung der russischen Armee. Es gibt mehrere Videos von Ukrainern, in denen hungernde russische Soldaten um Essen betteln. Für all das sind Prigoschin und sein Chef verantwortlich.

Der geniale Russlandkenner Christo Grosew arbeitet auch als

Detektiv für Bellingcat, ein investigatives Recherchenetzwerk, das auf Open-Source-Informationen setzt. Ein Tweet von ihm lautet: „Während die russischen Soldaten hungern und in gestürmten ukrainischen Häusern um Brot betteln, überschwemmen Prigoschins angeblich ‚nicht für den Handel bestimmte' Lebensmittelrationen russische Flohmarktportale zum Preis von 3 Dollar pro Dose."

Die Korruption tötet die russische Tötungsmaschine.

Und dann wäre da noch das Thema schlechte Führung. Wladimir Putin hat einen Krieg angefangen, ohne seinen Geheimdienst einzubeziehen. Er hat nicht über die Grenze geschaut und niemanden gefragt, was da drüben vor sich geht. Oder er hat gefragt, und man hat ihm aus Angst nicht die Wahrheit gesagt: dass die Ukraine sich nämlich wehren würde. Schlechte Führung ist auch das Hauptthema von Norman F. Dixons Klassiker *On the Psychology of Military Incompetence*. Dass Putin keine militärische Kompetenz besitzt – na ja. Er ist eine schwache, autoritäre Persönlichkeit, weil er sich vor dem Tod fürchtet. Daher der lange Tisch beim Treffen mit dem französischen Staatspräsidenten Macron und sogar mit hochrangigen russischen Beamten: Er leidet unter einem hochgradigen Verfolgungswahn.

Verfolgungswahn zerstört die russische Armee von innen. Wladimir Putin sitzt wie ein Häftling in seinem Schloss, genau wie Stalin. Seine Angst, er könnte die Karten zu früh auf den Tisch legen, und die Amerikaner würden davon in Kenntnis gesetzt werden, war so groß, dass er selbst seine Armee erst am Tag vor dem Einmarsch in die Ukraine über seine tatsächlichen Pläne informierte. Was zur Folge hatte, dass der russische Generalstab den Krieg improvisieren musste – mit katastrophalen Folgen. Diese Generäle sind nur aufgrund ihrer Treue zum Kreml im Amt, nicht wegen ihres Mutes oder ihrer Kompetenz. Unterwürfigkeit mag angehen, wenn eine Armee nicht gegen einen schwierigen Gegner zu kämpfen hat. Aber unterwürfige Generäle bringen nichts, wenn man es mit der ukrainischen Armee zu tun hat.

Irina Borogan und Andrei Soldatow, zwei der besten Beobachter des russischen Psychodramas, vermuten, dass Putins Verfolgungswahn sogar das Vertrauen im Allerheiligsten angreift, im innersten Zirkel des staatlichen Geheimdienstes (dem FSB, ehemals KGB). Sie berichten, dass der Chef des Auslandsgeheimdienstes FSB und sein Stellvertreter „unter dem Vorwurf festgenommen wurden, Gelder veruntreut zu haben, die für subversive Aktivitäten vorgesehen waren, und wegen mangelhafter Informationen im Vorfeld des jetzt stockenden russischen Angriffs".

All das liegt am Chef. Die Moral ist schlecht, weil Putin sich weder um sein Volk noch um seine Soldaten schert. Die Korruption grassiert in seiner Armee, weil er - wie Alexei Nawalny einmal zu mir gesagt hat - „der Zar der Korruption" ist. Und Verfolgungswahn ist das Lieblingshobby ehemaliger KGB-Spione. Sein Krieg läuft nicht gut, und dafür ist er ganz allein verantwortlich. Kein Wunder, dass in Moskau Gerüchte umgehen, die FSB-Führer würden ihre Datschen auf der Krim verkaufen.

Ein paar Kilometer von dem Mahnmal für die Ukrainer, die 1937 bei Stalins Großem Terror ermordet wurden, - trostlose Metallkreuze, eine Granitplatte, ein paar Birken, die in eine düstere Vergangenheit überleiten, liegt der letzte Checkpoint der ukrainischen Armee.

Der letzte, jedenfalls für uns.

Es ist Mitte März. Als wir näher kommen, schickt man uns zurück nach Browary. Jenseits des Kontrollpunkts wurden ein paar Tage zuvor die Panzer der russischen Armee, die auf Kyjiw zuratterten, von den Verteidigern in die ewigen Jagdgründe geschickt. Der Ort des Angriffs liegt vor uns, aber der ukrainische Soldat lässt nicht mit sich reden. „Kehren Sie um."

Wie um seine Worte zu unterstreichen, kracht es gewaltig aus dem Wald zu unserer Rechten. Nicht sehr nah, aber auch nicht weit weg. Man lernt zu erkennen, woher der Geschützdonner kommt. Ein Abschuss ist einfach nur ein Krachen, der Luftdruck ändert sich nicht. Bei einem Treffer kann es zwei Einschläge geben, und man spürt es bis in die Schuhsohlen.

Wir steigen wieder ins Auto, fahren ein Stück zurück, bleiben an einem Picknickplatz stehen, hören es wieder krachen, sehen schwarzen Rauch, der sich träge in den eisblauen Himmel kräuselt. Ab und zu heult die Sirene eines Notarztwagens auf der vierspurigen Schnellstraße Richtung Kyjiw.

Ein Paar kommt auf uns zu, bewegt sich zu Fuß in Richtung Krieg. Wir reden kurz miteinander. Wanja und Natascha sind mittleren Alters, gelassen, zielbewusst. Vor dem Krieg war er Fischhändler, sie hat Gurken und Salat angebaut.

„Ich hätte gern ein Sandwich mit Räucherlachs und Gurke", sage ich aufs Geratewohl.

Wieder kracht es im Wald rechts von uns.

„Tut mir leid, ist gerade nicht vorrätig", erwidert sie.

Der ukrainische Humor ist ein ganz spezielles Wunder. Natascha bleibt noch ernst.

„Ich werde Ihnen eine schlechte Bewertung schreiben", sage ich.

Jetzt lacht sie auch, für einen Moment ist der Krieg vergessen, während wir unseren Scherz genießen – und das Leben. Ich habe Wlad dabei, den Fahrer, der mich auf dem Weg zum Fernsehturm aufgesammelt hat, zu Beginn des Krieges, als dort ein Raketenangriff stattgefunden hatte. Und Eugene, den schlechtesten Dolmetscher der Welt. Das ist natürlich absolut nicht wahr, Eugene ist ein Star. Mit uns lacht auch Emile Ghessen,

Filmemacher aus London, der in einem anderen Leben Sergeant der Royal Marines war. Irak, Afghanistan.

Wir fragen Wanja und Natascha, wohin sie unterwegs sind.

„Nach Hause, ins nächste Dorf, knapp drei Kilometer von hier."

„Ist es russisch besetzt?"

„Nein, von unseren Leuten."

„Und das nächste Dorf? Unter russischer oder ukrainischer Kontrolle?"

„Das weiß keiner."

Die Russen sind nah, fünfzehn Kilometer, vielleicht weniger.

Wir fahren noch ein Stück zurück und halten an einer Tankstelle östlich von Browary, um Kaffee zu trinken.

Denis, ein untersetzter Taxifahrer, hilft zwei Leuten, ihre Habseligkeiten aus ihrem beschädigten Auto in sein Fahrzeug umzuladen. Der größte Teil der Motorhaube ist weg, und wie sie damit bis zu dieser Tankstelle gekommen sind, ist nur ein weiteres Rätsel dieses Krieges. Der Mann steht schweigend mit grimmigem Gesicht da, die Frau ist am Boden zerstört und weint. Ein Telefon klingelt, die Frau führt ein längeres Gespräch. In der Zwischenzeit raucht Denis eine Zigarette und spricht mit uns. (Ich habe nicht nach seinem Familiennamen gefragt. Wenn die russische Armee in Hörweite ist, gilt es als unhöflich, Leute mit solchen Fragen zu belästigen.)

Ich habe Berichte gehört, die besagen, die russische Armee sei hier, am östlichen Ende ihrer Zangenbewegung auf Kyjiw zu, nicht nur aufgehalten worden, sondern würde zurückgedrängt.

„Haben sich die Russen bewegt?", frage ich Denis.

„Nein", sagt er. „Sie sitzen fest, es geht nicht vorwärts und nicht zurück."

„Und wie geht es ihnen?"

„Die Leute in den Dörfern sagen, sie betteln um Lebensmittel. Sie sind so hungrig, dass sie zu den Dorfbewohnern kommen und um etwas zu essen bitten. Es heißt auch, sie sind nicht aggressiv. Ihre Kommandanten verlangen von ihnen, dass sie kämpfen und grob sind, aber sie sind zu sehr damit beschäftigt, irgendwo ein bisschen Essen aufzutreiben."

Es gibt immer eine Bar. In Kyjiw im März 2022 ist es der Buena Vista Social Club, gleich neben einem Checkpoint der ukrainischen Polizei, was für sich genommen schon lustig ist und noch lustiger, weil der Verkauf von Alkohol derzeit landesweit verboten ist. Tja. Es ist eine fröhliche Kneipe mit kubanischer Anmutung, der Wirt heißt Maks, und man weiß vorher nie, was es zu trinken gibt und wer sonst noch da ist. Die Frauen hier haben eine Vergangenheit, die Männer keine Zukunft. So etwa fühlt sich das an.

Zu Beginn des Krieges war einer der Stammgäste ein großer Kerl mit dickem Schnurrbart und einer wilden Lockenmähne, oft zusammen mit seiner Kollegin, einer ukrainischen Freelancerin. Ich habe nie mit ihm gesprochen, erlebte ihn aber als einen Mann mit viel Präsenz, einen interessanten Charakter, den ich vielleicht in Sarajevo oder sonst wo schon mal gesehen hatte: Er war ein berühmter Kameramann namens Pierre „Zak" Zakrzewski, und sie war Olexandra „Sascha" Kuwschinowa, und die beiden wurden am 14. März 2022 getötet, als ihr Fahrzeug in Butscha dreißig Kilometer nordwestlich von Kyjiw beschossen wurde – im Englischen erinnert der Ortsname an „butcher", Metzger. Der britische Journalist Ben Hall wurde bei dem gleichen Angriff verletzt. Sie arbeiteten für Fox News, und von Zak, der 55 Jahre alt und in Irland aufgewachsen war, hörte man, er habe gemischte Gefühle dabei gehabt. Aber er kannte die Risiken im Krieg nur allzu gut und war zu dem Schluss gekommen, es sei klüger, ein großes Unternehmen im Rücken zu haben, als frei zu arbeiten. Seine Partner bei Fox mochten ihn und hatten ihm einen Preis als „unbesungener Held" verliehen, nachdem er geholfen hatte, afghanische Freelancer aus Kabul zu retten. Sascha war 24 Jahre alt, schön, mutig und unheimlich clever. Nach ihrem Tod erzählte ihr Vater, sie habe schon im Alter von drei Jahren lesen gelernt und sich im Familienurlaub Englisch mithilfe von Speisekarten angeeignet. Sie war eine fanatische Fotografin, ständig mit fünf Kameras unterwegs, sie hatte ein Musikfestival für aufstrebende Jazzmusiker gegründet, als DJane gearbeitet und Gedichte geschrieben. Als Nächstes wollte sie Filme machen.

Wenn man die Kultur der freien Meinungsäußerung in einer Demokratie nicht mag, sprengt man den Fernsehturm. Der erste Journalist, der in diesem Krieg dem Kreml zum Opfer fiel, war Jewgeni Sakun, 49, Kameramann des Senders Ukraine LIVE. Er starb am 1. März. An diesem Abend schickte die russische Armee zwei Raketen, und dabei wurden ein Arbeiter auf dem Gelände sowie vier Zivilisten getötet. Mit eigenen Augen sah ich die Leute vom Leichenschauhaus, wie sie die Leichen eines Mannes mittleren Alters, eine Mutter und ihr Kind wegschafften. Aber davon habe ich ja schon berichtet.

Die gefährlichste Gegend in Kyjiw sind die nordwestlichen Vororte, wo der Teil der russischen Armee, dessen Angriff von Tschernobyl herunter geführt wird, der Hauptstadt am nächsten ist. Reporter auf der Suche nach Geschichten über die humanitäre Lage, über Flüchtlinge mit dem Hund an der Leine oder der Katze in der Transportbox, fuhren immer wieder nach Irpin dreißig Kilometer nordwestlich von der Hauptstadt. Da die ukrainische Armee einen weiteren Vorstoß der Russen fürchtete, flutete sie die Flussauen in der Nähe des Vorortes und sprengte die südlichste Brücke, sodass die Leute irgendwie über die Ruinen klettern mussten. Wenn das geschafft ist, kommt noch eine zweite Brücke. Das ist die Stelle, wo der US-amerikanische

Filmemacher Brent Renaud, 50, ursprünglich aus Little Rock, Arkansas, und ein früherer Mitarbeiter der *New York Times*, stand, als er die Flüchtlinge filmte, die um ihr Leben rannten. Brent wusste, was er tat, nachdem er in Wort und Bild an all den netten Orten dieser Welt über die Grausamkeit des Menschen berichtet hatte: Irak, Afghanistan, Libyen.

In Irpin, an der zweiten Brücke, schossen ihm am 13. März russische Soldaten ins Genick. Er starb an seinen Verletzungen.

Oxana Baulina war eine jener unheimlich tapferen Russinnen aus dem Team Nawalny, bevor ihr Held im Januar 2021 unter gefälschten Anschuldigungen verhaftet und die Organisation zerschlagen wurde. Die 43-Jährige wurde vom Kreml zur „Terroristin" erklärt und musste aus Russland fliehen. Sie ließ sich als Reporterin und Filmemacherin in Polen nieder und berichtete über den Krieg. Als am 23. März ein russisches Artilleriegeschoss in ein Einkaufszentrum in Podil, einem nordwestlichen Vorort, wenige Kilometer von Kyjiw krachte, wurde Oxana getötet.

Sie war eine schöne Frau mit rotbraunem Haar und atemberaubendem Mut. Wenn ich an sie denke, kommt mir ein Vers von Keats in den Sinn: „Schönheit ist Wahrheit, Wahrheit ist Schönheit – das ist alles / was ihr auf Erden wisst und wissen müsst."

Das ist grauenvoll. Aber es macht den Menschen im Buena Vista Mut, dass wir da sind, gerade weil Wladimir Putin uns nicht hier haben will.

Und der Rum ist gut. Mein Freund Oz Katerji sah einmal in Beirut einen riesigen Grafitti-Spruch, der für jeden Kriegsberichterstatter in jedem Krieg funktioniert: „Ich glaube an gar nichts. Ich bin nur hier für die Gewalt." So kann man es ansehen. Die andere Sichtweise ist, dass all das Saufen, das Auf-dem-Tisch-Tanzen – die Decke ist so niedrig, ich muss in die Hocke gehen – von der Liebe zum Leben kommt, nicht von dessen Verneinung.

Ich denke auch an ein Zitat aus Tom Stoppards großartigem Theaterstück *Night and Day*, das ich schon mal auf Twitter zitiert habe, während ich kurz vor - nein, eher kurz nach - der Ausgangssperre von der Bar nach Hause eilte. Der Liebhaber der jungen Journalistin (in London gespielt von Diana Rigg), die an der Front getötet wurde, wendet sich darin gegen falsche romantische Vorstellungen vom Journalismus: „Nicht die herzensbrechende Schönheitskönigin, nicht das Kreuzworträtsel und definitiv nicht die Schlagzeile auf der ersten Seite ist das wert." Der alte Journalisten-Haudegen John Thaw erwidert: „Ja, Sie haben recht. Andererseits: Menschen tun einander schreckliche Dinge an. Aber es ist schlimmer an Orten, wo man darüber im Dunkeln gelassen wird. Information ist Licht. Information als solche, egal worüber, ist Licht."

Ruhet in Frieden, Zak, Sascha, Jewgeni, Brent und Oxana.

Während der Krieg sich weiterschleppt, ergattere ich eine Bude im Dachgeschoss mit Blick auf das Herz der Stadt, den Majdan, etwa 15 Zentimeter von den Alarmsirenen auf dem Dach der Hauptpost entfernt. Jeden Tag gehen die Sirenen praktisch in meinem Kopf los. Es ist ein scheußliches Geräusch, ich hasse es, aber in dieser neuen Wohnung kann ich es unmöglich ignorieren. Eines Tages schaue ich aus dem Dachfenster, meine orangefarbene Glücksbringer-Mütze auf dem Kopf, während mir Schneeflocken ins Gesicht fliegen, höre Putins Wiegenlied zu, das dröhnend vom kommenden Tod singt, und nehme mit dem Smartphone eine schlichte Nachricht für meine Follower auf Twitter auf: „Wladimir Putin, Do Fuck Off." - Verpiss dich endlich!

Dann setze ich mich hin, gieße mir einen Schluck Jameson-Whiskey ein - es ist halb neun morgens, aber was soll's - und erinnere mich an eine halb vergessene Zeile aus der Zeit des

Blitzkriegs in London 1940. Harold Nicolson war ein eleganter Adeliger, er war anständig, und er schrieb ein Tagebuch, oftmals deprimiert und unglücklich über das Schicksal Großbritanniens, aber manchmal auch heroisch. Allzu lange hatten die Briten ihre Luftabwehr nicht zum Einsatz bringen wollen, weil man fürchtete, die „ack-ack" – hübscher Kurzname für *Anti-Aircraft Gunnery* – würde noch mehr Menschen in London töten, wenn sie wieder runterkämen, eine der grausamen Tatsachen des Krieges. Irgendwann änderte sich jedoch das Risikomanagement, und die britischen Kanonen eröffneten das Feuer. Nicolson schreibt dazu in seinem Tagebuch: „Wir sind uns ständig der Tatsache bewusst, dass dies ein historischer Moment ist. Aber es ist ein bisschen, wie wenn man von einem Berg stürzt. Man ist sich des Todes und des Schicksals bewusst, denkt aber hauptsächlich daran, sich irgendwo festzuklammern. Ich bin angespannt und unglücklich, aber ohne Furcht. Man ist so stolz."

London 1940. Kyjiw 2022. Nichts Neues unter der Sonne.

Vier Tage bevor Putin seinen Krieg gegen Körper und Geist beginnt, treffe ich meinen alten Freund Semen Hlusman, der mit seinen 75 Jahren immer noch ein Meisterschütze der anderen Seite ist. Er war im Jahr 1971 der erste sowjetische Psychiater, der das Feuer gegen die Instrumentalisierung seines Berufszweigs zur Unterdrückung abweichender Meinungen eröffnete, und er hat für seinen Mut einen hohen Preis bezahlt: zehn Jahre in einem Gulag im Ural, unweit der Stadt Perm. Er und seine Mithäftlinge waren erbärmlich gekleidet angesichts der Eiseskälte, die einmal bis auf 50 Grad unter null sank. Semen saß regelmäßig in einer ungeheizten Strafzelle. „Ich folgte nicht den Vorschriften, wie wir uns benehmen sollten. Ich wollte mich nicht verändern. Ich wollte mich nicht in den KGB verlieben."

Die Beamten, die über die Häftlinge herrschten, sagten kleinlaut: „Ihr habt euch hier eine ganz eigene Universität erschaffen." Und Semen erwiderte: „Aber wir haben uns keine Eintrittskarten gekauft."

An dieser Stelle möchte ich der Church of Scientology meinen Dank aussprechen, dass sie uns zusammengebracht hat. Im Jahr 2016 war ich nach Lwiw (Lemberg) im Westen der Ukraine eingeladen, und zwar von meiner Lieblingsorganisation auf der ganzen Welt, der Vereinigung ukrainischer Psychiater, deren Vorsitzender Semen ist. Ich sollte dort vor den Psychiatern des Landes einen Vortrag über den düsteren Unsinn halten, den dieser abartige Kult verbreitet. Semen und ich verstanden uns auf Anhieb.

Diesmal reden wir drei Stunden lang in seiner mit Büchern vollgestopften Wohnung in Obolon im Nordwesten von Kyjiw. Sie liegt in der Straße, die den Helden von Stalingrad gewidmet ist. Das Haus gehört zu einer Reihe von Betonblöcken, die von den Herrschern der KP der Sowjetunion entworfen wurden, damit andere – sicher nicht sie selbst – darin leben sollten. Doch der Geist erhebt sich auch in einem Betonblock – in schönster Weise.

Die erste Stunde unseres Gesprächs wird von Oz Katerji gefilmt. Dann öffnet Semen eine Flasche Cognac. Mit klassischem Understatement behauptet er, er spreche ein miserables Englisch, sodass ab und zu ein Dolmetscher einspringt, wenn es gilt, komplexe Nuancen rüberzubringen. Wenn irgendjemand behauptet, er würde die Denke eines KGB-Mannes wie Putin besser verstehen als Semen „Zehn Jahre" Hlusman, dann glaube ich ihm kein Wort.

Wladimir Putin droht der Ukraine mit Krieg. Ist er verrückt? Das runzelige Gesicht mir gegenüber verdunkelt sich. Eine dumme Frage, aber er beantwortet sie trotzdem: „Nein, er ist nicht verrückt. Er ist sehr böse. Ich bin sicher, er ist vollkommen gesund. Er hat eine ganz besondere Persönlichkeit. Nicht die eines KGB-Offiziers. Er ist anders, er ist sadistisch, er kümmert sich nicht um andere Menschen, nicht einmal um das russische Volk. Er kümmert sich nur um sich selbst. Ähnlich wie vor ihm Hitler und Stalin. Sie haben schlimme Dinge getan, aber nicht, weil ihnen eine Stimme gesagt hat, dass sie sie tun sollen. Sie waren einfach Übeltäter. Sadisten. Aber geistesgestört waren sie nicht."

Ist das ein Problem, dass Menschen wie ich denken, er sei verrückt? „Als Psychiater mag ich die Frage überhaupt nicht", erwidert Semen, „ukrainische Journalisten stellen sie mir auch. Aber wenn wir behaupten, jemand sei geistesgestört, dann entbinden wir damit diese Person von der Verantwortung für ihr Handeln. Dann ist diese Person nicht mehr verantwortlich für das, was sie tut. Ein solcher Mensch ist einfach krank und begeht unglaublich böse Taten, weil die Stimmen in seinem Kopf es ihm befehlen oder weil er Halluzinationen hat. Doch in diesem Fall ist ein Mensch böse, nicht wegen der Stimmen in seinem Kopf, sondern nur wegen seiner eigenen Taten."

Angela Merkels Gedanken darüber, was in Putins Kopf vorgeht, interessieren Semen. „Sie hat gesagt, sie sei mit ihren Argumenten nicht zu Putin durchgedrungen. Er habe sie durchaus verstanden, aber nicht in seinen Kopf eingelassen. Es wäre zu einfach, Putins spezifische Persönlichkeit auf seine Erfahrung zurückzuführen, auf seine Zeit beim KGB. Denn tatsächlich war er gar kein typischer KGB-Offizier, der beispielsweise Dissidenten verfolgte." Diese Sorte kennt Semen nur allzu gut. Doch während seiner Zeit im Gulag hat er auch drei ehemalige KGB-Offiziere kennengelernt, die wegen politischer Verbrechen eingesperrt waren. Er hat die Psychologie der KGB-Häftlinge und der KGB-Wachen studiert, und auch nach seiner Rückkehr nach Kyjiw hat er ehemalige KGB-Beamte kennengelernt. Aus all diesen Erfahrungen schließt er, dass KGB-Leute genau wie alle anderen unterschiedliche Persönlichkeiten haben. Aber Putin, sagt er, ist einzigartig.

Der Vergleich zwischen Putin und Hitler lässt mich ein wenig schaudern, weil Hitler nun mal in seinen ganz eigenen Kreis der Hölle gehört. Trotzdem glaube ich, dass mein alter Freund recht hat, wenn auch mit einer Einschränkung: Putin ist ein rationaler Akteur in einem Bunker, der so tief ist, so weit weg von Licht und Informationen, dass er Hebel zieht, ohne zu verstehen, wie die moderne Welt darauf reagiert. Er versteht nicht, dass zumindest einige seiner Hebel nicht mehr funktionieren, und er versteht auch nicht, dass Überfälle auf friedliche Länder genau das sind, was die Nazis taten.

Es gibt hier so viele Hunde. Dutzende von ihnen wimmeln um die Füße der ukrainischen Soldaten, um die wenigen älteren Zivilisten, die noch hier sind, um die Vertreter der internationalen Presse, die auf die kahlen Bäume starren, auf die verkohlten Häuser, auf die Reihe ausgebrannter russischer Panzer.

Ein großer, dummer Schäferhund mit einem guten, gesunden Fell schnüffelt an den gebratenen Panzern, die die Woksalnaja (Bahnhofstraße) in Butscha blockieren. Er folgt uns auf Schritt und Tritt. Ich arbeite mit zwei Journalisten aus Malta und zweien aus der Ukraine zusammen: Giuseppe Attard, Neil Camilleri, Alex Zakletsky und Liza Kozlenko. Wir filmen die kaputten russischen Eisenwaren. Auf dem Straßenpflaster liegt ein russischer Stiefel, in dem noch ein Fuß steckt.

Liza kniet sich hin und streichelt den Schäferhund, und ich versuche, ihm ein bisschen Wasser zu geben, aber er schreckt zurück, offenbar hat er Angst vor Männern. Liza unterhält sich mit ein paar ukrainischen Soldaten, die uns sagen, wo wir suchen sollen. Auf halbem Weg die Bahnhofstraße hinunter finden wir das Haus, das noch seltsam heil aussieht, und umrunden es, den Schäferhund und nun auch noch einen struppigen kleinen weißen Terrier im Schlepptau.

Dem ersten Mann in Zivilkleidung wurde ins Genick geschossen. Man sieht eine Blutlache neben seinem Kopf, seine Haut wirkt grünlich blau. Dem zweiten Mann, ebenfalls in Zivilkleidung und ebenfalls mit dieser grünlich blauen Haut, wurde aus nächster Nähe ins Gesicht geschossen. Das Loch, wo seine Stirn sein sollte, ist das Obszönste, was ich je mit eigenen Augen gesehen habe.

Die beiden Männer wurden hingerichtet.

In diesem Moment wird mir klar, warum der Schäferhund und all die anderen Hunde hier frei herumlaufen: Ihre Besitzer sind tot.

Zwei Einheimische kommen dazu, sie haben weiße Leichensäcke dabei. Sie packen die Toten einzeln in die Leichensäcke und ziehen die Reißverschlüsse zu. Das Geräusch verfolgt mich bis in den Schlaf, wie die Kettensäge in einem Horrorfilm.

Die Reihe toter russischer Panzer auf der Bahnhofstraße beweist, dass Wladimir Putins Krieg in katastrophaler Weise schiefgeht. Der russische Angriff auf Kyjiw, geführt mit den Mitteln des letzten Jahrhunderts, wurde hier in Butscha von Drohnen aufgehalten, also mit den Mitteln des 21. Jahrhunderts, und in der nächsten Stadt auf dem Weg zur Hauptstadt, in Irpin, gestoppt. Als der Kreml beschloss, es sei dumm, noch mehr Jungs zum Sterben hierherzuschicken, haute die russische Armee den Rückwärtsgang rein. Und gleichzeitig brachten sie ihren Ärger darüber, was für ein klägliches Bild sie gegenüber richtigen Soldaten abgaben, zum Ausdruck, indem sie Hunderte unschuldiger Zivilisten abschlachteten. Ganz klar zeigen die Satellitenbilder aus der Zeit der russischen Besatzung, dass die Leichen auf den Straßen von Butscha lagen, bevor die Ukrainer die Stadt zurückeroberten. Die russische Armee hat diese Morde begangen. Punkt.

In der Stadtmitte von Butscha werden wir Zeugen einer Szene, von der es hieß, sie würde nie wieder passieren. Doch „nie wieder" fühlt sich wie ein bitterer, düsterer Witz an, wenn man sieht, was in den Massengräbern gegenüber der orthodoxen Hauptkirche liegt. Eine Hand mit grünlich blauer Haut deutet nach oben. Hier sind die Leichensäcke aus schwarzem Plastik.

Wir reden wohlgemerkt nicht von einem klassischen Massengrab wie in Babyn Jar, wo die Mörder ein Loch gruben, Leute direkt daneben erschossen und es dann wieder zuschaufelten. Dies ist ein Massengrab, in dem die Toten der russischen Besatzung beerdigt wurden: zu Beginn des Krieges ein paar ukrainische Soldaten, dann jede Menge unschuldige Zivilisten, die erschossen oder von Granaten zerfetzt oder auf andere Weise von Wladimir Putins Kriegsmaschinerie getötet wurden. In diesem Massengrab liegen, heißt es, ungefähr zweihundertachtzig Tote. Weitere vierzig, die ähnlich aussehen wie die zwei, die wir gesehen haben, sind auf den Straßen und in den Hinterhöfen von Butscha verstreut.

Russland streitet alles ab. Der russische Botschafter bei den Vereinten Nationen, Wassili Nebensja, erklärt, solange Butscha unter russischer Kontrolle gestanden habe, sei „kein einziger Bewohner gewaltsam angegriffen worden". Er fügt hinzu, die Videoaufnahmen der Toten in den Straßen seien ukrainische Fälschungen. Der Sprecher des russischen Parlaments, Wjatscheslaw Wolodin, sagt dazu, Butscha sei „eine Provokation, bei der Washington und Brüssel die Drehbuchschreiber und Regisseure waren und Kyjiw die Schauspieler stellte".

Vor dem Massengrab steht der örtliche orthodoxe Priester, Pater Andrii. Man sieht den Schatten des Krieges in seinem blassen, hageren Gesicht. „Die erste Grube haben sie am zehnten März ausgehoben", sagt er.

„Was sagen Sie zu der Behauptung des Kremls, Sie hätten das getan?"

Er schaut mich mit leerem Blick an. „Erzählen Sie keinen Unsinn."

An der Kreuzung zu Beginn der Bahnhofstraße treffe ich Rabbi Mosche Asman von der zentralen Synagoge in Kyjiw. Ich habe ihn schon einmal für eine der Zeitungen interviewt, deren freier Mitarbeiter ich bin: den *Jewish Chronicle*. (Ich bin ein abtrünniger Katholik, aber das scheint niemanden zu stören.) Der Rabbi berichtet mir: „Ich weiß vor allem deshalb, was hier passiert ist, weil ich zu Beginn des Krieges hier war. Wir haben hier in Anatewka eine jüdische Gemeinde. Und wir haben gehört, was passierte. Aber den Krieg selbst zu sehen, die von Panzern zerquetschten Autos, die Menschen, die von russischen Soldaten erschossen wurden. Und die vielen Leichen. Es ist schrecklich, es ist ein Kriegsverbrechen. Die ganze Welt muss diesen russischen Angriff wenigstens stoppen. Es ist wie im Zweiten Weltkrieg und doch anders. Was ist der Unterschied? Die Wehrmacht kam und danach die SS. Die SS tötete Menschen. Aber hier handelt es sich um die reguläre russische Armee, die Krieg führt und Menschen tötet. Menschen werden ermordet. Die Welt muss diesen Krieg beenden. Es ist nicht nur ein ukrainisches Problem, es ist ein Problem für ganz Europa. Für die ganze Welt."

Ein Stück die Straße hinunter liegen sechs Mitglieder einer einzigen Familie, alle verbrannt. Das Jüngste ist eine Frau von zwanzig Jahren. Die Fotos, die mein ukrainischer Kollege Alex Zakletsky macht, sind zu schrecklich zum Veröffentlichen.

Unweit dieser Stelle wurde eine ganze Reihe von Leichen entdeckt, denen man die Hände auf dem Rücken gefesselt hatte.

Überlebende berichten auf der ukrainischen Website „Vot Tak", was passiert ist. Die Russen kamen am 2. März nach Butscha, sagt Wladislaw Koslowski, der einige Exekutionen selbst mitangesehen hat. Er erklärt, dass er in Butscha war, um nach seiner Mutter und Großmutter zu sehen, als Granaten auf den Ort fielen. Er und seine Freunde, alle unbewaffnet, suchten in einem Keller Schutz. Die Russen sprengten die erste Tür, und die Leute im Keller öffneten die zweite, um sich zu retten. „Die ersten Tage behandelten sie uns gut, versorgten uns mit Lebensmitteln. Aber die Propaganda hat sie einer Gehirnwäsche unterzogen. Normale Menschen überfallen doch kein fremdes Land."

Je schlechter der Krieg für die Russen lief, desto mehr verschwand das anfänglich gute Benehmen der Soldaten. „Sie ließen uns nicht mehr raus. Wir saßen im Stockfinstern. Es gab weder Licht noch Wasser oder Heizung." Am 7. März führten die Russen eine Selektion durch und ließen Frauen und Kinder frei, die Männer aber nicht. „Sie ließen uns hinknien und ‚durchsuchten' uns. Mir nahmen sie die Armbanduhr und das Geld ab. Sie folterten mich und schlugen mir mit dem Gewehrkolben gegen den Kopf. Wenn jemand im Krieg im Osten des Landes, in Donezk und Luhansk, in der ukrainischen Armee gekämpft hatte oder als Soldat erkennbar war, erschossen sie ihn. Sie schossen entweder ins Genick oder ins Herz."

Auf die Frage, wie viele Menschen in seinem Beisein getötet wurden:

„Acht, glaube ich. Gestern habe ich Fotos von ihren Leichen gesehen, wie sie hinter einem Steingebäude lagen."

Und wie viele von den Menschen, die in dieser Zeit getötet wurden, kannte er?

„Ich trenne da nicht mehr, mir tun sie alle leid. Ein Bekannter von mir namens Sergei Semjonow, etwa vierzig Jahre alt, beschloss, mit einem Freund durch eine Glasfabrik in der Stadtmitte von Irpin zu gehen. Ihre Leichen fand man am nächsten Tag. Sergej wurde durch einen Genickschuss getötet. Den anderen Mann haben sie gefoltert. Sein Gesicht war zerschnitten, und am Ende haben sie ihm einen Schuss ins Herz gegeben. Wir haben sie auf dem Fabrikgelände begraben."

Die Hauptverdächtigen für einen Großteil der Kriegsverbrechen sind tschetschenische Kämpfer unter dem Kommando von Putins Statthalter Ramsan Kadyrow. Man nennt sie die Kadyrowiter; sie tragen lange Bärte und schwarze Uniformen. Die Bewohner von Butscha konnten sie an ihrem Akzent erkennen. Wobei man sagen muss: Es gibt auch Tschetschenen, die an der Seite der Ukrainer kämpfen. Kollektivschuld ist immer falsch, und die ersten Beweise für Kriegsverbrechen der russischen Armee habe ich im Jahr 2000 in Tschetschenien gesehen: willkürliche Ermordung von Zivilisten, Folter, Missachtung aller Regeln. In Butscha wiederholt sich die Unmenschlichkeit des Kremls.

In der russischen Armee kämpfen Männer aus dem fernen Burjatien, aus Sibirien und der Mongolei – die meisten Soldaten von dort sind Buddhisten. Es ist Wladimir Putins Krieg, aber ein Gutteil seines Drohnenfutters stammt nicht aus schicken Moskauer Apartments.

Die düstere Ironie besteht darin, dass Wladimir Putin schon seit zwanzig Jahren beschuldigt wird, tschetschenische Mörder für die Drecksarbeit einzusetzen. Morde an seinen Kritikern – Menschen wie Anna Politkowskaja, Natalja Estemirowa und Boris Nemzow – sind vermutlich das Werk der Kadyrowiter. Jetzt wankt der Kreml und weicht einen Schritt zurück angesichts der wachsenden Empörung des Westens: Seine gehorsamen Mordgesellen sind in Butscha allzu gründlich vorgegangen.

Der ukrainische Präsident Wolodymyr Selenskyj hat in einer Ansprache aus Kyjiw der UN gesagt: „Es gibt kein Verbrechen, das sie hier nicht begehen würden. Die Russen verfolgen und töten gezielt jeden, der unserem Land gedient hat. Sie haben Frauen vor ihren Häusern erschossen, sie haben ganze Familien getötet, Erwachsene und Kinder, und versucht, die Leichen zu verbrennen ... Zivilisten wurden ins Genick geschossen, nachdem man sie gefoltert hatte. Einige wurden auf der Straße erschossen, andere wurden in Brunnen geworfen und starben dort einen elenden Tod."

Was die Russen in Butscha getan haben, sagte er, unterscheidet sich in keiner Weise von den Taten des Islamischen Staates im Irak und in Syrien. Der einzige Unterschied besteht darin, dass dieses Gemetzel von Russland angerichtet wurde, einem Mitglied des UN-Sicherheitsrates. Er drängte den Rat, seinem Namen gerecht zu werden. „Es ist offensichtlich, dass die wichtigste Institution der Welt, die den Auftrag hat, jeden Aggressor zum Frieden zu zwingen, derzeit nicht effektiv arbeiten kann."

Und da hat er recht. Russland, das einst den größten Teil der Sowjetunion stellte, hatte 1945 einen klaren Anspruch auf eine Führungsrolle in den Vereinten Nationen. Wladimir Putin hat diese Recht verspielt.

Selenskyj forderte auch einen neuen Nürnberger Kriegsverbrecherprozess. „Das russische Militär und diejenigen, die die Befehle gegeben haben, müssen sofort für die Kriegsverbrechen in der Ukraine zur Rechenschaft gezogen werden. Jeder, der kriminelle Befehle gegeben und sie ausgeführt hat, indem er unsere Leute tötete, muss vor dieses Tribunal gestellt werden. Es sollte ähnlich sein wie das Tribunal in Nürnberg."

Die Beweise, die man den Richtern dieses Tribunals vorlegen kann, werden überwältigend sein. Satellitenbilder, Filmmaterial von Drohnen, Augenzeugenberichte, offen zugängliche Informationen, die Bellingcat zusammengestellt hat. Ein Radfahrer auf einem grünen Fahrrad in Butscha – seine Hinrichtung durch die russische Armee Anfang März, als er um die Ecke kommt, wurde von einer Drohne gefilmt. Und seine Leiche wurde zusammen mit dem zerstörten Fahrrad von Reportern gefilmt, als die ukrainische Armee zurückkehrte. Noch einmal: Hier wiederholt sich die Unmenschlichkeit des Kremls.

Natürlich haben auch die Russen Menschen verloren, aber – wie soll ich das sagen? – sie haben diesen monströsen Krieg begonnen. Neben einer einspurigen Eisenbahnlinie liegen zwei russische Leichen, bis zur Unkenntlichkeit verbrannt, die Haut im Tod zu Wachs erstarrt. In einer anderen Straße klettern wir durch ein abgebranntes Haus. Es heißt immer, alles sei zerstört, aber das stimmt so nicht. Ich sehe die verbrannten Reste eines Kinderfahrrads, das Innenleben eines Kühlschranks. Seltsamerweise ist der Gaszähler noch heil, während der Rest des Hauses nur noch aus verkohltem Holz und rußigen Ziegeln besteht. Nach hinten raus kann man den Kräutergarten sehen, den die Hausbewohner liebevoll gepflegt haben. Eine Erinnerung an so etwas wie Normalität mitten im Chaos des Krieges und gerade deshalb umso verstörender.

Auf dem Weg hinaus aus der Stadt kommen wir an einer weiteren Reihe von verbrannten russischen Panzern vorbei. Einer der Soldaten, ein Burjate aus Sibirien, hat es noch aus dem Panzer geschafft, aber er verbrannte in dessen Schatten.

Ich fotografiere seine rote Socke, das tätowierte Bein. Mir wird klar, dass ich nichts für diesen Toten empfinde, nachdem ich gesehen habe, was seine Kameraden in Butscha angerichtet haben. Doch das wäre nur ein weiterer düsterer Sieg für Wladimir Putin, ein weiterer Sieg für die Unmenschlichkeit des Kremls. Ich zwinge mich dazu, mir diesen jungen Mann vorzustellen, wie er im Frühling am Baikalsee spazieren geht, wie er mit seinen Freunden trinkt, sich verliebt.

Und jetzt wird seine Mutter einen Anruf bekommen: „Leider müssen wir Ihnen mitteilen ..."

Ich verstehe immer noch nicht, warum Wladimir Putin diesen idiotischen Krieg angezettelt hat. Die beste Antwort auf diese Frage wird es wohl sein, ein Buch über ihn zu schreiben. Es wird ihm nicht gefallen, aber das ist mir egal.

Kapitel zwei
Der Rattenjunge

Fangen wir ganz am Anfang an. Geboren wurde Baby Wladimir am 7. Oktober 1952 in Leningrad, wie das heutige Sankt Petersburg damals hieß. Stalin, mittlerweile selbst Opfer seines mörderischen Verfolgungswahns, hatte noch ein Jahr im Kreml vor sich.

Putins Großvater Spiridon war einer von Stalins Köchen gewesen, ein kleines Rädchen im Haushalt des Roten Zaren. Aber das war keinesfalls eine hochkarätige Verbindung zum Kreml, und so wuchs Putin bettelarm im Glasscherbenviertel von Leningrad auf, als einziges überlebendes Kind eines älteren Paares. Putins Mutter Maria arbeitete in einer Fabrik, und sein Vater Wladimir Spiridonowitsch Putin fuhr auf einem U-Boot der Sowjetmarine zur See. (In Russland leitet der zweite Vorname sich vom Namen des Vaters ab, wobei das „-owitsch" sich mit „Sohn von" übersetzen lässt.) Nach dem Einmarsch der Nazis im Sommer 1941 kämpfte Wladimir senior in einem Bataillon des NKWD, der Geheimpolizei mit anderen Worten, aus der dann der KGB wurde und schließlich der FSB. Neuer Name, alter Hut. 1942 wurde er durch Granatsplitter an beiden Beinen schwer verletzt, was ihm für den Rest seines Lebens ein Hinken bescherte. Putins Großmutter mütterlicherseits und deren Brüder, die im nordwestlich von Moskau gelegenen Twer gelebt hatten, waren den Nazis zum Opfer gefallen.

Das Paar hatte vor Wladimir zwei Söhne gehabt, deren erster, Albert, irgendwann in den 1930ern im Kindesalter gestorben war; 1940 kam Wiktor zur Welt. Im Herbst 1941 kam es zur Belagerung Leningrads durch die Deutschen, die 900 Tage dauern sollte. Zur eingekesselten Stadt gab es nur eine einzige Nachschubroute über einen gefrorenen See. Tag für Tag flogen die Deutschen Luftangriffe und beschossen Leningrad mit schwerer Artillerie. Bald herrschte Hunger. Zu allem Überfluss erlebte man den schlimmsten Winter seit Menschengedenken, die Temperaturen sanken auf 40 Grad unter null.

Um sich warm zu halten, verbrannten die Leute Bücher. Erst schlachtete man die Tiere im Zoo, dann Hunde und Katzen. Man kratzte die Tapeten von den Wänden, um den Kleister zu essen; man aß gekochtes Leder, Gras, Unkraut, Kiefernnadeln und Tabakstaub – selbst Menschen: Die Leningrader Polizei richtete eine Sondereinheit gegen Kannibalismus ein. Bis zum Ende der Belagerung waren eine Million Menschen verhungert, darunter auch Wiktor Putin.

Als Maria mit 41 Jahren ihren dritten Jungen bekam, Wladimir, war das eine Art Wunder.

Oder etwa nicht?

Es gibt eine andere Lesart, der zufolge Wladimir Putin ein uneheliches Kind ist. Eine in Georgien lebende Russin, eine gewisse Wera Putina, behauptet seit 1999 steif und fest, Putin sei ihr lange verschollener illegitimer Sohn. Ihrer Version nach machte Wladimirs leiblicher Vater sich nach der Geburt aus dem Staub. Wera Putina fand zwar einen neuen Mann, aber der mochte den Bastard nicht; der Stiefvater prügelte den armen Wladimir. Wera erzählte Reportern von der Abneigung ihres neuen Mannes gegen „Wowa" – ein üblicher russischer Kosename für jemanden, der Wladimir heißt: „Mein Mann wollte nicht, dass Wowa bei uns bleibt ... Wer will schon das Kind eines anderen?"

Es gibt noch andere Zeugen. Die pensionierte Lehrerin Nora

Gogolaschwili zum Beispiel bestätigte Weras Geschichte und hatte Wowa als „stilles, trauriges, introvertiertes Kind" in Erinnerung. „Wenn ihm jemand was tat, habe ich ihn in Schutz genommen. Ich hatte Erbarmen mit ihm ... Er tat mir so furchtbar leid. Er hing an mir wie eine Katze."

Weiter heißt es, dass Wera sich entschloss, ihren Jungen zu Verwandten in Leningrad zu geben; die waren bereit, ihn zu adoptieren. Aber dazu bedurfte es einer List. Yuri Felshtinsky ist ein russischer Historiker, der heute im Exil in den Vereinigten Staaten lebt, und Autor von *The Age of Assassins*, eines Buches, das hart mit Putin ins Gericht geht. Felshtinsky sagte mir gegenüber: „Sie schickten ihn zu einem entfernten Cousin, der den Jungen zu der alten Frau nach Leningrad brachte. Sie sagte ihm, sie würde ihn in zwei Wochen wieder abholen, tat das aber nie."

Was sofort auffällt, ist, wie sehr Wera Putina und Wladimir Putin sich ähneln, es ist wirklich erstaunlich, während er seiner offiziellen Mutter, Maria, so überhaupt nicht ähnlich sieht. Auf einem Foto von Maria und ihrem Sohn aus dem Juli 1958, das ihn als Fünfeinhalbjährigen zeigt, sieht er aus wie Gollum, so düster wie er in die Kamera starrt; seine offizielle Mutter wirkt abweisend, als hätte sie keine Beziehung zu ihm.

Die Geschichte von Putin als unehelichem Kind birgt eine Welt von Schmerzen, die so einiges an ihm erklären könnte.

Ist sie wahr?

Ja, laut Felshtinsky. „Es gibt da noch ein Puzzlesteinchen, eine Aufzeichnung des amerikanischen Regisseurs Oliver Stone. Er interviewte Putin, und ob Sie es glauben oder nicht, Putin erinnert sich nicht mehr daran, wann seine Eltern gestorben sind. Er weiß noch nicht mal mehr, wer als Erster starb, Mutter oder Vater."

Donald Rayfield zufolge stimmt die Geschichte vom „Bastard Wladimir" nicht. Rayfield ist ein Freund von mir, ein emeritierter Russischprofessor der Londoner Queen Mary University und Autor von *Stalin und seine Henker*, der großartigen Monografie über die Monster des Monsters. Rayfields Logik sieht folgendermaßen aus: „Wera Putina kam erst Jahre später, als Putin Präsident wurde, zu der Überzeugung, dass er *ihr* Putin sei. Dass ihr Putin nicht Wladimir Wladimirowitsch" - Waldimirs Sohn - „sondern Wladimir Platonowitsch" - Platos Sohn - „war, schien keine Rolle zu spielen. Ebenso wenig wie der Umstand, dass Putin zwei Jahre früher geboren ist. Trotzdem ist sie absolut überzeugt davon, Putins Mutter zu sein."

Mit einem Seufzer gestehe ich, der Erzähler in mir wünschte sich, die Geschichte von Wowa Putin, dem Bastard, wäre wahr.

Rayfield: „Tut mir leid, wenn ich dir da in die Suppe spucke. Es gibt hinreichend Belege dafür, dass er ehelich geboren wurde. Der dritte Sohn zwar, aber der einzige, der überlebte. Es gibt genügend Aussagen über seine Jugend von den alten Männern, die als Jungen mit ihm aufwuchsen, in dem Hinterhof, in dem er gespielt hat."

Die Version vom legitimen Kind weiß denn auch, dass Weras wirklicher Sohn, Wladimir Platonowitsch Putin, Ölarbeiter in Sibirien wurde und vor einigen Jahren verstorben sein dürfte.

Rayfield kennt sich in Russland aus. Und ich weiß nach vierzig Jahren als Reporter, dass die perfekte Geschichte eher selten stimmt. Nichtsdestoweniger gibt es Erklärungslücken in Putins ersten fünf Jahren. Die Wahrheit bleibt hier im Trüben, was auch für den Rest seines Lebens gelten sollte. Nicht nur beginnt es im Schatten, er trat zeitlebens nie aus diesem Schatten heraus.

Der junge Wowa ist tückisch, fies, roh und klein. Seine Mutter ist durch den Verlust ihrer ersten beiden Söhne traumatisiert, sein Vater durch seine Kriegsverletzungen und das Versäumnis des Staats, ihn angemessen zu entschädigen und sich um ihn oder seine Familie zu kümmern. Putin „wurde hineingeboren in diese Atmosphäre von Hunger, Invalidität und tiefem Schmerz", wie der Psychotherapeut Joseph Burgo in *The Atlantic* schrieb. Er wuchs im sowjetischen Leningrad der 1960er-Jahre auf, und man könnte sich kaum ein härteres Pflaster vorstellen in dieser an sich schon trostlosen Zeit. Die Putins teilten sich unter erbärmlichen Bedingungen mit zwei weiteren Familien eine Wohnung im fünften Stock. Wera Dmitriewna Gurewitsch war Putins Lehrerin: „Sie hatten eine abscheuliche Wohnung. Eine Gemeinschaftswohnung ohne jeden Komfort. Und kalt war sie, einfach furchtbar, und der metallene Handlauf an der Treppe war immer eiskalt. Die Treppe selbst war auch nicht sicher, sie war voller Lücken." Und die sanitären Einrichtungen? „Es gab kein warmes Wasser, keine Badewanne. Die Toilette war grässlich."

Jahrzehnte später stellte Demokratie-Aktivist Alexei Nawalny mit *Putin's Palace* ein ganz außergewöhnliches Video auf YouTube ein, das bis dato 123 Millionen Mal aufgerufen wurde. Es geht darin um einen milliardenteuren Palast, den seine Kumpane Putin an den Gestaden des Schwarzen Meeres gebaut haben. Die wohl außergewöhnlichste Enthüllung des Teams Nawalny sind die goldenen Klobürsten zu 780 Euro pro Stück. Jedem normalen Menschen würde schlecht ob einer derart erbärmlichen Extravaganz, aber vielleicht würden wir das anders sehen, wären wir mit einer Toilette aufgewachsen, bei der unserer Lehrerin das Grausen kam.

In seiner von einer Ghostwriterin verfassten Autobiografie *Aus erster Hand* aus dem Jahr 2000, die dieser grauen Persönlichkeit, die da plötzlich aus den Tiefen des geheimen Staats auftauchte, etwas Farbe verleihen sollte, gibt Putin eine Anekdote über die Rattenjagd zum Besten. Ghostwriter-Autobiografien sind grundsätzlich unbefriedigend, aber andererseits geben sie oft auch mehr über ihren Gegenstand preis, als dem Objekt der Erzählung klar sein mag. Die Mietskaserne des jungen Wladimir war von Ratten befallen, von denen hin und wieder auch eine den Spieß umdrehte und auf ihre Peiniger losging. Putins Ghostwriterin schreibt: „Auf diesem Treppenabsatz lernte ich schnell, aber nachhaltig die Bedeutung der Wendung ‚in die Enge getrieben'. Wir hatten Horden von Ratten vor dem Eingang. Meine Freunde und ich trieben sie mit Stöcken vor uns her. Einmal sah ich eine riesige Ratte und jagte sie den Flur hinauf, bis ich sie in eine Ecke getrieben hatte. Sie sah keinen Ausweg mehr. Plötzlich fuhr sie herum und stürzte sich auf mich. Ich war überrascht und bekam es mit der Angst. Jetzt jagte die Ratte mich. Sie huschte über den Treppenabsatz und die Treppe hinab. Ich war ein bisschen schneller und konnte ihr gerade noch die Tür vor der Nase zuknallen."

Ratten mit dem Stock zu töten, ist ineffizient; Rattengift ist da weit wirksamer. Womöglich war das der Augenblick, in dem Putin der Macht des Gifts verfiel. Immerhin ist doch auffallend, wie viele von seinen Feinden an Gift gestorben sind. Und im Zuge der Festigung seiner Macht wurde das Rattengift immer teurer und seine chemische Zusammensetzung zunehmend kompliziert. Die Methode blieb die gleiche.

Seine Mutter hatte eine Reihe schlecht bezahlter Jobs, pflegte Leute, fuhr nachts Brot aus, spülte Reagenzgläser (von Hand); sein Vater montierte Eisenbahnwaggons, war aber in seiner Erwerbsfähigkeit eingeschränkt. Putin, selbst für diese vom Hunger geprägte Zeit ein kleines, schmächtiges Kerlchen, war größtenteils auf sich selbst gestellt, machte sich aber schon früh einen Ruf als einer, der sich auch mit Größeren anlegte, wenn nötig mit Beißen und Treten. 2015 sagte er in einem Interview: „Wenn sich ein Kampf nicht vermeiden lässt, muss man als Erster zuschlagen."

Ließ der junge Wowa sich vielleicht auch mit Gangstern ein? Zarina Zabriski ist eine russische Schriftstellerin, die heute im amerikanischen Exil lebt, nachdem die russische Obrigkeit sie zur Terroristin erklärt hat. Wenn sie nicht Romane schreibt, beschäftigt sie sich mit Putins Vergangenheit als Gangster. „So im Alter von zwölf, dreizehn Jahren beginnt er, sich in Leningrad (Sankt Petersburg) intensiv mit Kampfsport zu beschäftigen. Er lernt Judo und Sambo."

Das russische Wort Sambo ist ein Kompositum, das sich mit „Selbstverteidigung ohne Waffen" übersetzen lässt. Entwickelt wurde die Sportart im Auftrag von Geheimpolizei und Roter Armee in den 1920er-Jahren. Einer ihrer Begründer hatte Jahre in Japan gelebt, war aber dann während Stalins Großem Terror unter dem falschen Verdacht der Spionage für Japan in einem Gulag gelandet und dort gestorben. Putins Trainer im Leningrader Sportklub war laut Zabriski ein Gangster: „Sein Trainer war Leonid ‚der Sportsmann' Uswjazow, von Beruf Catcher, Stuntman und Boss einer organisierten Bande. Er war zweimal verurteilt worden, wegen Devisenbetrug und Gruppenvergewaltigung, und hatte fast zwanzig Jahre im Gefängnis verbracht." Auf seinem Grabstein heißt es: „Ich bin tot, aber die Mafia ist unsterblich."

Viele von Putins Freunden aus dem Kampfsportklub gehören noch heute zu seiner Gang, und - Überraschung! - einige von ihnen sind Milliardäre.

Es gibt noch einen weiteren Aspekt des jungen Putin, der der näheren Betrachtung bedarf, und das ist sein Sexualleben, aber dazu kommen wir später.

So lässt sich denn sagen, dass viele von Putins Vorlieben als Herr des Kremls von seiner Kindheit geprägt sind oder geprägt zu sein scheinen: der Gangster alter Schule als Vorbild, die Angewohnheit, im Schatten zu operieren, und eine Leidenschaft für das Töten.

Das also ist die Geschichte von der Kindheit des Mannes, der zum Zaren all der Ratten werden sollte.

Kapitel drei
Einmal Agent, immer Agent

Leo „der Sportsmann" Uswjazow nutzte seine Verbindungen, um dem Abiturienten Wladimir Putin, der aus armen Verhältnissen stammte, mittels eines Sportstipendiums einen Studienplatz zu verschaffen. Putin, der Deutsch und ein wenig Englisch gelernt hatte, studierte Jura an der Staatlichen Universität Leningrad und machte seinen Abschluss 1975. Einer seiner Professoren war Anatoli Sobtschak, der 1991 als Bürgermeister von Sankt Petersburg wieder auftauchte und zu Putins „demokratischem Mentor" wurde. Thema von Putins Abschlussarbeit an der Universität war der Grundsatz der Meistbegünstigung im zwischenstaatlichen Handel und im Völkerrecht – todlangweiliges Trockenfutter, aber eine bemerkenswerte Themenwahl.

1975 trat Putin in den KGB ein und begann seine Agentenausbildung an der 401. KGB-Schule, in der Leningrader Vorstadt Ochta. Für viele junge Russen war die Aufnahme in eines der „Organe" des sowjetischen Geheimdienstapparats das Ticket aus der Armut. Die Ausbildung beim KGB war ebenso brutal wie intensiv, eine Mixtur aus Gehirnwäsche und Unterweisung in den finsteren Künsten des Liquidierens und der psychologischen Beeinflussung. Chris Donnelly, der inzwischen pensionierte Russlandberater von vier NATO-Generalsekretären, erzählte mir eine gruselige Geschichte, die er für wahr hält, auch wenn sie sich kaum verifizieren lässt: „Jeder KGB-Zögling bekam zu Beginn seiner Ausbildung einen Schäferhund-Welpen.

Bei der Abschlussprüfung gehörte es dann zu ihren Aufgaben, den eigenen Hund mit bloßen Händen zu erwürgen."

Die besten Absolventen wurden mit Einsätzen in New York, Paris oder Rom belohnt. Putin wurde von seinen Ausbildern offenbar nicht besonders hoch geschätzt, denn seine erste Mission war die Beobachtung von Ausländern und Konsulatsmitarbeitern in Leningrad. Der junge Mann, der die Welt ausspionieren wollte, musste also mit einem Posten in seiner Heimatstadt vorliebnehmen.

Er machte es nicht besonders gut. Der Psychiater Semen Hlusman hatte eine Freundin, die ihm erzählte, wie Putin sie in der Zeit seines kümmerlichen Jobs in Leningrad als Informantin für den KGB anzuwerben versuchte. Die Frau beschrieb Putins Avancen als so penetrant, unfein und ungeschickt, dass sie am Ende nur noch Verachtung für ihn übrighatte, nicht nur weil er ein KGB-Mann, sondern weil er ein so unbeholfener KGB-Mann war. Die KGB-Offiziere, mit denen es Hlusman in seiner Zeit im Gulag zu tun bekam, hatten mehr Format.

Aus Putins späteren Small-Talk-Routinen nimmt man den Eindruck mit, der Mann sei zu langweilig, zu kleinkariert gewesen, um das Zeug zu einem Geheimagenten ersten Ranges zu haben. Einmal erklärte er, das Buch eines sowjetischen Überläufers könne er nicht lesen: „Ich lese keine Bücher von Leuten, die das Vaterland verraten haben."

Somit müsste beispielsweise Alexander Solschenizyns epochales Buch über den Gulag, *Ein Tag im Leben des Iwan Denissowitsch* und *Der Archipel Gulag*, auf Putins schwarzer Liste stehen. Solschenizyn war ein tapferer Artillerieoffizier einer 1945 in Ostpreußen kämpfenden Einheit der Roten Armee, als er in einem persönlichen Brief an einen Freund kritische Worte über Stalin äußerte. Der Brief wurde von der Geheimpolizei abgefangen. In seiner Haftzelle in der Lubjanka erlebte er im Mai 1945 den Tag des Sieges. „Über der Mündung unseres Fensters und aus allen anderen Zellen der Lubjanka und aus allen Fenstern der Moskauer Gefängnisse beobachteten auch wir, ehemalige Kriegsgefangene und ehemalige Frontsoldaten, den Moskauer Himmel, gemustert von Feuerwerkskörpern und durchschossen von einander kreuzenden Scheinwerferstrahlen. Es gab keine Freude in unseren Zellen, keine Umarmungen und keine Küsse für uns. Dieser Sieg war nicht unserer." 1974 wurde Solschenizyn aus der Sowjetunion ausgebürgert und ging ins US-amerikanische Exil nach Vermont.

Mehr als irgendein anderes Stück Literatur haben *Ein Tag im Leben des Iwan Denissowitsch* und *Der Archipel Gulag* der Unmenschlichkeit des sowjetischen Projekts ein Denkmal gesetzt. Wenn ein Wladimir Putin sich damit brüstet, bedeutende literarische und zeitgeschichtliche Bücher zu verschmähen, weil es ihnen an politischer Loyalität zum „Vaterland" fehle, zeigt das nur, dass es ihm an dem geistigen Format fehlt, das einen guten Geheimdienstler ausmacht, so gerissen und clever er auch sein mag.

Nichts, was wir über diese Phase in Putins Leben wissen, deutet auf Kremltauglichkeit hin – nicht einmal die Frau, mit der er seine erste Ehe einging, traute ihm viel zu. In *Aus erster Hand* findet sich die Schilderung seiner ersten Verabredung mit der damaligen Aeroflot-Stewardess Ljudmila. Es war nicht gerade Liebe auf den ersten Blick. In ihren Worten: „Wolodja stand auf den Stufen zum Ticketschalter. Er war sehr [...] armselig gekleidet. Er sah unvorteilhaft aus. Auf der Straße hätte ich ihm keine Beachtung geschenkt."

Sie heirateten 1983 – für ihn ein guter Karriereschritt. Der KGB sah es gern, wenn seine Leute früh heirateten. Es bedeutete, dass sie unter der Beobachtung eines weiteren Augenpaars standen und, falls sie in Versuchung kamen, abtrünnig zu werden, immer noch die Familie als Druckmittel blieb.

Als Spätentwickler übte sich Putin gekonnt in der Kunst, den Frust über seinen anfänglichen Misserfolg zu überspielen. Seine erste Mission außerhalb Russlands war für ihn eine weitere Enttäuschung. Man entsandte ihn nach Dresden in der DDR; sein Amtssitz war eine graue Stadtvilla in der Angelikastraße, ein attraktiver Standort mit Ausblick auf die Elbe. Direkt auf der gegenüberliegenden Straßenseite befand sich die Zentrale der Staatssicherheit. Der Film *Das Leben der Anderen* gewährt einen höchst gelungenen Einblick ins Innenleben der Stasi, wie sie die Seele der Menschen taxierte und zersetzte. Allein in Dresden hätten die Akten, die die Stasi über Bürger der Stadt anlegte, Blatt neben Blatt ausgelegt, für eine elfeinhalb Kilometer lange Papierstrecke ausgereicht.

In Masha Gessens glänzender Putin-Biografie von 2012 heißt es: „Putin und seine Kollegen verbrachten ihre Zeit hauptsächlich mit dem Sammeln von Zeitungsausschnitten und trugen so zu den wachsenden Bergen sinnloser Akten bei, die der KGB produzierte."

Catherine Belton ist eine brillante britische Journalistin aus Rainhill bei Liverpool. Wegen ihres Buches *Putins Netz* wurden sie und ihr Verlag HarperCollins verschiedentlich von Roman Abramowitsch, anderen russischen Oligarchen und dem Energiekonzern Rosneft vor Gericht gezogen. Nach einem für den Verlag Random House kostspieligen Rechtsstreit über mehrere Instanzen innerhalb und außerhalb der Londoner Gerichte korrigierte Belton ein paar triviale Fehler, woraufhin Abramowitsch und seine Mitstreiter sich aus dem Staub machten, ganz ähnlich wie in der Schlussszene von Monty Pythons *Die Ritter der Kokosnuss* die Ritter Fersengeld geben. Belton hat Belege dafür zusammengetragen, dass die Anekdote von den Zeitungsausschnitte sammelnden KGB-Leuten in Dresden eine raffinierte Tarngeschichte war und dass Putins vorrangige Aufgabe in der verdeckten Unterstützung und Finanzierung der westdeutschen Rote-Armee-Fraktion bestand, die für zahlreiche Attentate, Bombenanschläge und Entführungen verantwortlich war. Die auch als Baader-Meinhof-Bande bekannte Gruppierung frönte einem Todeskult und der ebenso irrealen wie abstrusen Vorstellung, Westdeutschland sei ein Nazi-Staat, die DDR hingegen ein Reich der Tugend. Die Belege, die Belton für ihre These präsentiert, Putin sei einer derjenigen gewesen, die aus dem Hintergrund die RAF dirigierten, basieren auf scharfsinnigen Ableitungen und auf Angaben aus anonymen Quellen. Angeblich legten die RAF-Leute Putin eine Wunschliste an Waffen vor, die ihnen dann nach Westdeutschland geliefert wurden; Putin habe versucht, den Autor einer wissenschaftlichen Studie über Gifte zu rekrutieren, und habe einen Agenten aus der Neonazi-Szene geführt. Nichts von alledem ist zu hundert Prozent beweisbar, aber Catherine Belton ist ein Rockstar des Journalismus, und ihre Arbeit hat etwas düster Faszinierendes.

Für seine Zusammenarbeit mit der Stasi wurde Putin 1987 von der DDR mit einer Verdienstmedaille in Bronze ausgezeichnet. Nicht Silber, nicht Gold, sondern eine Stufe über der niedrigsten Kategorie, wie aus einer Quelle verlautete.

Er schloss ein paar nützliche Freundschaften mit Mitarbeitern des ostdeutschen Geheimdienstes; einer war möglicherweise Matthias Warnig, einst hauptamtlicher Stasi-Agent, der unter den Decknamen „Ökonom", „Arthur" und „Hans-Detlef" Personen und Objekte in Westdeutschland ausspionierte. Warnig und Putin bestreiten, sich damals gekannt zu haben, aber ein Schnappschuss aus dem Stasi-Archiv zeigt die beiden Männer beim gemeinsamen Besuch der in Dresden stationierten Ersten Gardepanzerarmee der sowjetischen Streitkräfte im Jahr 1989. Nach dem Fall der Berliner Mauer im November wurde aus dem neostalinistischen Stasi-Offizier Warnig ein Bankier mit

Vorstandsämtern und Aufsichtsratsmandaten in diversen mit Russland verbundenen Unternehmen. Er lebte zeitweise in Moskau und freundete sich mit Putin an (oder erneuerte seine Freundschaft mit ihm). Er spielte eine führende Rolle beim Projekt Nord Stream, der Verlegung zweier Pipelines auf dem Grund der Ostsee für den Transport von russischem Erdgas nach Deutschland. Es sind Pipelines mit politischer Hebelkraft. Sie graben bestehenden oberirdischen Transportrouten, von denen osteuropäische Transitländer profitieren, das Gas ab. Der Kreml könnte, wenn es ihm einfiele, diesen Ländern den Gashahn zudrehen, bis sie Putin Treue schwören. Kein Wunder, dass Putin nur allzu gerne Warnig die Antreiberrolle überließ. Warnig hat all das als dummes Gerede abgetan. „Ich bin kein Kreml-Sprecher. Und ich melde mich auch nicht beim Kreml, oder habe vertrauensvolle Gespräche darüber, was dort vor sich geht." Natürlich bestreitet der frühere Stasi-Mann jegliches Fehlverhalten.

Während Putin in Dresden entweder Papierberge wachsen oder RAF-Puppen tanzen ließ, zerfiel um ihn herum das Sowjetreich in Bruchstücke. Nach der überraschenden Maueröffnung in Berlin fand Putin sich im Keller seines Dresdener Amtssitzes wieder und übergab so viele KGB-Akten dem Feuer des Heizofens, dass dieser schließlich glühend heiß wurde und zerbarst.

Es gab drei Hauptursachen für den Niedergang der Sowjetunion. Da waren zum ersten die Nachwirkungen des sowjetischen Einmarsches in Afghanistan 1979. Sowjetischen Generälen war von Anfang an klar, dass diese Invasion ein schrecklicher Fehler war, aber der Verteidigungsminister traute sich nicht, dies dem damaligen starken Mann des Sowjetreichs, Leonid Breschnew, zu sagen. Also wurden die Panzer in Marsch gesetzt – eine Parallele zu 2022. Der Krieg kostete womöglich zwei Millionen afghanische Menschenleben, 15 000 russische Soldaten fielen und kehrten in Zinksärgen nach Hause zurück, im Soldatenjargon „Zinkowje maltschiki" („Zinkjungen") oder auch „Cargo 200" genannt, weil ein mit einem toten Sowjetsoldaten bestückter Zinksarg in der Regel um die 200 Kilo wog.

Der Afghanistankrieg war für die Sowjetunion ein Aderlass, nicht nur was den Blutzoll, sondern auch was ihre Staatsfinanzen und ihre moralische Legitimität betraf. Am Ende blieb von ihr nur noch eine chlorgebleichte Hülle übrig.

Das zweite große Debakel ereignete sich 1986 in Tschernobyl in der sowjetischen Ukraine. Die Techniker des RBMK-Reaktorblocks 4 hatten den Auftrag, im Rahmen einer Routineübung einen Stromausfall zu simulieren. Dabei misslang das Herunterfahren des Reaktors, und es kam zu einem unkontrollierten Leistungsanstieg, der schließlich zur Explosion des Reaktors führte, mit der Folge einer über weite Teile Europas niedergehenden Verstrahlung.

Die Verantwortlichen wurden für ihr Versagen zur Rechenschaft gezogen, aber der Unfall offenbarte einen schwerwiegenden Konstruktionsfehler dieses sowjetischen Reaktortyps, einen Fehler, der schon zuvor auf russischem Boden zu einer Beinahe-Katastrophe geführt hatte, aber vertuscht worden war. Die Techniker des Blocks 4 in Tschernobyl wurden für einen Unfall abgestraft, der aus einem Systemfehler in der Bauweise sowjetischer Kernreaktoren resultierte. Wer mehr darüber erfahren möchte, sollte sich die brillante HBO-Serie *Chernobyl* anschauen und das hervorragende Buch der Nobelpreisträgerin Swetlana Alexijewitsch lesen: *Tschernobyl. Eine Chronik der Zukunft*.

Das dritte Fiasko vollzog sich über Jahrzehnte hinweg, erreichte aber in den 1990er-Jahren sein kritisches Stadium: Die kommunistische Kommandowirtschaft war gegenüber der freien Marktwirtschaft der westlichen Länder nicht konkurrenzfähig. Der verstorbene US-amerikanische Satiriker P. J. O'Rourke fasste es in diesem kernigen Spruch zusammen: „Ronald Reagan war vielleicht ein bisschen gaga, aber ihm war klar, dass ein Land, das Fotokopierer und Faxgeräte verbietet, nicht gegen ein Land gewinnen kann, das diese Maschinen erfindet." Die Sowjetunion war zu wenig produktiv, um genug Lebensmittel, Wohnraum oder Dienstleistungen für ihre Menschen zu generieren, und deshalb begann sie zu implodieren. Putin, der KGB-Statthalter in Dresden, entwickelte nie ein Gespür für die Wirkmacht dieser drei Offenbarungseide. Seine Tragödie – unsere Tragödie – war es, dass er keine der drei Katastrophen unmittelbar miterlebte oder zu spüren bekam. Er stand in der Hierarchie des geheimpolizeilichen Überwachungsapparats zu weit oben, um als Krisenmanager nach Tschernobyl entsandt, und zu weit unten, um als Aufräumer in den Scherbenhaufen des Afghanistankrieges geschickt zu werden, geschweige denn dass es ihm vergönnt gewesen wäre, an den Fleischtöpfen des Westens zu schnuppern. Dort hätte er mit eigenen Augen sehen können, um wie viel besser das Leben einfacher Leute in New Jersey oder New Brighton war als das ihrer Pendants in Moskau oder gar in Omsk oder Tomsk. Entweder er hatte nie Gelegenheit, einen unverstellten Blick auf Realitäten zu werfen, die ihm per Vergleich die wirtschaftliche Unterlegenheit des Sowjetsystems vor Augen geführt hätten, oder die ideologische Gehirnwäsche hatte bei ihm so gut funktioniert, dass er das, was er sah, nicht deuten konnte.

Stattdessen stieg ihm aus den Eingeweiden des Stasilandes ein finsteres ideologisches Gebräu zu Kopf, das besagte, der Zusammenbruch seines Landes sei die Folge westlicher Perfidie und inneren Verrats gewesen und nicht etwa das Resultat der schlichten Tatsache, dass der Sowjetunion das Geld und der Glaube an sich selbst und ihre Mission ausgegangen waren. Sie war ein gescheiterter Staat, genau wie das deutsche Kaiserreich zum gescheiterten Staat geworden war, nachdem es 1914 seinen eigenen dummen Krieg vom Zaun gebrochen hatte. Wie zuvor Hitler von 1923 an, inhalierte Putin von 1991 an eine giftige Fiktion: dass seinem Land Unrecht geschehen, dass ihm ein „Dolchstoß in den Rücken" versetzt worden sei. In Wirklichkeit war die Sowjetunion zerfallen, weil sie vom Weg abgekommen war. Sie hatte nicht sich selbst einen Dolchstoß in den Rücken versetzt, sondern deren drei in die Brust.

Wladimir Putin ist nach meiner Überzeugung kein Psychopath. Ich stütze dieses Urteil auf die Gründe, die mein Freund, der Psychiater Semen Hlusman, mir vier Tage vor dem russischen Einmarsch in die Ukraine im Februar 2022 genannt hat. Putin hat jedoch eine katastrophal verengte Weltsicht, einen Tunnelblick, getaucht in ein finsteres und falsches Verrats-Narrativ. Den Zerfall der Sowjetunion hat Putin einmal als die „größte geopolitische Katastrophe des 20. Jahrhunderts" bezeichnet.

Wie bitte?

Schlimmer als der Erste und der Zweite Weltkrieg? Schlimmer als der Holocaust? Die Sowjetunion war doch, bei Licht betrachtet, unter Stalin eine finstere totalitäre Diktatur, die nach dem Tod Stalins in eine dumpfe Greisenhaftigkeit verfiel.

Mit eingezogenem Schwanz kehrte Putin 1991 aus Dresden nach Sankt Petersburg – dem rückbenannten Leningrad – zurück, wo er Handlangerdienste für den geheimen russischen Sicherheitsapparat übernahm – wie das Bespitzeln von Studenten oder die Anwerbung neuer Kandidaten für den KGB – und abwartete.

Staatspräsident Michail Gorbatschow gab sich alle Mühe, aus den katastrophalen inneren Widersprüchen der Sowjetunion schlau zu werden, als er im August 1991 an seinem Urlaubsort auf der Krim von einem Putsch überrascht wurde. Eine Bande sklerotischer KGB-Offiziere und Armeegeneräle schickte sich an, die demokratische Aufbruchsstimmung von *Glasnost* und

Perestroika zu ersticken, stellte Gorbi in seinem Ferienhaus unter Arrest und schaltete alle russischen Fernsehnachrichten ab, um stattdessen eine Aufzeichnung des *Schwanensee*-Balletts in Dauerschleife ausstrahlen zu lassen.

Putin behauptet ohne hieb- und stichfeste Belege, er habe am zweiten Putschtag seine KGB-Zugehörigkeit (damals im Rang eines Oberstleutnants) aufgekündigt: „Als der Putsch begann, habe ich mich sofort entschieden, auf welcher Seite ich stehe."

Mag sein. Tatsächlich war es ein gewisser Boris Jelzin, der den Putschisten und auch Gorbatschow die Schau stahl, eine Naturgewalt von Mensch mit einer zu großen Liebe zum Alkohol, doch ein mutiger und guter Typ, wenn es darauf ankam. Er kletterte auf einen russischen Panzer, verurteilte den Putsch und stoppte die Bedrohung, setzte aber den Prozess in Gang, der das Ende der Sowjetunion herbeiführte, die in der Folge in ihre Bestandteile zerbrach – der größte davon war Russland.

Putin schloss sich mit seinem einstigen Juraprofessor kurz: Anatoli Sobtschak, dessen Stern als Politiker gerade aufgegangen war und der wenig später Bürgermeister von Sankt Petersburg wurde. Es heißt, der bekennende Demokrat Sobtschak sei während der Putschtage auf dem Luftweg von Moskau nach Sankt Petersburg zurückgekehrt und am Flughafen von Putin abgeholt worden, der ihm sicheres Geleit garantiert habe, denn leicht hätten ihn die Verschwörer in ihre Gewalt bringen können. Im Gegenzug habe Sobtschak nach seiner Wahl zum Bürgermeister Putin zu einem seiner Stellvertreter gemacht. Eine Fotografie zeigt Putin in einem äußerst billig wirkenden Anzug mit schütterem Haar, die Aktentasche des Bürgermeisters tragend – er wirkt auf dem Bild klein, unbedeutend, subaltern. Die anderen Stellvertretenden Bürgermeister waren ansehnlicher und imposanter. Igor Artemjew, damals Vorsitzender der sozialliberalen Jabloko-Partei, erzählte einmal: „In [Putins] Petersburger Zeit standen immer andere Leute vor den TV-Kameras. Fast alle anderen Vizebürgermeister rahmten den Chef ein. Putin stand immer in der entferntesten Ecke."

Wie muss er sie gehasst haben.

Wenn man Wladimir Putins Rede vor dem Sicherheitsrat der Russischen Föderation unmittelbar vor dem Einmarsch in die Ukraine im Februar 2022 gesehen hat - eine überbordende Aggressivität ausstrahlend und voll offen zur Schau getragener Verachtung für seinen einstigen Geheimdienstchef, den SVR-Chef Sergei Narischkin -, ist es diese Facette seiner Persönlichkeit, die einem das größte Kopfzerbrechen bereitet. Bevor Putin eine ernst zu nehmende Machtstellung erreichte, konnte er ausgesprochen lakaienhaft, anspruchslos und beflissen wirken. Er bediente sich dieser Maskerade gegenüber mindestens drei über ihm rangierenden Persönlichkeiten: Anatoli Sobtschak, der andere Oligarch Boris Beresowski, Boris Jelzin. Sie sahen in Putin einen guten und loyalen Dienstboten. Alle drei sollten sukzessive ihre Fehleinschätzung erkennen.

Wie genau die Beziehung zwischen dem gut aussehenden, redegewandten, etwas selbstverliebten Sobtschak und dem kleinen Geheimagenten Putin funktionierte, bleibt unklar. Der Hinweis sei erlaubt, dass Sobtschak als Professor an einer Juristischen Fakultät gelehrt hatte, unter deren Studenten sich viele angehende KGB-Offiziere befanden. Nach außen hin bekannte er sich zur Demokratie, aber er könnte dennoch unter der Fuchtel der russischen „Organe" gestanden haben. Und der Verbindungsoffizier zwischen den Schattenmännern des geheimen Staatsapparats und dem charismatischen Bürgermeister? Das konnte eigentlich nur Putin sein. Man darf annehmen, dass es sich um eine für beide nützliche Beziehung gehandelt hat.

Professor Donald Rayfield redet Klartext über den Bürgermeister von Sankt Petersburg und den Mann, der seine Aktentasche trug: „Anatoli Sobtschak war Bürgermeister und hatte den Ruf, Demokrat und liberal zu sein. Aber man kann natürlich Demokrat und Liberaler und zugleich ein Rosstäuscher durch und durch sein. Möglich, dass Sobtschak keine Tötungen angeordnet hat, aber sein Taschenträger hatte da wahrscheinlich weniger Skrupel."

Hinter den Kulissen arbeitete Putin daran, Beziehungen zu Freunden seines einstigen Judotrainers Leonid Uswjazow - mit anderen Worten zur „Mafia" - wiederzubeleben, was durchaus auf Gegenliebe stieß. Die Details sind undurchsichtig, das Thema verwickelt, aber letzten Endes lief es darauf hinaus, dass Vizebürgermeister Putin Lizenzen, Genehmigungen, Bescheinigungen und Ähnliches verkaufte, mit deren Hilfe die begünstigten Geschäftsleute, die oft oder eigentlich fast immer Mafia-Verbindungen hatten, die aus Sowjetzeiten stammenden drakonischen Regeln und Bestimmungen umgehen konnten, die die unternehmerische Freiheit weitgehend oder ganz einschränkten. So konnten sie viel Geld verdienen. Just zur selben Zeit, als Sobtschak Sankt Petersburg liberalisierte, machte einer seiner Stellvertreter die Mafia, sich selbst und Sobtschak reich, indem er den Rechtsstaat unterminierte. Putin entwickelte sich zu einem Meister in der Kunst, das Verwaltungsrecht als Waffe gegen das intuitive Recht einzusetzen. Er nutzte seine Verbindungen zum KGB (der inzwischen in zwei Organe aufgespalten worden war: den Inlandsgeheimdienst FSB und den Auslandsnachrichtendienst SVR), um in jeder Situation für sein eigenes Fortkommen zu sorgen. Ein entscheidender Faktor von Putins verdeckten kriminellen Machenschaften war die Pervertierung von Polizei und Justiz: Aus Institutionen für die Durchsetzung des Rechts wurden Werkzeuge für dessen Unterwanderung. Alles, was Putin in Russland anstellte, nachdem er im Jahr 2000 zum Herrn des Kremls aufgestiegen war, exerzierte er vorher in Sankt

Petersburg durch: Aufbau eines korrupten Systems, Unterwanderung der für die Wahrung von Recht und Ordnung zuständigen Organe, Instrumentalisierung des umetikettierten KGB für die Durchsetzung von Putins Agenda. Wie Donald Rayfield es ausdrückt: „Die Mafia wandte sich an die KGB-Leute, die das Geld und die Kontakte hatten. Es kam zu einer Fusion zwischen Geheimpolizei und Mafia, mit katastrophalen Folgen für die russische Bevölkerung."

Die Sowjetunion war kollabiert, weil sie nicht genug Lebensmittel für ihre Bevölkerung hatte bereitstellen können; nun zeigte sich, dass ihr größter Nachfolgestaat, die Russische Föderation, an genau demselben Problem krankte. In Sankt Petersburg hatten die Menschen Redefreiheit, litten aber Hunger. Sobtschak übertrug Putin die Verantwortung für die Außenbeziehungen der Stadt. Mehr als irgendetwas anderes brauchte sie Nahrung. Sie hatte große Bestände an Edelmetallen, weggeschlossen in Lagerhäusern, aus denen Waffen- und Munitionshersteller mit Materialnachschub versorgt wurden. Marina Salje, eine todesmutige Frau, die den Vorsitz der Petersburger Lebensmittelkommission übernahm, sagte der *Washington Post*: „Es gab in der Stadt überhaupt keine Nahrungsmittel mehr. Es gab kein Geld. Tauschhandel war die einzige Möglichkeit – zum Beispiel Metall gegen Kartoffeln und Fleisch."

Putin organisierte Kontrakte für den Tausch von Edelmetallen gegen Lebensmittel. Doch als Frau Salje nachforschte, fand sie heraus, dass die Metalle unter Wert verscherbelt wurden, dass für die Lebensmittel überhöhte Preise verrechnet und dass sie dann gar nicht geliefert wurden. Die eingestrichenen Gelder gingen auf Konten von Strohfirmen, die verschwanden und das Geld mit ihnen. Frau Salje konnte Putin eine Verwicklung in kriminelle Geschäfte nicht zweifelsfrei nachweisen, vertrat jedoch die Überzeugung, er habe „an diesen Verträgen gedreht" und sei in die Geschäfte „direkt eingebunden". Als sie ihn damit konfrontierte, fertigte er sie mit dem Satz ab: „Sie saugen sich da einfach was aus den Fingern." Die Vorwürfe wurden an eine Prüfkommission in Moskau weitergeleitet und dort diskret unter den Teppich gekehrt.

Putin trat in engen Kontakt zur Tambow-Bande, der größten und skrupellosesten der in Sankt Petersburg aktiven Mafia-Gangs. Ein mit ihr verbundenes Großkaliber war Roman Zepow, ein hochintelligenter Gangster. Der ehemalige Polizist (er hatte bei den bewaffneten Einheiten des sowjetischen Innenministeriums den Rang eines Hauptmanns bekleidet) gründete 1992 die Sicherheitsfirma Baltik-Eskort. Sie wachte in der Folge über die persönliche Sicherheit hochrangiger Petersburger Verwaltungsleute, unter anderem des Bürgermeisters Sobtschak und seines Stellvertreters Putin (sowie deren Familien). Gerüchte besagten, Zepow fungiere auch als Bindeglied zwischen Putin und der Mafia, kümmere sich um die anfallenden Schwarzgelder. Zepows Firma stellte auch Personenschützer für hochrangige Gangster, darunter mehrere Mitglieder des Tambow-Syndikats. Zepow selbst wurde mehrere Male verhaftet, aber aus irgendwelchen Gründen nie angeklagt. Er überlebte außerdem fünf auf ihn verübte Mordanschläge. Eine Zeit lang hielten die Gangster und der Vizebürgermeister zusammen wie Pech und Schwefel. Zepow freundete sich dem Vernehmen nach so dick mit Putin an, dass er dessen Frau Ljudmila einen in Südkorea erbeuteten Smaragd schenkte. In Sankt Petersburg ging der Witz um, Sobtschak sei tagsüber Bürgermeister, Putin nachts.

Doch dann brach das ganze Konstrukt zusammen. 1996 wurde Sobtschak vom Sankt Petersburger Wahlvolk aus dem Amt geschasst, und Wladimir Putin hatte keinen Job mehr. Sobtschak hatte jedoch bei Jelzin und dessen Mannschaft noch genug Freunde, um Putin beim Ergattern eines neuen Amtes behilflich sein zu können. Er fand Unterschlupf in den Eingeweiden des Kremls in Moskau, als Stellvertretender Leiter der Abteilung für Liegenschaftsverwaltung. Das mag wenig glanzvoll klingen, aber es erwies sich als ein sehr vorteilhafter Karriereschritt. Je näher die Jahrtausendwende rückte, desto deutlicher wurde für alle Welt, dass Boris Jelzin die Puste ausging. Die Frage war: Wer würde an seine Stelle treten?

Um den Kontext abzustecken: Der schiere Mut, den Jelzin in den Tagen des Putsches von 1991 an den Tag gelegt hatte, markierte seine Sternstunde. Was danach folgte, war ein langer und bemitleidenswerter alkoholgetränkter Abstieg Richtung Grab. Der Traum von einem neuen Russland als Demokratie und Rechtsstaat wich einem chaotischen, besoffenen Drunter und Drüber, einer stolpernden Anarchie, in der reiche Gangster von noch reicheren Oligarchen ins Jenseits befördert wurden. Ich stattete Russland meinen ersten Besuch Mitte der 1990er-Jahre ab und habe lebhafte Erinnerungen daran, wie ich einen im Zentrum Moskaus gelegenen Pub namens John Dunne besuchte und erlebte, wie ein Geschäftsmann mittleren Alters sich mitten im Lokal die Seele aus dem Leib schluchzte, mit einem nervös und düster wirkenden Leibwächter an seiner Seite. Der Mann muss, wenn ich es mir recht überlege, unter irrsinnigem Druck gestanden haben – Geld oder Leben, irgendetwas in der Art –, und er war scheinbar zu dem Schluss gelangt, dass man ihn wohl kaum vor den Augen aller Gäste in einem britisch angehauchten Pub liquidieren würde. Solche oder vergleichbare Szenen spielten sich damals überall in Russland ab, wo das organisierte Verbrechen allen, die ihr Geld mit ehrlicher Arbeit verdienten, die Hölle heißmachte.

Große Vermögen wurden zusammengerafft, als Oligarchen dem hilflosen russischen Volk Milliarden entrissen. Boris Nemzow, ein herrlich witziger und außerordentlich scharfsinniger russischer Kernphysiker, der sich der Politik zugewandt hatte, war für kurze Zeit unter Jelzin stellvertretender russischer Premierminister. Telegen, charismatisch, weltoffen und aufgeklärt, schien er Jelzins naturgegebener Nachfolger zu sein. Dass er es nicht wurde, ist ein Teil der Tragödie vom Niedergang Russlands.

Nemzow nahm sich den Ausdruck „Oligarchie", der im Griechischen so etwas wie „Herrschaft der wenigen" bedeutet, zur Brust und spielte mit ihm. Er wendete ihn ins Persönliche, prägte den Begriff „Oligarch". Akteure wie Roman Abramowitsch und sein damaliger Mentor Boris Beresowski machten ein Vermögen aus einem dysfunktionalen System. Die beiden profitierten von einer gezinkten Versteigerung des sibirischen Erdölgiganten Sibneft, bei der sie mit einem Gebot von jeweils 100 Millionen Dollar ein Unternehmen ergatterten, das Milliarden wert war. Wie Abramowitsch später vor Gericht gestand, hatte er, um den Zuschlag zu bekommen, Staatsbeamte und Gangster mit Dollarbeträgen in Millionenhöhe bestochen. Es war der größte Reibach des 20. Jahrhunderts. Im Vergleich dazu nahm sich der große Postraub vom August 1963 in England wie der Diebstahl einiger Bonbons aus einem Süßwarenladen aus. Oleg Deripaska ging ähnlich vor bei seiner Aluminiumindustrie in Sibirien, ehe er seine Beute sicher hatte. Bill Browder, Enkel eines einstigen Generalsekretärs der Kommunistischen Partei der USA, ging als Venturekapitalist nach Russland, um seine Familie auf die Palme zu bringen, und schaffte es, die sowjetische Nordmeer-Fischereiflotte, deren Wert mit einer Milliarde Dollar taxiert wurde, für rund 100 Millionen zu kaufen. Das immense Volksvermögen der Sowjetunion wurde im Verlauf dieser Fischzüge auf die Bankkonten einiger weniger Männer geschleust, und dabei verwandelte sich Russland gleichsam über Nacht in eine der sozial ungerechtesten Gesellschaften der Welt. Schulen,

Kliniken und die grundlegendsten staatlichen Einrichtungen taumelten von Krise zu Krise, während die Oligarchen ihren obszönen Reichtum nutzten, um sich in den vornehmeren Quartieren Londons und Südfrankreichs Wohnsitze, gigantische Jachten und Fußballteams zu kaufen.

Der Gerechtigkeit halber ist zu sagen, dass Jelzins Bilanz nicht in jeder Beziehung negativ ausgefallen ist. Die mentalen Scheuklappen der alten Ordnung wurden abgeworfen, die Russen erhielten Reisefreiheit und konnten sich ein Bild davon machen, wie weit sie hinter dem Westen zurückgeblieben waren. Das Parlament, die Duma, funktionierte mehr oder weniger. Ein engagierter Journalismus entstand, mit Zeitungen und, noch eindrucksvoller, mit Radio- und Fernsehsendern. Mord, Totschlag und Korruption wurden in der Presse angeprangert, wenn auch kaum vor Gericht geahndet.

Im Großen und Ganzen waren jedoch die Fehlschläge zahlreicher als die Erfolge.

Viele ältere Russen trauerten den Gewissheiten und Sicherheiten nach, die ihnen die Sowjetunion geboten hatte, und sicher auch der Macht des großrussische Reichs, das unter der Maske der Sowjetherrschaft wiedererstanden war. Freilich waren die alten Untertanenvölker rebellisch geworden: Esten, Letten und Litauer, sie alle reichten die Scheidung ein und deklarierten ihre staatliche Unabhängigkeit, wie sie sie vor dem Hitler-Stalin-Pakt von 1939 besessen hatten, für den George Orwell die Metapher „Mitternacht des Jahrhunderts" geprägt hat. Die Ukraine, deren Hauptstadt Kyjiw der Geburtsort der Rus-Kultur war, stolperte einer Zukunft außerhalb des gemeinsamen Hauses mit dem russischen Brudervolk entgegen. Südlich und östlich erhoben sich die Tschetschenen, ein unentwegt rebellischer Volksstamm islamischen Glaubens mit gut zu verteidigenden Hochburgen im Kaukasus, gegen den russischen Imperialismus.

Jelzin startete einen Krieg gegen sie, den die russischen Streitkräfte drauf und dran waren, zu verlieren – und zwar deutlich –, als beide Seiten so etwas wie einen Friedensschluss zuwege brachten.

1996 gingen Jelzins Umfragewerte in den Keller, und bei den Oligarchen kam die Befürchtung auf, die Kommunisten könnten ihn aus dem Kreml verdrängen. Sie legten zusammen und kauften ihm die Wiederwahl. Das bedeutete, dass Jelzin, seine Familie und seine Berater bei den Oligarchen in der Kreide standen. Deren schmutziges Geld hielt von nun an Ausschau nach einer neuen Galionsfigur. Boris Beresowski hatte Wladimir Putin als potenziellen Kandidaten ausgeguckt – schon seit er ihn 1990 in Sankt Petersburg kennengelernt hatte. Beresowski war ein brillanter Mathematiker, der sich dem Handel mit Autos verschrieben hatte. Er importierte ausländische Automarken, wollte aber auch ein Unternehmen aufbauen, das in der Lage sein würde, die Mercedes- und BMW-Modelle, die er nach Russland einführte, zu reparieren und zu warten. Doch dafür brauchte er die Genehmigung des Stadtrats. Das war die Situation, in der er Putin kennenlernte. „Er war der erste Bürokrat, der kein Schmiergeld annahm", vertraute Beresowski Masha Gessen an. „Im Ernst. Das hat mich ungeheuer beeindruckt."

Dieses Szenario war fiktiv, ein Stück Theater. Die Wahrheit ist, dass Putin von Anfang an ungeheuer korrupt war, allerdings mit der faszinierenden Pointe, dass er es auf eine subtile und gleichsam erlesene Art zu sein verstand. Beresowski um eine kleine Bestechungssumme anzugehen, wäre nicht schlau gewesen. Putin setzte auf die Strategie des langen Atems, und die funktionierte. Beresowski war nicht sein einziger Mäzen. Es gab noch andere Akteure hinter den Kulissen.

Hinter den Kulissen des Kremls hatten die Geheimpolizisten nie die Hoffnung aufgegeben, die Macht zurückzugewinnen.

Schließlich hatten sie 1917 die Sowjetmacht abgesichert, indem sie die zahlenmäßig weit stärkere liberaldemokratische Opposition gegen das autokratische Zarenregime ausgeschaltet hatten. Bis 1990 waren die „Organe" an der Macht geblieben. Zwar hatten sie es mit ihrem 1991 inszenierten Putschversuch nicht geschafft, Russland von dem eingeschlagenen Weg hin zu einer offeneren Gesellschaft abzubringen, aber als dann Jelzin & Co den guten Namen der Demokratie ruinierten, witterten sie Morgenluft, warteten auf den richtigen Zeitpunkt, sammelten ihre Kräfte und schmiedeten Pläne. Wladimir Putin, der einstige und künftige Spion, war ihr Mann.

Die Berufung in die Liegenschaftsverwaltung im Kreml war für Putin ein wichtiger Zwischenschritt. Wie man hört, bot dieses Dezernat Zugang zu dem, was Boris Jelzin und seiner Familie am wichtigsten war: zu der alchemistischen Kunst, politische Macht in Gold zu verwandeln. Aufträge für Arbeiten im Kreml gingen an private Firmen, von denen es heißt, sie hätten weit überhöhte Rechnungen gestellt. Die Familie Jelzin und ihre Helfershelfer seien dann mit großzügigen Kickback-Zahlungen bedacht worden.

Die schlechte Nachricht für die Jelzins war freilich, dass es im russischen Staat immer noch Rudimente eines Kontrollwesens gab und beamtete Rechnungsprüfer, die mehr oder weniger ihre Aufgabe erfüllten. Juri Skuratow, als Generalstaatsanwalt der Russischen Föderation oberster Strafverfolger des Landes, eröffnete 1998 ein Ermittlungsverfahren gegen die Mabatex-Gruppe, die ihren Sitz in der Schweiz hatte und Behgjet Pacolli gehörte, dem vermutlich reichsten Kosovo-Albaner der Welt. Der Anklagevorwurf lautete, Mabatex habe Schmiergelder an die Familie Jelzin bezahlt. Die Firma hatte sich einen Auftrag im Wert von 1,5 Milliarden Dollar für Umbau- und Renovierungsarbeiten am Kreml und an anderen präsidialen Objekten gesichert und im

Gegenzug 1 Million Dollar auf ein Konto bei einer Budapester Bank überwiesen, auf das Jelzin Zugriff hatte. Wie Pacolli später bestätigte, hatte er Jelzins Frau Naina und zweien seiner Töchter insgesamt fünf Kreditkarten mit Deckungsgarantie zur Verfügung gestellt. Schlimmer noch wurde die Sache für die Familie Jelzin dadurch, dass auch die Schweizer Bundesanwältin Carla del Ponte in dieser Causa ermittelte.

Skuratow war gefährlich. Aber seine Nemesis stand bereit. 1998 trat Putin aus dem Schatten heraus, als Jelzin ihm das erste wirklich hochkarätige Amt seines Lebens anvertraute: Er machte Putin zum Chef des FSB, zum Hüter der Geheimnisse des Kremls und zum König des „Kompromat". Im Frühjahr 1999 kam das russische TV-Publikum zur besten Sendezeit in den Genuss eines grobkörnigen Schwarz-Weiß-Videos, das einen fettleibigen Mann mittleren Alters mit quer über die Glatze gekämmtem Haupthaar zeigte, wie er sich im Bett von zwei Prostituierten verwöhnen ließ, die halb so alt waren wie er. Es war eine peinliche sexuelle Enthüllung für den Herrn mit der zugekämmten Glatze und seine Gespielinnen, aber zugleich ein Schlüsselereignis in der jüngsten russischen Geschichte. Ein statuiertes Exempel dessen, was in Russland *Kompromat* genannt wird, ein Kürzel für „kompromittierendes Material". Ein Klassiker der schwarzen Staatskunst.

Ein sehr jung wirkender Wladimir Putin in einer billigen schwarzen Lederjacke wurde eingeblendet, der den Mann im Bett als den amtierenden russischen Generalstaatsanwalt Juri Skuratow identifizierte - den Mann, der gerade dabei war, korrupte Vorgänge in der Liegenschaftsverwaltung des Kremls aufzudecken. Putin erklärte vor den Kameras des russischen Staatsfernsehens: „Der Mann in dem unrühmlichen Video ist als Generalstaatsanwalt Skuratow identifiziert worden. [...] Meine Meinung zu diesem Fall ist wohlbekannt. Sie deckt sich mit der

Meinung des Präsidenten und des Premierministers – Juri Iljitsch [Skuratow] muss zurücktreten."

Skuratow bestritt, der Mann in dem Video zu sein, aber der Schaden war angerichtet. Es gibt eine Geschichte hinter der Geschichte vom *Kompromat* gegen Skuratow. Es gab einen zweiten Akteur, der Grund hatte, die von Skuratow in den späten 1990er-Jahren angestrengten Ermittlungen zu fürchten: Alexander Lebedew, einstiger KGB-Oberst und Vater des heute in England lebenden Oligarchen Evgeny Lebedev, Eigentümer der englischen Zeitungen *The Independent* und *Evening Standard* und enger Freund von Boris Johnson, der ihm vor Kurzem die Baronswürde verliehen hat. Johnson war zu Gast auf mehreren exotischen Partys in Lebedevs Palazzo bei Perugia. Als Johnson im Dezember 2019 seinen Wahlsieg feierte, tat er das in Alexander Lebedews Palais am Rand des Regent's Park. Der altgediente KGB-Mann hatte seinen eigenen Anlass zum Feiern: seinen 60. Geburtstag.

In die Dienste des KGB trat Alexander Lebedew Anfang der 1980er-Jahre; er arbeitete zunächst in der Schweiz und wurde dann nach London versetzt. Als Diplomat getarnt, ging er dem Spionagehandwerk nach. Von 1988 bis 1992 hatte er sein Büro im Gebäude der russischen Botschaft an der Prachtstraße Kensington Palace Gardens. Nach dem Zerfall der Sowjetunion betätigte sich Lebedew in London als Bankier, wurde Miteigentümer der National Reserve Bank und galt eine Zeit lang als Multimilliardär und einer der reichsten Russen. Lebedew pflegte weiterhin eine enge Beziehung zu Michail Gorbatschow, mit ihm Co-Eigentümer der *Nowaja Gaseta*, einer überaus couragierten Zeitung, deren talentierteste Redakteure deshalb stets in Gefahr waren, ermordet zu werden.

Russland ist freilich ein Ort mit vielen doppelten Böden, und die Vorstellung, Alexander Lebedew müsse schon deshalb ein aufrechter liberaler Demokrat sein, weil er Miteigentümer der *Nowaja Gaseta* ist, entstammt politischem Wunschdenken. 2021 veröffentlichten Jacopo Iaconi und Gianluca Paolucci, zwei für *La Stampa* schreibende italienische Reporter, ihr Buch *Oligarchi*. Sie äußern darin die Vermutung, Alexander Lebedew habe zu keinem Zeitpunkt seine Verbindungen zum russischen Geheimdienstapparat gekappt. Sie zitieren aus einem geheimen Bericht des italienischen Auslandsgeheimdiensts an den parlamentarischen Ausschuss für die Kontrolle der Geheimdienste, Copasir, in dem die Ansicht vertreten wird, der Rückzug Lebedews aus dem KGB und/oder seinen Nachfolgeorganen sei womöglich nicht ganz das gewesen, was er zu sein schien, denn er habe weiterhin „an jährlichen KGB-Treffen teilgenommen". Außerdem habe er „seine geschäftlichen Aktivitäten gestartet, während er noch in Diensten des KGB stand, und dafür die finanziellen Mittel eingesetzt, die er sich als KGB-Agent beschafft hatte". Der italienische Bericht beruht auf streng geheimen Informationen, die der Öffentlichkeit nicht zugänglich sind, daher bleibt die ganze Geschichte undurchsichtig.

Nach den Grundregeln des Spionagehandwerks gilt für den KGB/FSB dasselbe wie für das Hotel California im Lied der Eagles: „You can check out any time you like / But you can never leave."

1997 behauptete Alexander Lebedew, sein ehemaliger Geschäftspartner Igor Fjodorow habe 7 Millionen Dollar aus dem Vermögen seiner Bank abgezweigt. Fjodorow erstattete eine Gegenanzeige bei Generalstaatsanwalt Skuratow, in der er Alexander Lebedew und anderen kriminelle Machenschaften vorwarf. Lebedew und seine Geschäftspartner wiesen diesen Vorwurf wiederum zurück. Die Generalstaatsanwaltschaft eröffnete in der Folge mehrere Ermittlungsverfahren gegen Lebedew und seine NRB-Bank, unter anderem wegen Steuervermeidung und Betrugs.

Es kam zu einer Abfolge skurriler Vorgänge. Skuratow kam dahinter, dass er ausspioniert wurde – der Hauptverdächtige war in seinen Augen Alexander Lebedew. Dessen Bank, die NRB, hatte einen eigenen Sicherheitsdienst, bekannt als SB Konus (wobei SB für Sluschba Bezopasnosti, „Sicherheitsdienst", steht). Wie Skuratow im September 1999 dem damaligen unabhängigen russischen TV-Sender NTV erklärte: „Der Sicherheitsdienst von Lebedew [...] beschattete mich und meine Familie. [...] Was ich sicher sagen kann, ist, dass Herr Lebedew erhebliche Ressourcen darauf verwendet hat, das Ermittlungsverfahren auszubremsen. Dank seiner Vertrautheit mit der Arbeitsweise der Geheimdienste [KGB/FSB] konnte er unterschiedliche Methoden zur Anwendung bringen." Skuratow behauptete ferner, in den sozialen Medien seien persönliche Details über sein Leben und seine Familie aufgetaucht. Dank einer Schwachstelle im Internet sei es gelungen, den Verbreiter dieser Schnüffeleien zu identifizieren und festzustellen, dass seine Auftraggeberin die Sicherheitsfirma SB Konus war.

Und dann tauchte das besagte Hotelsex-*Kompromat* auf, dessen männlicher Protagonist starke Ähnlichkeiten mit Skuratow aufwies. Skuratow hat, wie gesagt, stets kategorisch bestritten, dieser Mann zu sein.

Alexander Lebedew verwendet in seinem dürftig geschriebenen Buch *Hunt The Banker* jede Menge Text darauf, Skuratow und die von seinen Beamten getätigten Ermittlungen gegen seine Bank zu verunglimpfen. Er unterstellt, irgendwelche unidentifizierten „Strippenzieher" hätten Druck auf Skuratow ausgeübt mit der Drohung, das *Kompromat*-Video zu veröffentlichen. Wie Lebedew schreibt: „‚Wir sind nicht auf einen Skandal aus', haben sie ihm zweifellos zugeflüstert, ‚aber ...' und so weiter."

Seltsame Formulierungen. Oder vielleicht doch genau das,

was man von jemandem erwarten würde, der die Schule des KGB durchlaufen hat. Natürlich findet sich an keiner Stelle des Buches auch nur eine Andeutung, dass einer der involvierten Ex-KGB-Leute, sei es der Oberst Wladimir Putin oder der Oberst Alexander Lebedew, irgendetwas mit der Sex-*Kompromat*-Operation gegen den Generalstaatsanwalt zu tun hatte. Ich habe über diese Geschichte einen Artikel für die *Byline Times* geschrieben, der im März 2022 erschienen ist, habe Alexander Lebedew mehrmals um eine Stellungnahme zu Skuratows *Kompromat*-Affäre gebeten und habe diese Bitte auch für die Arbeit an diesem Buch noch einmal an ihn gerichtet. Bis heute warte ich auf eine Antwort.

Die einzige andere auf dem Umschlag von Alexander Lebedews Buch *Hunt The Banker* abgebildete Person ist Wladimir Putin. Das Foto zeigt die beiden lächelnden Ex-KGB-Offiziere.

Der Skuratow-Skandal schlug in Russland hohe Wellen und beendete abrupt sowohl die Karriere des Generalstaatsanwalts als auch seine Ermittlungen zur Bestechlichkeit des scheidenden Präsidenten Boris Jelzin und seiner Familie. Die Belohnung ließ nicht auf sich warten und fiel großzügig aus: Im Sommer 1999 ernannte Jelzin Wladimir Putin zum geschäftsführenden Premierminister der Russischen Föderation. Eine *Kompromat*-Operation hatte Putin die Schlüssel zum Kreml beschert.

Und jetzt begann das Morden.

Kapitel vier
Eine Bombe aus Zucker

September 1999: Zwei Bomben binnen vier Tagen, beide in Wohnblocks in Moskauer Arbeitervierteln platziert. Die erste Bombe explodierte kurz nach Mitternacht in der Gurjanowstraße und tötete 92 Menschen, die am frühen Morgen des 9. September schlafend in ihren Betten lagen. Mehrere Körper wurden durch die Druckwelle bis auf die Straße geschleudert. Bei Tagesanbruch konnten die Menschen die erbärmlichen Überreste dieser Gräueltat sehen: Kinderkleidung, ein Sofa, das schief über der Mauer eines ehemaligen Wohnzimmers hing, dessen Decke weggerissen war, Bücher und Bilder überall verstreut. Glasscherben, die unter den Schuhsohlen knirschten.

Die Angst war mit Händen zu greifen.

Vier Tage danach eine zweite Bombe. Diese sprengte einen weiteren Wohnblock in die Luft, diesmal um fünf Uhr morgens an der Kaschirskoje-Schnellstraße in Moskau. Die Verwundeten wurden von Schmutz und Staub bedeckt und halb nackt, so wie sie sich eine Nacht und ein gefühltes Menschenleben zuvor schlafen gelegt hatten, auf Tragbahren weggeschafft. Das grauenhafteste Bild gab indes ein rußgeschwärzter Mann ab, der auf allen vieren durch die Trümmer kroch. Er überlebte. 130 weitere Bewohner des Wohnblocks - Männer, Frauen, Kinder - überlebten nicht.

Auftritt des Geheimdienstmanns. Er stand am Rand eines Trümmerfelds und sah aus wie ein von einer Komparsenagentur gecasteter KGB/FSB-Mann: Kuhfladenfrisur, billiger schwarzer

Sommermantel, schwarze Krawatte, schlank, groß, glatt rasiert, finstere Miene. Er marschierte auf die Fernsehkamera zu und hielt ein elektronisch erstelltes Phantombild vor die versammelten Kameralinsen. Es zeigte einen tschetschenischen Mann mit dickem, fast buddhahaft plumpem Gesicht, dunkelhäutig und mit getönten Brillengläsern. Das war der tschetschenische Terrorist, den die Behörden für den Sprengstoffanschlag verantwortlich machten. Er benutzte den Namen Muchit Laipanow und hatte vor Kurzem Erdgeschosswohnungen in den beiden Wohnblocks angemietet, die von den Sprengstoffattentaten verwüstet wurden. Der wirkliche Laipanow war Anfang 1999 bei einem Autounfall ums Leben gekommen. Die Behörden waren schnell bei der Hand, einer Gruppe ausgebildeter Terroristen die Schuld in die Schuhe zu schieben. Die Tschetschenen waren es – so lautete das sofortige Echo auf das Phantombild, das der Geheimdienstler in die Kameras gehalten hatte. Man hängte es rings um die Bushaltestellen von Moskau auf. Drei Tage nach dem zweiten Sprengstoffanschlag rückten die Bulldozer an und räumten die Trümmer an den Tatorten weg und vernichteten damit die Beweise, die zu den Attentätern hätten führen können.

Am 13. September, dem Tag, an dem in Moskau die zweite Bombe explodierte, verkündete der Sprecher der Duma, Gennadi Selesnjow, dass im südrussischen Wolgodonsk eine dritte Bombe explodiert sei. In Wolgodonsk explodierte tatsächlich eine Bombe, aber erst drei Tage später.

Und es gab eine weitere Bombe, also vier Anschläge insgesamt, bei denen binnen weniger als zwei Wochen mehr als 300 Menschen in Moskau und Südrussland getötet wurden. Die Tschetschenen waren die Übeltäter.

Es gab eine fünfte Bombe. Aber die ging nicht hoch.

Kurz vor den Bombengräueln war Putin von Präsident Jelzin zum Ministerpräsidenten ernannt worden. Bislang ohne jegliche

Erfolgsbilanz, wurde der ehemalige Geheimdienstagent weithin als politischer Nobody verspottet, ein kalter, gesichtsloser Kreml-Insider, der sechzehn Jahre beim KGB gewesen und dann zum Chef von dessen Nachfolgeorganisation, dem FSB, aufgestiegen war. Seine Umfragewerte waren jämmerlich niedrig, die Zustimmung lag ungefähr bei zwei Prozent.

Boris Kagarlitzki, ein langjähriger und erfahrener Beobachter des Kremls in Moskau, kommentierte: „Man kann einen Bürokraten nicht in eine glamouröse Person verwandeln. Er ist noch genauso grau wie früher. Die Propagandamaschine funktioniert gut, aber genau das ist Putins Schwäche, denn als Politiker ist er ein Niemand. Als politischer Führer braucht man irgendeine Art von Vorgeschichte."

Matt Ivens, der damalige Herausgeber der *Moscow Times*, war der gleichen Ansicht: „Jelzin hat schon etliche Ministerpräsidenten ernannt. Wann immer er einen fallen ließ, hat er klargemacht, dass es etwas mit den Wahlen zu tun hat. Und am Ende hat er sich für Wladimir Putin entschieden. Bis auf ein paar aufmerksame Beobachter und Bürger von Sankt Petersburg hat niemand je etwas von Putin gehört. Jelzin verkündet: ‚Das ist mein Nachfolger, das ist ein Mann, der das Land führen kann', und ruft damit allseits Belustigung hervor. Alle Zeitungen der Stadt, einschließlich unserer, sagen, dieser Kerl wird nie im Leben eine Wahl gewinnen, es sei denn, es passiert etwas absolut Außergewöhnliches."

Die Sprengstoffanschläge auf die Moskauer Wohnblocks waren etwas Außergewöhnliches.

In der Zeit unmittelbar nach den Anschlägen ging Putin über das Staatsfernsehen in die Offensive: „Die Leute, die das getan haben, verdienen es nicht, Tiere genannt zu werden. Sie sind viel schlimmer ... es sind geisteskranke Bestien und sollten als solche behandelt werden." Seine Umfragewerte schossen in die

Höhe, und er holte nochmals aus: „Wir werden sie vernichten. Selbst wenn sie sich in den Sümpfen verstecken."

Das war reines Gangstergeschwätz, aber in der Öffentlichkeit kam es gut an. Putin spielte auf der Klaviatur des russischen Rassismus. Seit Jahrhunderten waren die muslimischen Abtrünnigen aus dem wilden, felsigen Kaukasus die Sündenböcke Russlands. Michail Lermontow, ein Dichter aus dem 19. Jahrhundert, schrieb ein Wiegenlied, das sich in die russische Volksseele eingebrannt hat:

Braust der Terek mit Getöse
Trüb vom Fels ins Tal –
Der Tschetsche dort schleicht, der böse,
Wetzt den blanken Stahl.

Ward dein Vater alt im Kriege,
Gott wird mit ihm sein –
Schlaf, mein Liebling, ruhig liege,
Schlaf, mein Kind, schlaf ein!

Die Tschetschenen hatten die Militärmacht Russland im ersten Tschetschenienkrieg gedemütigt, den Jelzin 1994-96 im Alkoholrausch begonnen hatte. Die russische Armee war mit großer Brutalität und noch größerer Unfähigkeit vorgegangen. Die Tschetschenen hatten so wacker gekämpft, dass sie die Russen zu einer Art Waffenstillstand zwangen, nicht zuletzt auch weil Jelzin, wieder nüchtern, erkannt hatte, dass die Leute ihn als dumm und grausam bezeichneten. Die liberale Demokratin und Abgeordnete Galina Starowoitowa nannte Jelzin „den Blutigen Boris" und meinte: „Die Zeiten des Reformers Jelzin sind vorbei. Sein zukünftiges Regime wird gefährlich und das nicht nur für Russland."

Nun benutzte Putin die Moskauer Bombenanschläge als Casus Belli, um im Herbst 1999 den zweiten Tschetschenienkrieg anzetteln zu können. Das russische Militär ging mit blinder, erbarmungsloser Grausamkeit vor. Gleichzeitig strahlte das russische Fernsehen einen Film mit Videoclips von tschetschenischen Guerillakämpfern aus, die angeblich russische Soldaten folterten und umbrachten. Der schlimmste Clip zeigt, wie eine Messerklinge an den Hals eines kahl rasierten hellhäutigen Mannes gehalten wird. Dann sieht man in Nahaufnahme, wie seine Halsschlagader durchtrennt wird und das Blut aus dem Gesicht entweicht. Die nächste Aufnahme zeigt einen bäuchlings auf dem Boden liegenden Mann, allem Anschein nach eine Leiche. Man kann unmöglich erkennen, ob das Opfer tatsächlich ein russischer Soldat war und die Killer Tschetschenen waren – es gibt keine eindeutigen Hinweise. Dennoch wurden dieser und ähnliche Videoclips immer wieder im russischen Staatsfernsehen gezeigt – als wollte jemand an oberster Stelle die öffentliche Meinung in Bezug auf den Feind, den anderen, aufheizen.

Die Tschetschenen verloren alles, was sie im ersten Krieg gewonnen hatten. Von Tschetschenen bekam man immer wieder zu hören: „Hätten wir in Moskau eine Bombe legen wollen, hätten wir den Kreml oder ein Kernkraftwerk ins Visier genommen. Warum sollten wir ein paar Wohnblocks in die Luft jagen?"

Warum die russische Regierung tschetschenische Terroristen oder von Tschetschenien unterstützte Terroristen für die Bombenattentate in Moskau und in den beiden südrussischen Städten verantwortlich machte, legte bei einer Pressekonferenz, die ein Jahr nach den Gräueltaten in Moskau stattfand, Wladimir Koslow, der Chef der Antiterrorabteilung des FSB, dar. Koslow sagte, die Terroristen gehörten einer radikalen islamistischen Sekte an; deren Anführer Atschimes Gotschijajew habe von dem Warlord Ibn al-Chattab 500 000 Dollar dafür erhalten. Ersterer habe Jusuf Krimschamchalow und Denis Saitakow angeheuert, um die Moskauer Wohnblocks in die Luft zu jagen. Die Terroristen seien in Tschetschenien ausgebildet worden, so die offizielle Version des FSB weiter, und dann mit Tonnen von Sprengstoff in die benachbarten Nordkaukasus-Republiken geschickt worden, zum Beispiel nach Karatschai-Tscherkessien. Dort hätten sie Lastwagen gemietet und den Sprengstoff als Zucker, Kartoffeln und andere landwirtschaftliche Produkte getarnt nach Moskau geschmuggelt. Die Bomben bestanden, laut Koslow, größtenteils aus einer Mischung aus Kaliumnitrat und Aluminiumpulver, und als Zeitschalter hätten die Männer Casio-Uhren benutzt. FSB-Ermittler behaupten, sie hätten im Dezember 1999 auch 500 Kilogramm dieser Mischung in der Nähe der tschetschenischen Stadt Urus-Martan entdeckt, und gaben dies als Beweis dafür aus, dass die Attentäter nicht nur in den Trainingslagern von Ibn al-Chattab in Tschetschenien ausgebildet worden seien, sondern dort auch den Sprengstoff erhalten hätten.

Der gesunde Menschenverstand sagt einem, dass es verrückt wäre, wenn eine Gruppe Tschetschenen auf der langen Strecke von Urus-Martan nach Moskau Sprengstoff zu schmuggeln versuchte. Seit dem ersten Tschetschenienkrieg werden Tschetschenen in schöner Regelmäßigkeit von der russischen Polizei schikaniert; die Polizisten halten sie an und durchsuchen ihre Fahrzeuge, wollen die Papiere sehen. Außerdem gab es schon seit Langem eine starke tschetschenische Mafia in Moskau, die ganz leicht Waffen oder Sprengstoff in der Stadt hätte besorgen können. Auch hätte man sich im Moskau der 1990er-Jahre mit einer entsprechenden Bestechungssumme ohne Weiteres Zugang zu einer Nuklearraketenbasis verschaffen können. Die „tschetschenischen Terroristen" wären ein hohes Risiko eingegangen, hätten sie ihren Sprengstoff auf Lastern rund 1600 Kilometer weit bis nach Moskau transportiert, wo sie ihn doch ebenso gut im hinteren Bereich eines örtlichen Flohmarkts hätten kaufen können.

Sechs der Verdächtigen, einschließlich jener für die Bombenanschläge in Südrussland, wurden dort im Kampf mit russischen Streitkräften getötet. Tote können die Wahrheit nicht mehr erzählen. Der Großteil der „Beweise", die der FSB auf der Pressekonferenz präsentierte, waren Indizien.

Aber sobald man anfängt, sich näher mit dem fünften Anschlag zu beschäftigen, fällt die offizielle Version der Bombenattentate wie ein Kartenhaus in sich zusammen. Die Geschichte der Entdeckung, Entschärfung und Leugnung der Bombe wirft riesige Zweifel bezüglich der vom Kreml verbreiteten Version auf.

Ungefähr um neun Uhr abends am 22. September bemerkte der Ingenieur Wladimir Wassiljew beim Nachhausekommen drei sich auffällig verhaltende Fremde in der Nähe des Kellers seines Wohnblocks in der Provinzstadt Rjasan, 160 Kilometer südöstlich von Moskau, in der Nowosjelowstraße, übersetzt Neue-Siedler-Straße. Wassiljew sagte: „Vor dem Eingang parkte ein weißer Wagen mit dem Kofferraum zur Eingangstür. Darin saßen zwei Männer, junge Männer zwischen 20 und 25 Jahren."

Wassiljew bemerkte, dass die letzten beiden Nummern auf dem vorderen Nummernschild mit einem weißem Stück Papier überklebt waren, auf dem die Ziffern 62 standen, die Kennziffer für die Region Rjasan. Am Heck des Autos stand die richtige Nummer mit dem Code für Moskau. Stutzig geworden, beschloss Wassiljew, die Polizei anzurufen. „Während wir auf den Fahrstuhl warteten, stieg einer der jungen Männer aus dem Wagen, und eine Frau trat vor und fragte: ‚Hast du alles erledigt?' ‚Ja.' ‚Okay, dann lass uns gehen.' Dann stiegen alle ein und fuhren schnell weg."

Wassiljew beobachtete das Trio in dem Wagen mit dem manipulierten Nummernschild. „Ich erinnere mich, dass der Fahrer ziemlich dünn war und einen Schnurrbart hatte, der andere war dicker. Die Frau hatte blondes kurzes Haar, trug Sportsachen und eine Lederjacke. Es waren Russen, ganz sicher Russen, und keine Asiaten" - also keine Tschetschenen.

Die Polizei von Rjasan traf ein. Inspektor Andrei Tschernischew betrat als Erster das Kellergeschoss. Er erläuterte später: „Wir haben von einem Streifenpolizisten per Funk eine Nachricht erhalten. Es war ungefähr zehn Uhr abends. Jemand hatte beobachtet, wie zwei Fremde aus dem Keller im Gebäude 14/16 in der Nowosjelowstraße kamen. Eine Anwohnerin, die bei dem Gebäude stand, sprach uns an. Sie erzählte uns, die beiden Männer seien aus dem Keller gekommen und in einem Wagen, dessen Nummernschild teils mit Papier abgedeckt war, weggefahren. Ich ging in den Keller hinunter. Dieser Wohnblock hat einen sehr tiefen Keller, der Boden war mit Wasser bedeckt. Wir sahen Säcke voller Zucker und dazwischen eine Apparatur - ein paar Kabel und eine Uhr. Wir waren schockiert. Wir rannten aus dem Keller, und ich hielt Wache, während sich meine Beamten schnell um die Evakuierung der Bewohner kümmerten."

Clara Stepanowna, eine Großmutter, erinnert sich an jenen Abend: „Nachbarn klopften an die Tür und sagten: ‚Schnell, wir müssen raus, da ist etwas im Keller deponiert worden.' Wir rafften ein paar Sachen zusammen und liefen hinaus. Meine Tochter kam gar nicht mehr dazu, sich ordentlich anzuziehen, sie musste ohne Strümpfe und ohne Leggings aus der Wohnung stürzen, nur eine Jacke konnte sie sich noch überwerfen. Auch die Kinder liefen nur halb angezogen hinaus. Dann hat man uns von dem Haus ferngehalten, und sie haben angefangen, es zu untersuchen. Sie haben uns nicht in die Nähe des Hauses gelassen."

Wassiljew erzählte: „Als wir auf dem Platz standen, fiel meiner Frau ein, dass sie vergessen hatte, den Herd auszuschalten, also ging ich zu einem der MVD-Beamten (Innenministerium), um es ihm zu sagen. Ich fuhr mit dem Fahrstuhl hinauf. Er sagte mir, sie hätten eine Apparatur gefunden."

Juri Tkatschenko, der Leiter des örtlichen Bombenentschärfungskommandos, ging ins Kellergeschoss. „Meines Erachtens war es eine richtige Bombe. Plötzlich befand ich mich in einer Kampfsituation", sagte er. Er überprüfte die drei Zuckersäcke mit seinem tragbaren Gasanalysator und bekam ein positives Ergebnis für Hexogen, den Sprengstoff, der in Moskau benutzt wurde. Der Zeitschalter für den Sprengzünder war auf 5 Uhr 30 eingestellt, sodass viele der 250 Bewohner des dreizehnstöckigen Wohnhauses getötet worden wären.

Ungefähr um 1 Uhr 30 wurden die Säcke aus dem Keller geschafft und vom FSB weggefahren. Aber den Sprengstoffzünder ließ die Geheimpolizei in den Händen des Entschärfungskommandos. Später wurde er fotografiert.

Als den Bewohnern um sieben Uhr morgens schließlich gestattet wurde, in ihre Wohnungen zurückzukehren, erlaubte einer der Polizisten Frau Stepanowna anzuschauen, wo die Bomben installiert worden waren. Sie sagte: „Ein bisschen was von dem Pulver war noch da, und der Polizist sagte: ‚Da, das ist das Zeug, das Sie alle in die Luft hätte jagen sollen.'"

Laut Boris Kagarlitzki, einem Angehörigen des Instituts für Vergleichende Politische Studien der Russischen Akademie der Wissenschaften, verhaftete die Ortspolizei an diesem Abend zwei Männer. „FSB-Beamte wurden dabei ertappt, wie sie die Bomben deponierten. Als sie von der Polizei verhaftet wurden, versuchten sie, ihre Haut zu retten, indem sie ihre FSB-Ausweise zeigten."

Dann intervenierte die FSB-Zentrale in Moskau. Und die beiden Männer wurden kommentarlos wieder laufen gelassen.

Am nächsten Tag, dem 24. September, verkündete der FSB in

Moskau, dass es nie eine Bombe gegeben habe, es habe sich um einen Übungseinsatz gehandelt. Es sei kein Hexogen gewesen, nur Zucker. Kremlfreundliche Zeitungen berichteten, dass dem Entschärfungskommando aus Rjasan ein Fehler unterlaufen sei, als sie das vermeintliche Hexogen entdeckt hätten. Eine Zeitung meinte, dass sie vielleicht versäumt hätten, den Gasanalysator zu reinigen, eine Bemerkung, auf die Tkatschenko, der Sprengstoffexperte, entgegnete: „Das war keine Verschmutzung. Der Analysator hat ganz klar zwei radioaktive Substanzen entdeckt. Diese Leute wissen nicht, wovon sie reden."

Alexander Sergejew, der Leiter des regionalen FSB in Rjasan, sagte, als man ihn zu der angeblichen Übung befragte: „Unsere Regionalstelle hatte sie nicht angeordnet. Es war eine Übung, die dazu diente, die Kampfbereitschaft in allen Städten Russlands zu überprüfen. Niemand hat uns gesagt, dass es sich um eine Übung handelte, und wir haben auch keine Meldung zum Beenden der Übung erhalten. Für zwei Tage und zwei Nächte haben wir weder Dokumente erhalten noch einen Befehl, die Übung zu beenden."

Offiziell hat der Innenminister der Polizei und dem FSB verboten, über die Bombe zu sprechen, die es nie gegeben hat. Aber nur wenige glauben die Version des Kremls – dass es sich nur um eine Übung gehandelt habe.

Wassiljew sagte: „Ich habe die offizielle Version übers Radio gehört, als der Pressesprecher des FSB verkündete, es habe sich um einen Übungseinsatz gehandelt. Da habe ich ein mulmiges Gefühl bekommen. Daraufhin haben mich etliche Nachbarn angerufen und gemeint: ‚Hast du das gehört?' Ja, hatte ich, aber ich kann es nicht glauben."

Ein paar Monate später fuhr ich nach Rjasan zu den Dreharbeiten für einen Dokumentarfilm, der unter dem Titel *Dying For The President* in der Dokuserie *Channel 4 Dispatches* gezeigt werden sollte. Ich fragte einen der Bewohner, ob die Fremden, die sich im Keller herumgetrieben hatten, Tschetschenen gewesen seien. Er antwortete: „Es waren Russen. Die Frau und zwei Männer. Die Frau hatte kurzes blondes Haar."

Für unseren Dokumentarfilm trieb ich ein Foto des Sprengzünders, den das Entschärfungskommando aus Rjasan gefunden hatte, auf.

Und was war mit der angeblichen Zuckerbombe?

Die *Nowaja Gaseta* berichtete über die merkwürdige Geschichte eines Fallschirmjägers, des Gefreiten Alexei Pinjajew, der erzählte, er habe kurz vor dem „Zuckervorfall" in Rjasan ein Militärlager bewacht und er und ein Kamerad hätten sich von den Säcken mit der Aufschrift „Zucker" ein bisschen was abgefüllt, um damit ihren Tee zu süßen. Doch der erste Schluck habe so furchtbar geschmeckt, dass sie das Zeug sofort weggeschmissen hätten. Aus Angst, sich vergiftet zu haben, hätten sie den angeblichen Zucker untersuchen lassen, und dabei sei herausgekommen, dass es sich um Hexogen handelte. Später leugnete Pinjajew diese Geschichte auf einer Pressekonferenz, die vom FSB und seinem damaligen Leiter Nikolai Patruschew abgehalten oder vielleicht besser gesagt inszeniert wurde. Heute ist Patruschew der Leiter des russischen Nationalen Sicherheitsrates und Putins Stellvertreter, falls er sich in ärztliche Behandlung begeben muss.

Hat irgendjemand versucht, die russischen Behörden wegen der Moskauer Bombenanschläge gerichtlich zu belangen? Ja. Das, was mit dem zuständigen Anwalt passierte, spricht Bände über die Rechtsstaatlichkeit in Russland unter Wladimir Putin. Michail Trepaschkin ist ein ehemaliger FSB-Beamter, der seinerzeit von seinem Vorgesetzten, Nikolai Patruschew, ausgezeichnet worden war. Später arbeitete er als Anwalt, und in dieser Rolle vertrat er zwei Schwestern, deren Mutter bei einem der

Bombenattentate in ihrer Wohnung getötet wurde. Trepaschkin fand einen der frühen Verdächtigen, dessen Beschreibung zu einem Mann passte, der gesehen worden war, wie er Sprengstoff angeliefert hatte. Doch diese Beschreibung war praktischerweise aus den Akten verschwunden. Immerhin hatte Trepaschkin Beweise dafür, dass es sich bei dem Verdächtigen um Wladimir Romanowitsch handelte, einen FSB-Agenten, der zu einer Bande gehörte, die 1990 die Moskauer Soldi-Bank erpresst hatte.

Er fand heraus, dass Romanowitschs Beschreibung absichtlich aus der Untersuchungsakte der Polizei in Sachen Moskauer Bombenanschläge entfernt worden war, was auf eine verdeckte Staatsoperation hindeutete. Aber Trepaschkin blieb sein großer Auftritt vor Gericht versagt. Jedenfalls als Anwalt. Im Oktober 2003, nur eine Woche vor einer anberaumten Anhörung, bei der er den Sachverhalt um den FSB-Agenten, der bei der Anlieferung des Sprengstoffs in einen der Moskauer Wohnblocks gesehen worden war, darlegen wollte, wurde Trepaschkin wegen illegalen Waffenbesitzes verhaftet. Ein Militärgericht verurteilte ihn hinter verschlossenen Türen wegen Verrats von Staatsgeheimnissen zu einer vierjährigen Haftstrafe. Im Gefängnis litt Trepaschkin unter Asthma, einer Dermatose und Sodbrennen, musste aber dennoch in einer eiskalten Strafzelle ausharren, zusammen mit anderen Häftlingen, die Tuberkulose hatten.

Ich fragte Donald Rayfield, wer hinter den Bombenanschlägen auf Moskauer Wohnblocks steckt: „Der KGB oder FSB, wie er jetzt heißt. Es gibt absolut keinen Zweifel. Alle Zeugenaussagen belegen, dass es unmöglich Tschetschenen gewesen sein können. Und dann wurden sie auch noch dabei beobachtet, wie sie das Gleiche in Rjasan machen wollten, wo die Ortspolizei, wie es häufig der Fall ist, sie in flagranti erwischte. Da kommt ein Polizist des Weges und fragt: ‚Was tut ihr denn da?' Und macht ihnen einen Strich durch die Rechnung. Dann behaupten

sie, es war nur Zucker, das Ganze nur eine Übung. Aber es war kein Zucker, es war Sprengstoff."
In Russland nennt man TNT seither „Rjasan-Zucker". Ein Witz, aber kein lustiger.

Schlüssige Beweise legen nahe, dass die Angelegenheit, die Wladimir Putins politische Karriere befeuerte - sein hartes Durchgreifen gegen angebliche tschetschenische Bombenattentäter - in Wahrheit eine verdeckte Operation der Geheimpolizei war. Dass Wladimir Putin Russland in die Luft jagte.

In seiner von einem Ghost verfassten Autobiografie wird Putin damit konfrontiert, woraufhin er erwidert: „Unsere eigenen Wohnhäuser in die Luft jagen? Wissen Sie, das ist wirklich ... hanebüchener Unsinn! Das ist doch krank. Niemand von unseren Sicherheitsdiensten wäre zu einem solchen Verbrechen gegen die eigene Bevölkerung in der Lage. Allein schon die Unterstellung ist unmoralisch. Das ist nichts anderes als Teil des Informationskriegs gegen Russland."

Der September 1999 ist meiner Meinung nach der Zeitpunkt, an dem Russland aufhörte, eine Demokratie zu sein. Die Bombenanschläge auf die Moskauer Wohnblocks waren Wladimir Putins Sündenfall, und jeder Russe oder jede Russin, der oder die es wagte, in dieser Angelegenheit zu recherchieren, begab sich in Lebensgefahr.

Kapitel fünf
Krieg ohne Mitleid

Die Tschetschenin war allein im Grenzgebiet zwischen Tschetschenien und Inguschetien, als sie uns erblickte, ein westliches Fernsehteam, das soeben zu filmen begann. Sie kam auf mich zu, wickelte etwas aus, das sie in eine Decke eingeschlagen hatte, und dann begann sie, durchdringend zu schreien: „Danke, Herr Putin!" Das Etwas entpuppte sich als zwei verkohlte Schädel, die einzigen Überreste ihrer Schwestern, die von der russischen Armee verbrannt worden waren. Ich war zutiefst schockiert.

Es ist schwer, nahezu unmöglich, zu vermitteln, wie unglaublich brutal der zweite Tschetschenienkrieg war, wie erbarmungslos die Tötungsmaschinerie des Herrschers im Kreml. Für mich als Reporter und Mensch war es am schwierigsten, Zeuge des gewaltigen Fehlers zu werden, den die westlichen Staatsmänner machten, die einen Kuschelkurs mit Wladimir Putin einschlugen, während die Beweise für seine Kriegsverbrechen in Tschetschenien und die Verbrechen gegen die Menschlichkeit, die verübt wurden, als der FSB in Moskau Wohnblocks in die Luft jagte, erdrückend waren. George W. Bush sagte 2001 nach seiner ersten persönlichen Begegnung mit Putin: „Ich habe dem Mann in die Augen geschaut. Ich fand ihn sehr aufrichtig und vertrauenswürdig, und wir haben ein sehr gutes Gespräch geführt. Ich habe ein Gefühl für seine Seele bekommen, ein Mann, der seinem Land und den Interessen seines Landes zutiefst verpflichtet ist."

Tony Blair war der allererste westliche Staatsmann, der den neuen Führer Russlands pries. Im Frühjahr 2000 reiste er nach Sankt Petersburg und besuchte zusammen mit den Putins die Oper *Krieg und Frieden* von Prokofiew. Der britische Premierminister beglückte Putin mit einem persönlichen Gespräch, noch ehe die russische Wählerschaft ihn ins Amt gewählt hatte. Blair sagte Reportern: „Wir haben unsere Bedenken zu Tschetschenien und zu jeglicher Frage der Menschenrechtsverletzungen dort immer klar zum Ausdruck gebracht, doch es ist wichtig zu begreifen, dass Tschetschenien nicht der Kosovo ist. Die Russen sind schweren terroristischen Angriffen ausgesetzt gewesen."

Es waren keine terroristischen Angriffe, sondern Geheimoperationen des FSB. Und das wussten sowohl die CIA als auch der MI6. James Bond ist ein geschniegelte Fantasiegestalt. George Smiley, eine Schöpfung von John le Carré, hat einen Beigeschmack des Echten. Spione lesen Zeitung. Sie würden die Geschichten in der *Nowaja Gaseta* gelesen haben, die Fragen dazu aufwarfen, wer tatsächlich für die Bombenattentate auf Moskauer Wohnhäuser verantwortlich war. Im März 2000 brachte der *Observer* meinen Bericht über die Bombe aus Zucker in Rjasan. 2001 veröffentlichte Juri Schtschekotschichin, ein brillanter und furchtloser russischer Journalist und Abgeordneter, eine Sonderausgabe der *Nowaja Gaseta*, verfasst von einem früheren KGB-Oberst, Alexander Litwinenko, und dem russisch-amerikanischen Journalisten Yuri Felshtinsky über den Skandal. Daraus entstand das Buch *Blowing Up Russia: Terror from Within*, veröffentlicht 2002. Der Titel ist ein Hinweis, den selbst die CIA in Langley und der MI6 in Vauxhall Cross, London, nicht übersehen haben würden. Damit die britischen und amerikanischen Spione es auch begriffen, wurde *Blowing Up Russia* auf Russlands staatliche Liste extremistischer Materialien gesetzt. Im Klartext: Das Buch kam auf den Index, weil es Staatsgeheimnisse enthüllte. Und wer amerikanischer oder englischer Spitzel sein will, liest die vom Kreml verbotenen Bücher.

2005 drehte ich für die BBC eine Dokumentation über Craig Murrays gescheiterten Versuch, Außenminister Jack Straw bei den englischen Wahlen zu schlagen. Der frühere britische Botschafter in Usbekistan berichtete mir, er habe einen Bericht des MI6 über die Bombenanschläge auf Moskauer Wohnhäuser gesehen, in dem Beweise aufgeführt wurden, dass es sich dabei um ein Eigentor des FSB handelte.

In seinem Buch *Darkness at Dawn* beschrieb der amerikanische Journalist David Satter 2003 den Skandal detailliert, und das Gleiche tat er 2016 in einem zweiten Buch, *The Less You Know, The Better You Sleep: Russias Road to Terror and Dictatorship under Yeltsin and Putin*. Im gleichen Jahr stellte Satter beim amerikanischen Außenministerium einen Antrag auf Einsicht in Dokumente, ebenso beim FBI und bei der CIA. Er wollte herausfinden, was sie über die Sprengstoffanschläge auf Moskauer Wohnhäuser wussten – und erreichte gar nichts. Die CIA räumte nicht einmal ein, dass irgendwelche diesbezüglichen Akten existierten, denn das hätte „sehr genaue Aspekte des nachrichtendienstlichen Interesses – oder Desinteresses – der CIA an den russischen Bombenanschlägen" erkennen lassen.

Satter stöberte weiter, hartnäckig wie ein Hund, der nicht von seinem Knochen lässt. Er bekam sogar ein Telegramm über den Vorfall in Rjasan in die Hände. Es ist von der US-Botschaft in Moskau, datiert vom 24. März 2000, und Satter schreibt dazu: „Ein früherer russischer Geheimdienstoffizier, offenbar einer der Hauptinformanten der Botschaft, sagte, die wahre Geschichte über den Vorfall in Rjasan könne nie bekannt werden, denn sie ‚würde das Land zerstören'."

Wenn Litwinenko, Felshtinsky, Satter und ich die Wahrheit über die Moskauer Bombenattentate herausfinden konnten, dann konnten das doch wohl auch die CIA und der MI6. Doch beim außenpolitischen Establishment des Westens herrschte eine verkorkste Denkweise. Sie wollten glauben, dass Putin ein Demokrat ist, ein Freund des Westens, jemand, mit dem sie geschäftliche Beziehungen unterhalten konnten. Und sie machten sich daran, die Beweise für das Gegenteil verschwinden zu lassen.

Ihre Rechnung ging nicht auf. Ende der 1990er-Jahre bezeichnete Putin den Kommunismus als „eine Sackgasse, weit entfernt von der Hauptrichtung der Zivilisation". Seine Verachtung für den Kommunismus ist echt. Doch das bedeutet natürlich nicht, dass Putin sich die Demokratie oder die grundlegenden Dinge, die mit ihr einhergehen müssen, zu eigen machte: Überprüfung durch eine freie Presse, Meinungsfreiheit, Toleranz gegenüber Spott und Humor. Vielmehr hat sich Putin einige Ideen herausgepickt, die miteinander verschmolzen und zu seinem Leitstern geworden sind: Ultranationalismus; Hass auf andere; Verachtung gegenüber einer freien Presse und Meinungsfreiheit; Intoleranz gegen Spott und Humor; zutiefst konservative gesellschaftliche Wertvorstellungen; ein unfreier Markt, der an die politische Macht verpfändet ist; Verehrung für „die Organe", den KGB und den ganzen Abkürzungssalat seiner Vorgänger (Tscheka, GPU, OGPU, NKGB, NKVD, MGB) und Seitentrieben (SVR, FSB). Ohne es auszusprechen, ohne Bekanntmachung war Putin ein russischer Faschist.

Zudem fügen sich Putins Anschauungen bestens in die lange Tradition russischer Autokratie ein, wie sie der französische Schriftsteller Astolphe de Custine in seinem Reisebericht *Russland im Jahre 1839* über das Land, in dem Nikolaus I. herrschte, scharfsinnig beschrieben hat: „Eine Regierung, die vom Geheimnis lebt und deren Stärke in der Verstellung liegt, fürchtet sich vor allem." Stalin war ein Erbe dieser autokratischen Ausrichtung, und seit den späten 1920er-Jahren projizierte er den russischen Imperialismus erfolgreich auf den Kommunismus, jedoch mit einer raffinierten neumodischen und zutiefst verlogenen Rhetorik. Der Putinismus harmoniert mit dem Zarismus Nikolaus' I. und dem Stalinismus – und für jeden aufmerksamen Beobachter war das mehr als offensichtlich.

Zu hören, wie Blair und Bush von Wladimir Putins Seele sprachen, nach allem, was ich in Moskau, Rjasan und Tschetschenien gesehen hatte – es war zum Verrücktwerden.

Im Jahr 2000 reiste ich zweimal undercover nach Tschetschenien.

Es war beängstigend. Zwei Jahre zuvor waren dort vier britische Telefontechniker entführt worden, die daran gearbeitet hatten, ein Netz aus Funkmasten außerhalb der Kontrolle des Kremls zu errichten. Ihre vier abgetrennten Köpfe wurden neben einer Straße gefunden. Nicht gerade eine subtile Warnung. Ein unerschrockener russischer Reporter, Andrei Babitzki, reagierte im Januar 2000 auf die absurde Behauptung des Kremls, in der tschetschenischen Hauptstadt Grosny gebe es keine Zivilisten mehr, indem er dort hinreiste und berichtete, dass es nicht stimmte. Er riskierte sein Leben, denn das Bombardement der russischen Artillerie war sehr heftig. Mitte Januar wurde er von russischen Erfüllungsgehilfen gefangen genommen, gefoltert und schließlich im März in russische Obhut übergeben. Also reisten mein Team und ich nach Tschetschenien, als die Wahrscheinlichkeit, geköpft oder entführt zu werden, relativ hoch war.

Im Februar 2000 flog ich gemeinsam mit dem Kameramann James Miller und der Produzentin Carla Garapedian nach Moskau und dann weiter nach Nasran in Inguschetien, die Nachbarrepublik von Tschetschenien. James und ich hatten eine Dokumentation für Channel 4 und dessen Sendereihe *Dispatches* gedreht, über ein Massaker, das 1999 in Klein Krusha im Kosovo stattgefunden hatte. Damals hatten serbische Polizei und Paramilitärs mehr als hundert kosovarische Männer und Jungen in einer Scheune abgeschlachtet. Unser Film hatte einen Preis gewonnen (einen *Royal Television Society Award*), und James und ich waren gute Kumpel. James brachte meinen Kindern Sam und Molly das Surfen bei. Carla ist eine großartige und furchtlose amerikanisch-armenische Produzentin. Wir drei fuhren also undercover zusammen nach Tschetschenien, um Putins ersten Krieg zu dokumentieren.

Wir begannen damit, Interviews mit Tschetschenen zu filmen, die es geschafft hatten, über die Grenze nach Inguschetien zu gelangen. Sowohl Tschetschenien als auch Inguschetien sind Teilrepubliken innerhalb der Russischen Föderation. Tschetscheniens lange Kriege gegen die russischen Zaren und später gegen deren Nachfolger wurden ausgefochten, weil die Menschen die Invasoren aus dem Land werfen wollten. Der zweite Tschetschenienkrieg (1999–2009) war Wladimir Putins Antwort darauf. In den Außenbezirken von Grosny wurde russische Artillerie stationiert, die die Stadt in Trümmer legte. Als sich Flüchtlingskolonnen mit weißen Fahnen an ihren Autos in Bewegung setzten und in Sicherheit bringen wollten, wurden sie bombardiert.

Das Gesicht bis zur Unkenntlichkeit verbrannt, lag ein Mädchen hingestreckt auf ihrem Krankenhausbett und erzählte uns in kindlichem Flüsterton von dem Tag, an dem ihre Mutter, ihr Vater, ihre beiden Brüder, ihre Schwester und ihre Cousine ausgelöscht worden waren. Ihre Tante kümmerte sich um sie. Insgesamt waren 363 Menschen aus ihrem Dorf umgekommen. Mit ihren acht Jahren war dieses Mädchen, nennen wir sie Kamiisa, Augenzeugin eines Kriegsverbrechens. Das Dorf Katar-Jurt lag „sicher" im russisch besetzten Gebiet, weit entfernt von der Front, und war überfüllt mit Flüchtlingen. Bis zum Morgen des

4. Februar 2000 war es unversehrt geblieben, als russische Flugzeuge, Hubschrauber, Aerosolbomben und Grad-Raketen das Dorf in Schutt und Asche legten. Um drei Uhr nachmittags legten die Russen eine Pause im Bombardement ein, schickten Busse ins Dorf und gestatteten einem Konvoi mit weißen Fahnen, in dem auch Kamiisas Familie war, den Abzug.

Und dann bombardierten sie auch ihn und töteten Kamiisas Familie und viele andere.

Unsere tapfere tschetschenische Vermittlerin Natascha fand einen abtrünnigen FSB-Offizier, der einwilligte, James, Carla und mich für 2500 Dollar in bar nach Katar-Jurt zu fahren. Wir duckten uns hinter den verdunkelten Scheiben seines Wolga und passierten ohne Schwierigkeiten mehrere russische Kontrollpunkte, bis wir das Dorf erreichten und sahen, was davon übrig geblieben war: eine Landschaft, als läge sie an der Somme, Straßen zu Splittern zerschmettert, Bäume zerfetzt, blutdurchtränkte Keller, die Überlebenden fast wahnsinnig vor Angst. Das Dorf war übersät mit den Resten russischer Vakuumbomben. Sie gegen Zivilisten einzusetzen, verbietet die Genfer Konvention.

Zeugen vor Ort, sehr verwundert über den ersten Besuch westlicher Außenstehender in ihrem Dorf, das von Westen und Osten durch Spezialtruppen der russischen Geheimpolizei, des FSB, abgeriegelt war, sagten, sie hätten 363 Leichen gezählt, zu Haufen von zwei oder drei auf der Straße übereinandergestapelt – „so viele, dass man mit dem Auto nicht an ihnen vorbeikam" –, ehe die Russen viele Leichen fortschafften und in ein Massengrab warfen.

Kamiisa hatte ein grausam verbranntes Gesicht, beide Hände hatten Verbrennungen und waren verbunden, ihr rechtes Bein war gebrochen und eingegipst, das linke Knie von Metallstücken durchschlagen, und sie hatte innere Verletzungen erlitten – und doch wollte sie uns erzählen, was geschehen war. Kamiisas Vater Mansour, 45, ein Bauarbeiter, ihre Mutter Hava, 45, Lehrerin, ihre Brüder Magomed, 14, und Ruslan, 12, ihre Cousine Hava, 8, und ihre Schwester Madina, 6, hatten sich in den schwarzen Wolga Saloon der Familie gequetscht. Sie erklärte, wie der Konvoi Katar-Jurt verlassen hatte, wie sie hofften, Richtung Sicherheit. „Dann kamen zwei Flugzeuge, und wir wurden getroffen. Wir flogen durch die Luft, und ich fiel auf den Boden in den Dreck."

Kamiisa zuckte zusammen, als ihre Tante die verbrannte Haut um ihr Auge herum abtupfte. Die Tante sagte: „Nachts fürchtet sie sich davor, die Augen zu schließen. Sie hat mir gesagt, sie hat Angst, dass dann die ganzen Bilder zurückkommen."

Am schlimmsten war, dass Kamiisas Tante es nicht über sich brachte, dem kleinen Mädchen zu sagen, dass es die einzige Überlebende von den sieben Menschen im Auto der Familie war. „Ich weiß nicht, wie ich ihr das sagen soll. Wenn wir es ihr jetzt erzählen, würde sie es nicht ertragen. Sie hat jetzt schon Angst, nachts die Augen zuzumachen. Letzte Nacht ist sie zehn Mal aufgewacht, und wir können sie nicht beruhigen."

Katar-Jurt, westlich von Grosny gelegen, blieb bis zur Nacht des 3. Februar still und unversehrt. Aber nun war Grosny gefallen, und tschetschenische Kämpfer flohen vor der Rache der Russen. Einige kamen durch Katar-Jurt. Es ging ein Gerücht um, in dieser Nacht wären zwei russische Soldaten entführt oder getötet worden. Und am Morgen des 4. Februar brach die Hölle los.

Im Januar hatte der damalige britische Außenminister Robin Cook - in vielerlei Hinsicht ein fähiger Mann - Putin in Moskau getroffen und sich besonders ins Zeug gelegt, um den Mann von der Geheimpolizei zu rühmen, der an seine Streitkräfte als Geschenk zum neuen Jahr Jagdmesser hatte ausgeben lassen. Cook sagte über Putin: „Ich fand seine Art erfrischend und offen, und die Prioritäten, die er für Russland setzt, könnten wir teilen." Für meine frühere Zeitung, den *Observer*, legte ich die Beweise für das dar, was die russische Armee den Zivilisten von Katar-Jurt angetan hatte – Beweise, die die Unterstützung des Außenministers für Putins Prioritäten, „die wir teilen könnten", infrage stellten.

Rumissa Medhidowa war 27, doch ihr Gesicht war von Trauer und Entsetzen so gezeichnet, dass sie dreißig Jahre älter wirkte. Der 4. Februar hatte sie zur Witwe gemacht. „Alle Russen verließen das Dorf, und gegen zehn Uhr morgens begannen sie mit dem Bombardement, mit allem, was sie hatten. Im Zentrum des Dorfes steht nicht ein Haus mehr. In einer Familie lagen drei Kinder neben ihrer toten Mutter. Sie hatten ihnen mit Kalaschnikows in die Beine geschossen. Sie sagten: ‚Wir geben euch zwei Stunden.' Sie schickten Busse mit weißen Fahnen."

Die Menschen hetzten durch die Gegend, um weiße Laken oder sonst irgendetwas Weißes zu finden, womit sie ihre Autos kennzeichnen konnten. Es blieb sogar Zeit für einen Scherz: „Ich sah eine Kuh mit weiß angepinselten Hörnern, und die Leute lachten."

Der Konvoi machte sich auf den Weg, jedes Auto mit einer weißen Fahne, einige Autos sogar mit zwei oder drei. Sie waren vollgepackt mit Menschen, hauptsächlich Frauen und Kinder – die Männer hatten sich zurückgehalten, um Platz für die Kinder zu machen, sagte Rumissa. Der Konvoi bewegte sich nach Westen in Richtung der Stadt Atschchoi-Martan, in Sicherheit. „Als wir mitten auf offener Straße waren, feuerten sie Boden-Luft-Raketen auf uns ab. Es war eine große Rakete, nicht ganz so groß wie ein Auto. Es war merkwürdig. Sie explodierte nicht nur einmal, sie explodierte mehrere Male. Jedes Auto hatte Fahnen, wie viele Autos es waren, weiß ich nicht. Es war ein großes

Durcheinander, jede Menge Autos. Sie beschossen uns ohne Pause." Das klingt nach Grad-Raketen, aber mit dem zeitlichen Abstand lässt sich das unmöglich noch feststellen.

Könnten die Russen den Konvoi mit den weißen Fahnen versehentlich für Truppen gehalten haben? „Nein, sie konnten uns nicht verwechseln. Sie wussten ganz genau, dass es hier viele Flüchtlinge gab: 16 000 Flüchtlinge und 8000 Einwohner. Vor uns war ein großes Auto voller Kinder, keine Erwachsenen. Sie sind vor meinen Augen verbrannt."

Rumissas Mann stieg aus dem Auto und wurde von einem Granatsplitter getötet. Mit ihren Kindern flüchtete sie vom Ort des Massakers und schaffte es nach Atschchoi-Martan. „Ich habe viele Leichen gesehen, aber ich kann nicht sagen, wie viele. Da lagen viele Menschen auf der Straße. Ich habe sie nicht gezählt. Ich habe auch verschiedene verbrannte Körperteile gesehen, die in Eimern gesammelt wurden."

Und dann begann das Vertuschen. „Die Russen erlaubten den Menschen im Dorf nicht, die Leichen zu holen. Erst am fünften Tag ließen sie zu, dass die Leute hingingen, um die Leichen zu holen. Als die Leute dort ankamen, fragten sie: ‚Wo sind die Leichen unserer Verwandten?' Die Russen sagten, einige seien bereits verbrannt worden. Die Leute sagen aber, die Russen hätten die Leichen genommen und sie in ein Massengrab geworfen."

Ein weiterer Augenzeuge, ein verwundeter Mann in einem Alter, dass die Russen ihn sicher getötet hätten, sagte: „Sie fingen an, Bomben zu werfen. Bomben und Artillerie. Sie haben Menschen getötet. Bei unserer Schule am Rand des Dorfes waren Truppen der Spetsnaz [russische Spezialeinheiten]. Sie sagten: ‚Wir werden euch einen Sicherheitskorridor gewähren.' Also machten sich alle auf den Weg in Richtung Atschchoi-Martan. Dann setzten sie Raketen gegen uns ein. Einige sagen, es sind 350 Flüchtlinge umgekommen und 170 Menschen aus dem Dorf."

Zara Aktimirowa, 59, kümmerte sich um ihre Mutter Matusa Batalowa, 85, die von einem Granatsplitter verletzt worden war. „Die Angst war so entsetzlich, dass ich keine Worte dafür habe ... Wir waren in einem Keller. Man konnte die Vakuumbomben hören: *Zisch, zisch.* Kaum waren wir in diesem Keller, da wurde das Nachbarhaus völlig zerstört. Wenn jemand zum Eingang des Wohnblocks rannte, feuerten Scharfschützen auf ihn und trafen Arme und Beine."

Später gingen sie und ihre Mutter die Straße entlang und sahen die Trümmer des Konvois mit den weißen Fahnen: „Die Autos waren zerfetzt, wie Hackfleisch. Ich habe die Autos nicht gezählt, ich habe meine Mutter getragen. Der Konvoi erstreckte sich vielleicht über drei Kilometer hinweg. Jedes Auto war getroffen worden."

Ihre Mutter lag im Sterben.

Unser fünfter Zeuge, ein Arzt, hatte einen glasigen Blick und war todmüde, nachdem er während des Bombardements ohne Narkosemittel, Medikamente und Strom Hunderte Patienten operiert hatte. Er sagte: „Zuerst trafen sie das Dorf, dann gaben sie einen Korridor für die Zivilisten frei, und dann eröffneten sie das Feuer. Die Toten brachten sie uns nicht, nur Sterbende, die im Todeskampf lagen. Sie brachten zehn Leichen, um zu überprüfen, ob sie noch lebten oder nicht. Darunter waren ein Baby, Erwachsene und Jugendliche, manche ohne Beine, verbrannt, mit Wunden an Kopf und Bauch. Im Dorf gab es viele weitere Leichen, die sie uns nicht gebracht haben."

Unser sechster Zeuge stand vor den Ruinen seines Heims in Katar-Jurt, auf zwei Krücken gestützt. Riswan Wachajew, 47, schnaubte bloß verächtlich, wenn er daran dachte, dass es gefährlich war, seine Meinung offen zu äußern. Als in der Nähe seines Hauses zwei Vakuumbomben fielen, töteten die Druckwellen acht Menschen sofort: sechs Frauen, einen Mann und einen elfjährigen Jungen; zehn weitere Menschen starben später. Seine Frau wurde schwer verletzt, ebenso drei seiner Kinder. Seine Schwiegertochter war sofort tot.

Er zeigte uns die Stelle, wo die Kinder gelegen hatten, als die Druckwelle gekommen war, und wo sich Überreste menschlicher Eingeweide auf dem Boden fanden. Die Vakuumbombe wurde an einem Fallschirm abgeworfen. Wenn eine solche Bombe zu Boden fällt, setzt sie eine Dunstwolke aus Brennstoff frei, die sich entzündet, und der Himmel explodiert. Eine Studie der US Defence Intelligence Agency von 1993 berichtet: „Der Tötungsmechanismus gegen lebende Ziele ist singulär und unschön. Was tötet, ist die Druckwelle und, wichtiger noch, die darauffolgende Rarefizierung [Vakuum], die die Lungen zerreißt."

Eine alte Dame, unsere siebte Zeugin, tauchte zitternd aus einem Loch im Boden auf. Sie führte ein Stück Brot zum Mund. „Gestern und heute haben wir nichts gegessen. Es war wie beim Weltuntergang, Hubschrauber und Flugzeuge. Drei Bomben sind gefallen, während wir im Keller waren. Drei Söhne und eine Tochter sind tot. Unser vierter Sohn liegt sterbend im Krankenhaus."

Auf dem Weg aus dem Dorf hinaus hielten wir an der Moschee. Dort begegneten wir unserem letzten Augenzeugen. Er hatte die Leichen alle gezählt, bevor die Russen sie fortschafften. Einige schleiften sie mit Ketten an den Stoßstangen von Autos davon. Er hatte versucht, die Leichen zu waschen und ihnen nach muslimischer Tradition im Tod etwas Würde zu verleihen. Und wie viele Tote waren es? „363", sagte er.

Als wir das zerstörte Katar-Jurt verließen, sahen wir das, was von dem Konvoi mit den weißen Fahnen übrig geblieben war: kaputte Autos, verbogenes, verkohltes Metall, ein Stiefel, der im

Schmutz lag. Und dann hörten wir das Feuer eines Maschinengewehrs, ein Echo dessen, was Robin Cook die „erfrischende und offene" Sprache von Wladimir Putin genannt hatte.

Für meinen Podcast *Taking On Putin*, den ich seit dem russischen Einmarsch in die Ukraine im Februar 2022 veröffentliche, suchte ich einen Ausschnitt aus unserem Film aus dem Jahr 2000 hervor. Man hörte die Worte von Kamiisa, gelesen von einem kleinen englischen Mädchen: „Als wir auf der Straße fuhren, trafen zwei Flugzeuge unser Auto. Mein Papa, Mamet und Mama saßen vorne. Rusik, ich, Madina, Hava und Luisa saßen hinten. Papa und Hava waren noch im Auto. Rusik, ich, Madina und Luisa wurden hinausgeschleudert."

Ich fragte Kamiisa, ob das Auto eine weiße Fahne gehabt hatte.

„Sie war an einer Stange aus Holz befestigt", sagte sie.

Übrigens wurden die Worte von Kamiisa damals, im Jahr 2000, von meiner Tochter Molly gelesen, die zu diesem Zeitpunkt ebenfalls acht Jahre alt war.

Im Sommer 2000 verließ ich den *Observer* und ging zur BBC. Bald reiste ich wieder nach Tschetschenien, diesmal bestand meine Tarnung darin, dass ich mich als Buchprüfer für die Heilsarmee ausgab – niemand stellte mir Fragen, also funktionierte es. Ich machte eine Dokumentation für BBC Radio 5, *Victims of the Torture Train*. Russische Soldaten stellten einen langen Zug auf einer Nebenstrecke ab und fesselten die tschetschenischen Gefangenen mit Handschellen an die Sitze. Sie machten die Gefangenen langsam fertig, einen Waggon nach dem anderen. Es gab auch einen Stützpunkt, wo sie die wichtigen Gefangenen folterten. Ein Vorgehen war bekannt als die Slon- oder Elefanten-Methode, benannt nach dem beweglichen Schlauch der üblichen russischen Armee-Gasmaske. Dem Gefangenen wurden die Hände hinter dem Rücken mit Handschellen gefesselt, dann wurde ihm die Gasmaske aufgesetzt. Die Russen schraubten den Filter ab und spritzten Tränengas durch den Schlauch, und der Gefangene begann, in seinen eigenen Tränen und seinem Rotz zu ertrinken, eine abscheuliche Steigerung des Waterboarding. Es gab noch weitere Foltermethoden, von denen ich hörte, zu entsetzlich, um sie irgendjemandem zu erzählen, geschweige denn, darüber zu berichten. Um mit alldem zurechtzukommen, hatte ich wohlüberlegt sechs Bücher von P. G. Wodehouse mitgebracht. Den ganzen Tag über interviewte ich gefolterte Tschetschenen, dann kehrte ich in mein Hotel zurück, kippte mir eine Flasche Wodka hinter die Binde und las *Alter Adel rostet nicht*. Gegen zwei Uhr früh hatte das Zusammenwirken von Alkohol und Bertie es geschafft, Tante Dahlia das Milchkännchen in Form einer Kuh wiederzubeschaffen, und ich schlief ein. In manchen Nächten ging es einfach nicht.

Einen Konvoi mit weißen Fahnen zu bombardieren, ist ein Kriegsverbrechen. Ebenso, wie Vakuumbomben gegen Zivilisten einzusetzen. Und ebenso Folter in industriellem Ausmaß. Ich sah in Putins Krieg gegen Tschetschenien erdrückende Beweise für all das. Ich verließ das Land, und es war mir vollkommen unbegreiflich, wie der Westen diese russischen Verbrechen gegen die Menschlichkeit ungehindert weiterhin zulassen konnte. Die Beweise, dass Wladimir Putin bereits im Jahr 2000 Kriegsverbrechen beging, lagen offen da, und ich kann nur wiederholen: Ich hab es euch verdammt noch mal gesagt!

Warum haben Blair und Bush, die Außenministerien von Großbritannien und den Vereinigten Staaten, der MI6 und die CIA Putin so falsch eingeschätzt?

Vor dem Einmarsch in die Ukraine im Jahr 2022 hielt ich einen Schwatz mit Professor Donald Rayfield über die Liebe des Westens zu Putin, als er der neue Geheimpolizist im Viertel war. Der Professor sinnierte: „Er trinkt nicht. Für den Westen war das nach Jelzin und Chruschtschow ein Segen. Die am meisten gefürchteten Führer der Sowjets sind diejenigen gewesen, die tranken, denn sie konnten jederzeit auf den Knopf drücken. Putin trinkt wenig, nicht so viel, dass er sich nicht mehr unter Kontrolle hätte. Zweitens ist er ziemlich rational. Bei allem, was er unternimmt, durchdenkt er zuvor Risiko, Schaden und Nutzen. In dieser Hinsicht ist er Stalin ziemlich ähnlich. Er ist ungeheuer gut darin, ein Risiko abzuschätzen, und daher ziemlich bedächtig, was internationale Abenteuer angeht. Nur gelegentlich macht er einen Fehler. Wenn er sich ein Stück eines anderen Landes unter den Nagel reißt, tut er es zu einem Zeitpunkt, zu dem er ziemlich sicher sein kann, dass es keine Konsequenzen haben wird, zumindest keine, die es wert wären, dass man sich ihretwegen sorgt. Ich nehme an, es ist besser, wenn man es mit einem rationalen oder scheinbar rationalen Psychopathen zu tun hat, als wenn man es mit einem irrationalen Säufer zu tun hat. Und dass er alles unter Kontrolle hatte, bedeutete, dass es in Russland keinen Ärger mehr geben würde. Man hatte das Gefühl, es würden keine weiteren Territorien versuchen, sich abzuspalten, es würde keine Unruhen mehr geben. Russisches Öl, Gas, Nickel und was sie dem Westen sonst noch alles liefern, würde ohne Störungen abgebaut, verkauft und geliefert werden. Das war meiner Meinung nach die Berechnung des Westens: Er ist vielleicht ein Schweinehund, aber er wird schon alles ordentlich regeln, und wir werden unseren Gewinn erzielen."

Doch was, wenn Tony Blair und Konsorten einen großen Fehler gemacht haben, wenn Putin kein stabiler Psychopath, sondern ein instabiler war? Was dann? Und die Konsequenzen? Nun, die trugen erst mal andere. Menschen wie Kamiisa.

Einundzwanzig Jahre nachdem ich ihr fürchterlich verbranntes Gesicht im Krankenhaus zum ersten Mal gesehen hatte, nahm ich wieder Kontakt mit ihr auf, dank der großartigen Recherchearbeit der ukrainischen Journalistin Jenny Klochko aus London. Kamiisa ist heute verheiratet, hat zwei Töchter und erwartet eine dritte. Ich fragte sie: Wenn du siehst, wie Wladimir Putin nach London kommt, die Queen trifft und mit unserem Premierminister spricht, was denkst du dann?

„Kann ich das wirklich sagen? Wer hört das?", fragte Kamiisa.

„Du denkst also etwas und willst es nicht aussprechen", antwortete ich.

„Ja."

„Ich verstehe", sagte ich. „Die Menschen in Russland haben Angst davor zu reden. Das stimmt doch, oder?"

„Wir haben Angst davor, auch nur zu atmen."

Kapitel sechs
Die Giftanschläge beginnen

Wladimir Putins erster Wahlkampf im Vorfeld der russischen Präsidentschaftswahl im März 2000 lief wie geschmiert. Er erfreute sich sowohl bei den russischen Wählern als auch bei den führenden Köpfen des Westens großer Beliebtheit, weil er all das war – oder zu sein schien –, was Boris Jelzin nicht war: nüchtern, gemäßigt, stimmig. Seine Umfragewerte stiegen dank seiner knallharten populistischen Reden über die tschetschenische Terrorgefahr, und sie stiegen noch weiter, als Grosny dem Erdboden gleichgemacht und der Sieg verkündet war. Aber er konnte nicht vorsichtig genug sein. Jelzins Vermächtnis der freien Rede galt noch immer halbwegs, und es gab noch einen einigermaßen unabhängigen Journalismus. Es gab Leute, die Dinge von früher über Putin wussten, von damals in Sankt Petersburg, als er allzu enge Verbindungen zur Tambow-Bande gehabt hatte. Die größte Gefahr war sein ältester Freund in der Politik, Anatoli Sobtschak.

Als Putin im September 1999 zum Ministerpräsidenten ernannt worden war, hatte er umgehend dafür gesorgt, dass die laufenden Korruptionsermittlungen gegen Sobtschak – die natürlich auch ein schlechtes Licht auf ihn als seinen ehemaligen Stellvertreter geworfen hätten – auf Eis gelegt wurden, wodurch Sobtschak aus seinem selbst auferlegten Exil in Paris zurückkehren konnte. Sobtschaks Dankbarkeit kannte keine Grenzen. Der alte Narzisst wollte zurück zu alter Macht und warf seine liberalen Werte über Bord, indem er Putin mit Stalin verglich, um den kommenden Mann hochzustilisieren. Was es brauche, sagte Sobtschak, sei „ein neuer Stalin, nicht so blutdürstig, aber nicht weniger brutal und streng, denn das ist der einzige Weg, Russen dazu zu bringen, irgendeine Arbeit zu verrichten".

Doch was ging, abgesehen von diesem Quatsch, wirklich im Kopf des ehemaligen Juraprofessors vor? Glaubte er wirklich, dass Russland einen neuen Stalin nötig hatte? Oder wollte er einfach nur einen Schreibtisch im Kreml und tat deshalb so, als sei er seinem früheren Taschenträger treu ergeben? Wenn ja, gab es ein Sobtschak-Problem.

Am 17. Februar 2000 bat Putin Sobtschak, für ihn Wahlkampf in Kaliningrad zu machen, der russischen Enklave zwischen Polen und Litauen, erbaut auf den Trümmern dessen, was bis 1946 Königsberg, einst Hauptstadt Preußens, gewesen war. Sobtschak machte sich weisungsgemäß auf den Weg, in Begleitung seiner zwei Assistenten beziehungsweise Leibwächter. Drei Tage später erlag er einem Herzinfarkt. Er war ein gesunder Mann, zweiundsechzig Jahre alt, Autor mehrerer Bücher und galt weltweit als eine der interessantesten Gestalten des Neuen Russland. Merkwürdigerweise erlitten seine beiden Leibwächter Berichten zufolge ebenfalls Herzattacken. Herzinfarkte sind bekanntermaßen nicht ansteckend. Dass alle drei Männer gleichzeitig Herzprobleme hatten, deutet auf eine gemeinsame Ursache hin, auf eine Vergiftung.

Der verstorbene russische Journalist Arkadi Waksberg hat ein hervorragendes, aber auch haarsträubendes Buch über die Liebe des Kremls zum Gift von Lenin über Stalin bis hin zu Putin geschrieben, in dem er auch auf die Umstände von Sobtschaks Tod zu sprechen kommt: Der Journalist Juri Schtschekotschichin habe ihm erzählt, dass Sobtschak „durch eine Substanz, die auf die Leselampe auf seinem Nachttisch gesprüht wurde, vergiftet wurde". Die These Waksbergs lautet, dass nur Putin die Macht hatte, den Giftanschlag in Auftrag zu geben. Aber warum, wo ihm Sobtschak doch seinerzeit im Jahr 1996 zu einem Job im Kreml verholfen hatte? Dazu Waksberg: „Putin hätte Sobtschak für das, was der für ihn getan hatte, noch viel dankbarer sein müssen. Aber Dankbarkeit ist in der Politik ein zweischneidiges Schwert. Wenn sie zu einer Verpflichtung wird und man ständig an seine Schuld erinnert wird, kann die Situation unerträglich werden." Waksberg zitiert eine anonyme Quelle, die sagt: „Sobtschak war das Opfer seiner eigenen Dummheit, indem er glaubte, er könne erneut an die Macht kommen, denn das hätte Putin zur Geisel von Sobtschaks persönlichen Ambitionen gemacht. Putin musste diesen Stachel im Fleisch schnellstmöglich loswerden ... Es war kein Spaß, der Chef seines ehemaligen Chefs zu sein, und sei es auch nur, weil Sobtschak der bessere Präsident gewesen wäre."

Irgendwann ertrug es Sobtschak nicht mehr, seinem einstigen Diener und neuen Herrn zu schmeicheln. Er erklärte, dass er als Abgeordneter für das Parlament kandidieren werde. Unmittelbar vor seinem Tod gab er einem Reporter der spanischen Zeitung *El País* ein Interview.

Frage: „Hoffen Sie auf die Unterstützung Putins?"

Sobtschak: „Ich brauche seine Hilfe nicht. Ich bin ein Universitätsprofessor und Autor, dessen Bücher weltweit veröffentlicht wurden ... Ich bin nicht an irgendeinem Posten interessiert. Ich bin lieber unabhängig."

Waksberg schreibt: „Die Antwort war nicht ganz ehrlich, und sie bewies, dass zwischen den beiden Männern etwas vorgefallen war."

Auf der Beerdigung stützte ein trauernder rotäugiger Putin Sobtschaks Witwe Ljudmila und ihre Tochter Ksenia. Nie zuvor und niemals wieder danach hat die russische Öffentlichkeit Putin weinen sehen.

Sobtschaks Witwe Ljudmila veranlasste eine unabhängige Autopsie der Leiche ihres Mannes. Gabriel Gatehouse von der BBC fragte sie, ob sie glaube, dass ihr Ehemann ermordet worden sei. Sie machte eine Pause, lang genug, um zehnmal hintereinander „Ja" zu sagen, bevor sie antwortete: „Ich weiß es nicht." Die Ergebnisse der Autopsie hat sie nie veröffentlicht, sie verwahrt sie vielmehr an einem geheimen Ort außerhalb Russlands fest verschlossen in einem Tresor auf.

Gatehouse: „Das klingt, als hätten Sie sich selbst eine Art Lebensversicherung geschaffen."

Ljudmila: „So könnte man es sehen."

Gatehouse: „Fürchten Sie um Ihre eigenen Sicherheit oder um die Ihrer Tochter?"

Ljudmila: „Wissen Sie, in diesem Land zu leben, ist furchterregend. Vor allem für diejenigen, die oppositionelle Ansichten vertreten. Also ja, ich fürchte mich."

Diese Art von Versicherungspolice könnte man sich als Schutz gegen einen Verbrecher mit einer Vorliebe für Gift zulegen.

Oder gegen einen Präsidenten.

Oder gegen jemanden, der beides ist.

In jenem Sommer 2000 kam es zu einem Vorfall, der Putins wahres Gesicht zeigte. Auf einem russischen U-Boot auf Übungsfahrt in der Barentssee kam es zu einer Explosion. Dreiundzwanzig Mann überlebten, waren aber am Grund des Meeres in dem manövrierunfähigen U-Boot gefangen. Die NATO hatte die Ausrüstung und das Know-how, um die eingeschlossenen Männer zu retten, doch die Reaktion des Kremls war nahezu komplettes Schweigen und Abwarten, bis auch der Letzte von ihnen erstickt war. Putin machte gerade Urlaub am Schwarzen Meer. Als er schließlich ein Interview zu der Tragödie gab, sah er den Fragesteller ungerührt an und sagte trocken: „Es ist gesunken."

Die vierseitige Zusammenfassung eines geheimen Berichts zum Hergang der Tragödie war so aufschlussreich wie vernichtend: „unfassbare Disziplinlosigkeit, schäbige, veraltete und schlecht gewartete Ausrüstung" sowie „Fahrlässigkeit, Inkompetenz und Missmanagement". Das könnte auch im Nachruf auf die russische Armee nach der Schlacht um Kyjiw stehen.

Die Angehörigen der toten U-Boot-Fahrer waren empört. Zehn Tage nach dem Unglück trafen Putin und die Admiralität rund fünfhundert Menschen, die ein Familienmitglied auf der *Kursk* verloren hatten. Der staatliche russische Fernsehsender RTR war das einzige offiziell zugelassene Medium, aber sie speisten ihr Satellitensignal über einen vom deutschen Fernsehsender RTL zur Verfügung gestellten Übertragungswagen ein, der das Ganze festhielt. Putin versicherte den trauernden Angehörigen, dass die russische Marine das Hilfsangebot aus dem Westen umgehend angenommen habe. Das war eine dreiste Lüge, und alle wussten es. Tatsächlich gelang es britischen und norwegischen Tauchern schließlich, eine Luke des havarierten U-Boots zu öffnen, aber sie fanden keine Lebenden mehr. Hätte sich der Kreml schneller bewegt, hätten vielleicht noch Leben gerettet werden können. Auf jeden Fall wurde Putin als gleichgültig, kalt und herzlos wahrgenommen. Nadjeschda Tylik, Mutter des U-Boot-Fahrers Leutnant Sergei Tylik, wendete sich an Putin und seinen stellvertretenden Ministerpräsidenten: „Ihr solltet euch gleich selbst eine Kugel in den Kopf jagen! Wir werden euch nicht am Leben lassen, ihr Scheißkerle!"

Eine Krankenschwester rammte der verwaisten Mutter eine Spritze in den Arm und setzte sie damit schachmatt. Ihr Ehemann wurde mit den Worten zitiert, er habe die Krankenschwester gebeten, seiner Frau eine Beruhigungsspritze zu geben, weil sie „zu extremen Gefühlsausbrüche neigte". Sie selbst bezeichnete das später als Lüge: „Die Beruhigungsspritze war dafür da, um mich zum Schweigen zu bringen."

Im Jahr 2000 funktionierte das russische Parlament, die Duma, noch als ein Organ, das den Machthabern auf die Finger klopfen konnte. Der gebürtige Aserbaidschaner und Duma-Abgeordnete Juri Schtschekotschichin, ein unerschrockener Demokrat der linksliberalen Jabloko-Partei mit stahlgrauem Haar, einer Boxernase und hellen, verschmitzten Augen, warf dem Kreml Vertuschung der Tatsache vor, dass Russland überhaupt nicht über die Ressourcen für einen Rettungsversuch verfügte. Der Vize-Ministerpräsident Ilja Klebanow stritt vehement ab, dass die Regierung während der *Kursk*-Katastrophe gelogen habe, gab dann aber während einer Befragung zu, dass manche Stellungnahmen „im Eifer des Gefechts ohne ausreichende Analyse" abgegeben worden seien.

Alles rund um den tragischen Untergang der *Kursk* wirkt bereits wie ein Fingerzeig auf die Invasion in der Ukraine im Jahr 2022: das völlige Desinteresse des Kremls am eigenen Volk; die marode und veraltete Ausrüstung; die Verachtung für eine ordentliche Untersuchung; das Abwürgen berechtigter Kritik. Die Lehre, die Putin aus dem Untergang der *Kursk* zog, war durch und durch faschistisch. Die freien und unabhängigen russischen Medien hatten ihn wegen seiner verspäteten und herzlosen Reaktion massiv unter Druck gesetzt. Die Lösung lautete, sie auszuschalten. Das russische Fernsehen war eine Quelle unerschrockener Berichterstattung gewesen. Putin bediente sich seiner Oligarchenfreunde, um es zu übernehmen und handzahm zu machen. Die Leute konnten den Fernseher einschalten und etwas anschauen, das sich Nachrichten nannte, das aber im Lauf der Zeit mehr und mehr zur Fiktion wurde. Boris Beresowski, einst Putins Förderer, wurde aller seiner Vermögenswerte beraubt, er verlor unter anderem den mächtigsten russischen

Fernsehkanal ORT. Aus dem inneren Zirkel der Macht hinausgedrängt, fand er sich, kochend vor Wut, im Londoner Exil wieder.

Putin hatte doppeltes Glück. Sein erster großer Coup gelang ihm 2001, als er nach dem Desaster von 9/11 umgehend reagierte und Präsident George W. Bush noch vor allen anderen ausländischen Staatschefs sein Beileid aussprach und Amerika jede erdenkliche praktische Unterstützung bei dessen Mission, al-Qaida auszulöschen, zusicherte. Ab diesem Tag bedeutete Putins Zustimmung zum Krieg gegen den Terror, erst in Afghanistan, dann im Irak, dass er irgendwie in die große Strategie des Westens, so idiotisch sie auch war, einbezogen war. Es bedeutete, dass Washington, D. C., und London wieder und wieder im Zweifel für den Kreml entschieden, weil Putin im Kampf gegen den islamistischen Extremismus auf ihrer Seite stand. Dass er eine Art orthodoxer Extremist war, wurde übersehen.

Das zweite Geschenk des Himmels für Putin war, dass der seit Langem bei 25 Dollar pro Barrel vor sich hin dümpelnde Ölpreis wegen des Irakkriegs im Nahen Osten auf Spitzenwerte bis zu 141 Dollar pro Barrel im Jahr 2008 kletterte. Während Putins ersten acht Jahren im Amt wuchs die russische Wirtschaft jährlich um sieben Prozent, und die Preise für Öl und Gas verfünffachten sich. Angesichts der Unwägbarkeiten im Nahen Osten waren russisches Öl und Gas billig und verlässlich, was bedeutete, dass der Kreml auf einer sprudelnden Quelle aus schwarzem Gold saß. Vieles von dem Geld verschwand an sonnigen Plätzen für zwielichtige Gestalten, sodass die Oligarchen ihre Villen und Paläste in Großbritannien, Frankreich und England kaufen konnten, manchmal für sich selbst, manchmal stellvertretend für Putin. Gleichwohl sickerte ein geringer Teil der Gewinne aus Russlands Öl- und Gasboom auch nach unten durch, was wiederum Putin zugutekam. Der Deal des russischen Staates mit den

Oligarchen war ziemlich eindeutig: Haltet euch raus aus Macht und Politik, und genießt euer Geld. Doch wehe, ihr stellt die falschen Fragen, dann geht es euch an den Kragen. Es war das Rezept für die Zombiefizierung Russlands. Putin haftet etwas Nixonianisches an. 1974 hatte Nixon die besten Aussichten, seinen demokratischen Gegner, George Mc Govern, haushoch zu schlagen, ganz ohne Betrug. Doch Nixon konnte nicht anders, er musste einfach betrügen. Ganz ähnlich musste Putin einfach töten.

Im Oktober 2002 stürmten mehr als fünfzig Tschetschenen das Dubrowka-Theater in Moskau und nahmen 850 Zuschauer als Geiseln. Sie forderten den Abzug der russischen Truppen aus ihrer Heimat. Anstatt zu verhandeln, leiteten russische Spezialeinheiten Giftgas in das Theater und töteten mindestens 170 Menschen. Anstatt die Tragödie lückenlos aufzuarbeiten, wurden fast alle tschetschenischen Terroristen an Ort und Stelle hingerichtet; um welche Art von tödlichem Gas es sich gehandelt hatte, wurde niemals ordentlich untersucht; ebenso wenig, wer für die höchst fragwürdige Entscheidung verantwortlich war, eine giftige chemische Substanz in einen geschlossenen Raum voller Menschen zu pumpen. Doch das sind nicht die einzigen offenen Fragen rund um die Geiselnahme, es gibt noch mehr. Erstens: Wie konnten mehr als fünfzig bis an die Zähne bewaffnete Tschetschenen mit Maschinengewehren und Sprengstoffgürteln durch ganz Moskau fahren, ohne von der Polizei aufgegriffen zu werden? Nur am Rande bemerkt, ich war noch nie in Moskau, ohne - und sei es auch nur kurz - von der Polizei aufgehalten zu werden. Sie sehen deinen Reisepass von vorne bis hinten durch, überprüfen deine Adresse, stehlen dir mit nerventötender Akribie deine Zeit. Zweitens: Warum zündeten die Terroristen ihre Bomben nicht, als sie das Gift bemerkten? Es brauchte über zehn Minuten, um seine volle Wirkung zu entfalten. Drittens: Warum wurden fast alle Terroristen exekutiert? Viertens: Warum gab es kein Gegengift?

Die vom Kreml dominierte Duma, das russische Parlament, schmetterte den Antrag der Demokraten ab, einen Untersuchungsausschuss zu dem Theater-Überfall einzusetzen. Also riefen die unterlegenen Abgeordneten selbst einen ins Leben. Die Untersuchung fand in Russland statt, unter der Ägide des erfahrenen Dissidenten und Duma-Abgeordneten Sergei Kowalew, des Vorsitzenden der Partei Liberales Russland, und Duma-Abgeordneten Sergei Juschenkow, des Rechtsanwalts und vormaligen FSB-Offiziers Michail Trepaschkin, der auch die Töchter einer bei den Bombenanschlägen in Moskau ums Leben gekommenen Frau anwaltlich vertrat, und der Journalistin Anna Politkowskaja. Hilfe kam zudem von dem unbeugsamen Juri Schtschekotschichin, dem Wissenschaftler John B. Dunlop vom Hoover Institute in den Vereinigten Staaten und dem ehemaligen Oberst beim FSB Alexander Litwinenko aus London.

Als Sergei Juschenkow Anfang 2003 Litwinenko in London besuchte, übergab ihm der frühere Geheimdienstler eine Akte zu einem der Terroristen, Chanpasch Terkibajew, auch bekannt als Abu Bakar (das arabische Abu steht für „Vater des"). Noch am Tag vor dem Giftgasangriff des russischen Sonderkommandos war er in den russischen Medien namentlich als einer der Geiselnehmer genannt worden. Rätselhafterweise war Terkibajew jedoch noch immer am Leben. Wie war das möglich? Die Terkibajew-Akte enthielt aufschlussreiches Beweismaterial, das in großen Teilen vom ehemaligen tschetschenischen Außenminister und Kreml-Gegner Achmed Sakajew stammte, der inzwischen in London lebte. Der Tschetschene Terkibajew war ein Überläufer, der mutmaßlich für den russischen Geheimdienst arbeitete. Er war zweimal, im April 2001 und im März 2002, in die Gefangenschaft der russischen Truppen geraten und beide

Male wie durch ein Wunder freigekommen. Und das zu einer Zeit, als Männer schon auf den bloßen Verdacht hin, sie unterstützten die Rebellen, gefoltert und erschossen wurden.

Einen Monat nach der Geiselnahme tauchte Terkibajew in Aserbaidschan auf. Quicklebendig, wie hätte es auch anders sein können. Anna Politkowskaja gelang das schier Unmögliche: Sie spürte den entkommenen Terroristen auf und führte ein Interview mit ihm. Ihr Gegenüber, dem sie keine Sekunde vertraute, entpuppte sich als Angeber und eitler Pfau, der ganz erpicht darauf war, ihr von seinen Diensten für Moskau zu erzählen. Objektiv betrachtet, fügte sich alles zu einem Bild. Anna war in den ersten Stunden der Geiselnahme als Unterhändlerin im Theater gewesen, wo sie Terkibajew mit eigenen Augen gesehen hatte. Irgendwie ließ man ihn später entkommen, und er wurde außerdem als Kollaborateur der russischen Regierung betrachtet. Terkibajew war tatsächlich Moskaus Mann.

Die unabhängige Untersuchung der Geiselnahme in dem Theater kam zu dem Schluss, dass tatsächlich tschetschenische Terroristen das Theater angegriffen hatten, aber auch, dass sie von einem Agent Provocateur des FSB, nämlich Terkibajew, angeführt und kontrolliert worden waren. Ein paar Tage nachdem er die Akte von Litwinenko in London erhalten hatte, fuhr Juschenkow nach Hause und wurde vor seiner Wohnung in Moskau erschossen. Vier Männer wurden wegen Mordes verhaftet und verurteilt, darunter Michail Kodanjew, der stellvertretende Vorsitzende von Juschenkows Partei. Kodanjew beteuerte vor Gericht seine Unschuld. Die Beweise gegen ihn stammten von einem anderen verurteilten Verdächtigen, Alexander Vinnik, der eine Reihe von unsinnigen Aussagen machte, die sich alle widersprachen.

Ein paar Monate später kam Terkibajew bei einem „Autounfall" in Tschetschenien ums Leben. Als die Toten immer mehr wurden, blockierten der Kreml und seine Jasager in der Duma jede weitere Untersuchung. Doch die Beweise für die Verbrechen des russischen Staats im Staat begannen sich zu häufen. Die Terroristen hatten, als sie das Giftgas bemerkten, ihre Sprengstoffgürtel nicht gezündet, weil keine Batterien in den Detonatoren waren; die Bomben waren laut Auskunft der Moskauer Staatsanwaltschaft nichts anderes als „Plastik-Sprengstoffimitationen" des russischen Verteidigungsministeriums.

Daraus lässt sich nur schließen, dass die Geiselnahme im Moskauer Theater im Jahr 2002, genau so wie die Sprengstoffanschläge auf Moskauer Wohnhäuser im Jahr 1999, eine verdeckte Operation des FSB war. Die Maschinerie der Angst war etabliert, und wer nicht stillhielt, würde es zu spüren bekommen.

Juri Schtschekotschichins Mut war herausragend, selbst innerhalb seines couragierten Kreises. Der russische Journalist und Abgeordnete strotzte vor Energie, hatte einen Riecher für Geschichten und, wie mir gesagt wurde, ein Faible für armenischen Brandy. Waksberg erinnert sich in seinem Buch an ein Treffen mit ihm: „Ich traf Juri rein zufällig in Peredelkino in der Nähe von Moskau. Er erzählte mir mit seinem lässigen Grinsen, ‚sie [und natürlich musste er nicht erklären, wer mit ‚sie' gemeint war] würden mich gern erschossen sehen, aber irgendwie können sie sich nicht durchringen, es zu tun.'" Später, so schreibt Waksberg, habe er zu einem Freund gesagt: „Zum ersten Mal in meinem Leben habe ich Angst."

In einem Interview Anfang 2003 beschrieb Schtschekotschichin Putins Russland in wenigen Worten: „Die Mafia trägt neuerdings Uniform. Verbrecherbanden sind Waisenknaben im Vergleich zu unseren Geheimdiensten. Heute sind es genau die Leute, die eigentlich das Verbrechen bekämpfen sollten, die korrupt sind. Das ist auch an der Geheimpolizei nicht vorbeigegangen. Der Schutz, den sie bieten, die immensen Summen, die sie erhalten, die Kontrolle, die sie ausüben."

Ein solch hellsichtiger Kritiker durfte nicht am Leben gelassen werden.

Schtschekotschichin ging noch immer der Geschichte mit den Bomben aus Zucker nach, die nicht detoniert waren, weshalb er erst in das ungefähr 200 Kilometer südöstlich von Moskau gelegene Rjasan und anschließend nach New York reisen wollte, um mit dem FBI zu sprechen. Die US-Behörde untersuchte gerade im Namen einer russischstämmigen Amerikanerin, deren Mutter bei einem der Sprengstoffanschläge auf die Moskauer Wohnungen ums Leben gekommen war, die näheren Umstände derTat. Kurz vor Antritt der Reise begann Schtschekotschichin, sich unwohl zu fühlen, machte sich aber trotzdem auf den Weg nach Rjasan. Er bekam erst Fieber, hatte ein Gefühl wie Feuer im Kopf. Wieder zurück in Moskau, begann er, unter Schwindel und brennenden Halsschmerzen zu leiden. Sein Blutdruck sank massiv, seine Haut wurde rot. Am nächsten Tag begann sich die Haut zu schälen, und er fing an, Haare zu verlieren. Man brachte ihn eiligst in die Moskauer Zentralklinik, bekannt unter dem Spitznamen „Kremlinka", weil dort die Machtelite behandelt wird und manchmal auch, wer ihr in die Quere kommt. Die Diagnose der Ärzte lautete „toxische Wirkstoffe unbekannten Ursprungs".

Schtschekotschichins Freundin Alyona Gromova schilderte der Journalistin Jenny Klochko für den Podcast *Taking On Putin* seinen Zustand: „An dem Tag, als man ihn ins Krankenhaus brachte, fühlte er sich sehr schwach. Nachdem er geduscht hatte, waren seine Haare völlig durcheinander. Ich wollte sie in Form bringen und hatte plötzlich ganze Büschel davon in den Händen. Die Symptome waren verwirrend. Zuerst schien es wie eine Erkältung, aber er hatte ein krebsrotes Gesicht, als hätte er einen Sonnenbrand, dann begann sich seine Haut, in Fetzen zu abzulösen."

Waksberg schreibt über seinen sterbenden Freund: „Juris Zustand verschlechterte sich stündlich. Das Fieber stieg und stieg. Seine Schleimhäute waren geschwollen, und seine Nieren versagten ... Dann begann das Furchtbarste. Seine Haut begann, sich zu schälen, als hätte er schlimmste Verbrennungen erlitten. Selbst ein Laie konnte sehen, was Sache war: Hier war entweder Verstrahlung oder ein unbekanntes Gift im Spiel."

Als offizielle Todesursache wurde das Lyell-Syndrom angegeben, eine starke allergische Reaktion. Schtschekotschichin starb am 3. Juni 2003. Zu diesem Zeitpunkt hatte er so gut wie keine Haut mehr. Waksberg schreibt: „Das Wort Gift wurde nie laut ausgesprochen, obwohl alle es als gegeben annahmen. Die Angst versiegelte die Münder der Menschen."

Schtschekotschichins Freund, der Dichter Andrei Wosnessenski, verfasste einige Worte, in denen er seinen Tod betrauert. Dies ist mein Versuch einer Übersetzung:

Scherben, ein Spiegel zerbarst.
In Stücke, dann, unter grausamem Julihimmel,
Hüte, samtige Stümpfe,
Stille.
Juris rastlose Seele
Konnte nicht bloßgestellt werden.
Für den letzten russischen Heiligen also:
Gift.

Alyona wollte in der Leichenhalle Abschied von ihrem Geliebten nehmen: „Der Raum war riesig. Auf Bahren lagen Körper, die am nächsten Tag bestattet werden sollten. Ich sah mich um. Es waren ungefähr zwanzig Verstorbene, aber ich konnte Juri nicht finden. Ich ging zur Aufsicht und erklärte, dass ich wohl im falschen Raum war, weil ich ihn nicht finden konnte. Aus dem Augenwinkel sah ich auf einer Bahre eine nette alte Dame liegen. Seltsamerweise erinnerte sie mich an meine Großmutter, die vor langer Zeit gestorben ist. Die merkwürdige Ähnlichkeit der beiden alten Frauen berührte mich. Nicht in meinen schlimmsten Albträumen hätte ich mir jemals ausmalen können, dass die nette alte Dame in Wirklichkeit Juri war."

Ihr Geliebter war so entstellt, dass Alyona ihn in der Leichenhalle nicht fand, bis die Aufsicht ihr sein Namensschild zeigte.

Das war erst der Anfang der Giftanschläge.

Kapitel sieben
Ein Tod ohne Bedeutung

Der zweite Tschetschenienkrieg endete, nur um einem düsteren und grausamen Frieden Platz zu machen. Regiert wurde die tschetschenische Republik von dem Kreml-Freund Achmat Kadyrow und später, nachdem er einem Bombenanschlag von islamistischen Rebellen zum Opfer gefallen war, von seinem Sohn Ramsan. Tschetschenen, die für die Sache der nationalen Selbstbestimmung eintraten – oder Leute, die einfach nur jemandem im Weg waren –, wurden gefoltert und ermordet. Die Zahl der russischen Journalisten, die bereit waren, die russischen Streitkräfte zur Rechenschaft zu ziehen, war verschwindend klein. Die beste von ihnen war Anna Politkowskaja, eine zierliche, stahlharte Frau mit aschblondem, kurz geschnittenem Haar und einer Drahtbrille.

Als Anna 2001 nach London kam, bat mich Amnesty International, ein Interview mit ihr zu führen. Meine von der BBC ausgestrahlte Radiodoku *Victims of the Torture Train* war von AI mit einem Preis bedacht worden, daher dachte man bei der NGO, wir würden zusammenpassen. Das war, um ehrlich zu sein, eher nicht der Fall. Die öffentliche Person Anna Politkowskaja war unduldsam, knallhart und unempfänglich für meine Kalauer und Albernheiten. Wenn ich das Gefühl habe, aufs Glatteis zu geraten, versuche ich gern, mich mit Frankie-Howerd-Manierismen wie „ooh, er, Missus" zu retten, und werfe schwachen Witzchen noch schwächere hinterher. Anna und ich konnten nicht miteinander. Erst Jahre später, als ich eine wunderbare

Dokumentation über sie sah, *A Bitter Taste of Freedom*, erkannte ich die wirkliche Anna Politkowskaja, eine Frau mit einem herrlichen Sinn für das Absurde und einer Neigung zu gelegentlichen unkontrollierbaren Lachanfällen, berstend vor Spottlust über die schwarze Komödie des Lebens.

Sie war eine ungeheuer mutige Frau. Anfang 2001 besuchte sie das tschetschenische Bergdorf Khatuni und sammelte Informationen über das brutale Auftreten russischer Behörden, über das sich Dutzende Familien des Orts beschwert hatten. Rosita, eine tschetschenische Großmutter aus dem Dorf Towseni, erzählte Anna, sie sei von FSB-Leuten zwölf Tage lang mit Schlägen und Elektroschocks gefoltert und bei frostigen Temperaturen in einem offenen Erdloch gefangen gehalten worden. Ihre Folterer hätten ein Lösegeld gefordert und bekommen. Ein anderer Zeuge berichtete über die systematische sexuelle Misshandlung und Tötung tschetschenischer Männer. Anna schrieb über all das und sprach von einem „Konzentrationslager mit geschäftlichem Aspekt", das der FSB in Khatuni betreibe und in dem Folter für die Erpressung von Löse- und Schutzgeldern eingesetzt werde.

Auf der Rückreise nach Moskau wurde Anna von russischen FSB-Schergen festgenommen, verhört und geschlagen. „Die jungen Offiziere quälten mich und nützten dabei geschickt meine Schwachstellen aus. Sie blätterten Fotos von meinen Kindern durch und sagten mir, was sie ihnen gerne antun würden."

In ihrem Buch *Tschetschenien. Die Wahrheit über den Krieg* erzählt Anna Politkowskaja, was in der Folge geschah. Pflichtlektüre.

Ein Oberstleutnant mit einem finsteren Gesicht und stumpfen, dunklen, hervortretenden Augen sagte in sachlichem Ton: „Lass uns gehen. Ich werde dich erschießen." Er führte mich aus dem Zelt in völlige Dunkelheit. Die Nächte hier sind undurchdringlich. Nachdem wir eine Weile gegangen waren, sagte er: „Bereit oder nicht, hier komme ich." Etwas explodierte, Feuer, so nah, kreischend, brüllend und knurrend. Der Oberstleutnant war sehr glücklich, als ich vor Angst zusammensackte.

Wie sich herausstellte, hatte der Offizier sie unter einen „Grad"-Raketenwerfer geführt, in dem Moment, als er abgefeuert wurde. Nach der Scheinexekution befahl ihr der Mann, sich auszuziehen. Sie lehnte das ab. Offenbar imponierte ihr Mut den KGB-Schergen und flößte ihnen Respekt ein.

Die Beweise für die extreme Brutalität des Kremls in Tschetschenien und die heimliche Mittäterschaft der geheimen Staatsorgane an den Bombenanschlägen auf Moskauer Mietshäuser lagen spätestens im Frühjahr 2001 für jedermann sichtbar auf dem Tisch. In jenem Sommer lud US-Präsident George W. Bush Putin auf seine Ranch in Texas ein. Er blickte in die Seele seines Gastes und hatte seine Freude an dem, was er zu sehen bekam.

Verdammt noch mal!

Und dann war da natürlich noch der damalige deutsche Bundeskanzler Gerhard Schröder. Keine Sorge, mit ihm werde ich mich an späterer Stelle dieses Buches befassen.

Am ersten Tag des neuen Schuljahrs im September ist es in Russland Brauch, die Kinder in ihre besten Uniformen zu stecken; die Mädchen binden sich Stoffbänder ins Haar. In Beslan, einer Stadt im tiefen Süden Russlands, ereignete sich 2004 am ersten Schultag ein blutiges Massaker, das erneut Fragen zum Verhältnis zwischen dem russischen Staat mit seinen Geheimorganen und dem islamistischen Terrorismus aufwarf. Die tschetschenischen Täter hielten an die tausend Personen, Schüler und Lehrpersonal, als Geiseln fest, während sich ein heikles Tauziehen entwickelte. Anna Politkowskaja hatte dank ihrer furchtlosen Reportagen über die Brutalität der russischen Staatsmacht in Tschetschenien den Respekt und das Vertrauen selbst der militantesten Extremisten. Kaum kursierten die ersten Meldungen über die Geiselnahme, machte sie sich auf den Weg zum Moskauer Wnukowo-Flughafen. Die Flüge in den Süden wurden immer wieder annulliert. Sie rief einen ihrer tschetschenischen Kontaktleute an, wohl wissend, dass ihr Telefon überwacht wurde. Plötzlich stand ein Mitarbeiter des Flughafens vor ihr, stellte sich vor und bot ihr einen Flug nach Rostow an, 700 Kilometer von Beslan, aber der nächstgelegene Flughafen auf dem Weg dorthin.

Was dann passierte, hielt Anna in ihrem Tagebuch fest, das die britische Zeitung *The Guardian* veröffentlichte: „Im Minibus erfahre ich vom Fahrer, die russischen Sicherheitsdienste, der FSB, hätten ihn angewiesen, mich in das Flugzeug nach Rostow zu setzen. Als ich an Bord gehe, begegnet mein Blick denen von drei zusammensitzenden Mitreisenden: böse Blicke, wie man sie einem Feind zuwirft. Aber ich kümmere mich nicht darum. Die meisten FSB-Leute blicken mich so an. Das Flugzeug startet. Ich bitte um einen Tee. Die Fahrt von Rostow nach Beslan wird viele Stunden dauern, und der Krieg hat mich gelehrt, dass es besser ist, nichts zu essen. Um 21 Uhr 50 trinke ich meinen Tee. Um 22 Uhr merke ich, dass ich die Stewardess rufen muss, weil ich rasch das Bewusstsein verliere. Meine weiteren Erinnerungen sind lückenhaft – die Stewardess weint und ruft: ‚Wir landen gleich, halten Sie durch!'"

Die verhinderte Friedensstifterin kam in einem Rostower Krankenhaus zu sich. Eine Krankenschwester flüsterte ihr zu: „Die haben versucht, Sie zu vergiften, meine Liebe." Alle Ergebnisse der am Flughafen durchgeführten Analysen seien, so erzählten ihr die Ärzte, auf Anweisung „von ganz oben" vernichtet worden.

Die erlittene Vergiftung zeitigte anhaltende Auswirkungen

auf Annas gesundheitliche Verfassung. Lana Estemirowa war damals Schülerin; sie war die Tochter von Natalja Estemirowa, die als Journalistin und Menschenrechtsaktivistin in Tschetschenien wirkte und eng mit Anna Politkowskaja befreundet war. Lana, für die Anna wie eine Tante war, erzählte dem Podcast *Taking On Putin*: „Nach der Vergiftung wollte Anna nichts mehr essen, was meine Mutter kochte. Sie war, ehrlich gesagt, nicht die beste Köchin, aber ich war doch ein bisschen gekränkt für meine Mutter, und als Kind verstand ich nicht so ganz, was vorging. Ich weiß noch, wie Anna einmal einige Packungen Haferflocken mitbrachte. Sie machte sich gerne Haferbrei in einer kleinen Tasse. Ich fragte meine Mama, warum Anna unser Essen nicht wollte. Und sie erklärte es mir. Dieses Gespräch werde ich nie vergessen."

Nachdem die Friedensstifterin ausgeschaltet war und sich im Krankenhaus von dem Gift erholte, befahl Putin seinen Truppen, die Geiselnehmer anzugreifen, mit der Folge, dass 333 Menschen starben, darunter rund 30 Terroristen. 186 der Getöteten waren Kinder. Wie schon im Falle der Anschläge auf Wohnblocks in Moskau und der Geiselnahme in einem Moskauer Theater stellten sich auch in diesem Fall etliche Fragen in Bezug auf das Vorgehen des Kremls, die nie zufriedenstellend beantwortet wurden. Die Mütter und Väter der toten Kinder wollten wissen, warum die russischen Spezialkräfte zum Angriff geblasen hatten, während in der Schule noch „Friedensverhandlungen" im Gang waren, weshalb Panzer und fliegende Flammenwerfer vom Typ RPO-A „Schmel" eingesetzt wurden, und warum die Russen ihre Einsatztaktik offenbar ohne jede Rücksicht auf das Wohl der Kinder gewählt hatten.

Der russische Journalist Pawel Felgenhauer warf der Regierung vor, sie habe die Schule von einem Kampfhubschrauber des Typs Mi-24 aus mit Raketen beschossen, etwas, das die

Behörden bestritten. Denkbar ist, dass 80 Prozent der Getöteten, mehr als 250 Erwachsene und Kinder, nicht von den Terroristen erschossen wurden, sondern von russischen Einsatzkräften. Wie Felgenhauer schrieb: „Es war keine Geiselbefreiung, sondern eine Militärübung mit dem Ziel, die Terroristen auszuradieren."

Juri Saweljew, einer von Russlands führenden Raketenwissenschaftlern, verfasste 2006 für das Parlament in Moskau einen faszinierenden, 280 Seiten langen Bericht, in dem er darlegte, dass die Schuld am Massaker von Beslan ganz klar bei den russischen Einsatzkräften und dem Kreml liegt. Seinen Erkenntnissen zufolge entschieden sich die Behörden für die Erstürmung der Schule, erweckten aber der Öffentlichkeit gegenüber fälschlich den Eindruck, sie hätten nur auf das Vorgehen der Terroristen reagiert. Saweljew, ein Waffen- und Sprengstoffexperte, konstatierte, die Sondereinsatzkräfte hätten die im Gang befindlichen Friedensgespräche ignoriert, ohne Vorwarnung Panzerfäuste ins Schulgebäude abgefeuert und dann ihren Sturmangriff gestartet.

Wenn man tiefer in die Geschehnisse um die Geiselnahme von Beslan einsteigt, tun sich ungeahnte Abgründe auf.

David Satter schrieb 2006 einen bemerkenswerten Aufsatz für das Hudson Institute. Darin legte er Beweise dafür vor, dass die Erstürmung der Schule nicht nötig gewesen wäre. Interne Polizeidokumente, die der *Nowaja Gaseta* zugespielt wurden, zeigten, dass die Polizei schon vier Stunden im Voraus wusste, dass für den 1. September 2004 ein Angriff auf die Schule in Beslan geplant war. Die Terroristen durften, ungestört von den Behörden, wochenlang unweit der Schule für die Operation üben. Am Tag des Überfalls konnten sie im Konvoi durch Straßen, die normalerweise unter scharfer polizeilicher Bewachung standen, zur Schule fahren. Die meisten der Terroristen hätten eigentlich noch Gefängnisstrafen abzusitzen gehabt, waren aber kurz zuvor auf freien Fuß gesetzt worden. Nichts von alledem hätte ohne grünes Licht vonseiten des FSB geschehen können.

Die einzig glaubhafte Erklärung für die Geiselnahme von Beslan ist wieder mal die, dass der russische geheime Sicherheitsapparat einen terroristischen Anschlag orchestrierte und dann unter Einsatz brachialster Gewalt die Beweise für seine Komplizenschaft vernichtete. Wir haben es also nicht mit *einer* „schwarzen Operation" der Angstmaschinerie zu tun, sondern mit deren dreien: den Bombenanschlägen auf Moskauer Wohnblocks 1999, der Geiselnahme im Theater 2002 und dem Massaker von Beslan 2004. Sinn und Zweck dieser Operationen war es, einen permanenten Bedrohungszustand zu erzeugen. Die Opfer waren Hunderte einfacher russischer Bürger, der einzige wirkliche Nutznießer der Herrscher im Kreml.

Zwei Monate nach dem Massaker von Beslan wurden auf einer örtlichen Mülldeponie menschliche Überreste und Personalausweise gefunden – ein Nachklapp, der noch einmal deutlich zeigt, welchen Wert der russische Sicherheitsstaat dem „Leben der Anderen" beimisst.

Immer wenn ich im Fernsehen sehe, wie Putin in den großen Kreml-Saal hereinwalzt und zwei in pseudozaristische Flitter-Uniformen gekleidete Soldaten die Flügeltüren aufstemmen, als gelte es, einem afrikanischen Elefantenbullen freien Durchgang zu bereiten, muss ich an Anna Politkowskaja denken, den unbarmherzigen Hohn, den sie gerne über den „stolzierenden Tschekisten" Wladimir Putin ausschüttete. (Der zu Lebzeiten Lenins gegründete Vorläufer des KGB hieß „Tscheka", ein Akronym aus den Anfangsbuchstaben der amtlichen Bezeichnung „Außerordentliche Kommission".)

Sie goss ihre Wut in ein Buch, *In Putins Russland*. Darin warf sie Putin und dem FSB vor, sie wollten die Zivilgesellschaft beseitigen, um eine Diktatur sowjetischer Prägung zurückzubringen. Zugleich fand Anna aber auch die politische Gleichgültigkeit der russischen Normalbürger unerträglich:

Die Gesellschaft hat grenzenlose Apathie gezeigt. [...] Die Tschekisten haben sich an der Macht eingerichtet, wir haben sie unsere Angst sehen lassen und dadurch nur ihren Drang verstärkt, uns wie Vieh zu behandeln. Der KGB respektiert nur die Starken. Die Schwachen verschlingt er. Das sollten gerade wir wissen. [...] Wir taumeln zurück in einen sowjetischen Abgrund, in ein Informationsvakuum, das uns dem Tod aufgrund eigener Unwissenheit näher bringt. Alles, was uns geblieben ist, ist das Internet, in dem Informationen noch frei zugänglich sind. Ansonsten heißt, wenn man noch als Journalist arbeiten möchte, die Parole völlige Unterwerfung unter Putin. Andernfalls winkt womöglich der Tod, die Kugel, ein Gift oder ein Prozess – was immer unsere Spezialkräfte, Putins Wachhunde, sich einfallen lassen.

Ich brauche nur einen von Annas Sätzen zu lesen – „Wir taumeln zurück in einen sowjetischen Abgrund, in ein Informationsvakuum das uns dem Tod aufgrund eigener Unwissenheit näher bringt" –, während ich in einer Wohnung in Kyjiw sitze, die Panzersperren auf der Chreschtschatyk, dem großen Boulevard der Hauptstadt, und die vor dem Rathaus aufgetürmten Sandsäcke sehe, wohl wissend, dass Putin noch immer hohe Umfragewerte hat, dass seine „militärische Sonderoperation" in Russland eine nicht unbeträchtliche öffentliche Zustimmung hat, da kommen mir die Tränen über den Verlust von Annas machtvoller Weitsicht.

Einige der letzten Zeilen, die sie schrieb, stehen in dem Aufsatz *Habe ich Angst?* „Die Leute sagen mir oft, dass ich ein Pessimist bin, dass ich nicht an die Stärke des russischen Volkes glaube, dass ich von meiner Opposition gegen Putin besessen bin und darüber hinaus nichts sehe. [...] Wenn jemand glaubt, er könne Trost aus der ‚optimistischen' Prognose schöpfen, soll er es tun. Es ist sicherlich der einfachere Weg, aber es ist das Todesurteil für unsere Enkel."

Lana Estemirowa, gerade erst Teenager geworden, und ihre Mutter Natalja saßen an einem Oktobertag des Jahres 2006 in einem Bus in Tschetschenien und warteten auf die Abfahrt, als Nataschas Handy klingelte. „Ich erinnere mich nur noch daran", erzählte Lana später, „dass sie blass wurde - ich sah geradezu das Blut aus ihrem Gesicht entweichen. Und sie sagte nur: ‚Anna ist in Moskau ermordet worden.' Wir wären fast aus dem Bus gefallen. Sie sagte: ‚Stop! Nein, nein, nicht losfahren!' Und wir kamen gerade noch raus, und ich hatte wirklich große Angst, sie würde zu weinen beginnen, denn das Schlimmste auf der Welt war für mich, wenn meine Mutter weinte, weil ich das bis dahin vielleicht nur ein einziges Mal erlebt hatte. Aber sie weinte nicht. Sie beherrschte sich wirklich mir zuliebe. Und wir liefen einfach zusammen die fünf oder sechs Kilometer nach Hause, stillschweigend. Wahrscheinlich bekam sie einen Anruf nach dem anderen, aber in meinem Kopf war da einfach nur diese vollkommene Stille. Das ist meine Erinnerung. Und wie sie abreiste, ich glaube, am folgenden Tag, nach Moskau, zum Begräbnis. Ich blieb daheim. Und es war ein sehr, sehr bitterer Augenblick."

Anna Politkowskaja wurde von ihrem Mörder niedergeschossen, als sie in ihrem Moskauer Wohnblock aus dem Aufzug kam. Das Datum? Der 7. Oktober, zufällig Wladimir Putins Geburtstag.

Ein Mann, der womöglich die Schüsse abgefeuert hat, wurde verurteilt, aber wer hatte ihn beauftragt? Wir wissen es nicht. Auf den Mord an Politkowskaja angesprochen, sagte Putin später, Anna sei eine „höchst unbedeutende" Frau mit wenig Einfluss gewesen. In Wahrheit war sie ungeheuer bedeutend und sehr gefährlich für Putin und seine Macht. Niemand sonst stellte die Fragen, die Anna Politkowskaja stellte.

Und dann wurde ihre Stimme zum Schweigen gebracht.

Kapitel acht
Ein Fall von Gin oder Tee

Wir schreiben den Sommer 2006. Aus einem der Fahrzeuge des Konvois steigt Wladimir Putin und hält zu Fuß auf den Kreml zu. Gern gibt das Staatsoberhaupt sich hin und wieder für alle zugänglich, ungezwungen, eins und auf vertrautem Fuß mit dem *narod*, dem russischen Volk. Während seines Bads in der Menge sieht er einen blonden Jungen, vielleicht fünf Jahre alt, wenn's hochkommt. Putin kniet vor ihm nieder, zieht das T-Shirt des Kleinen hoch und drückt ihm einen Kuss auf den Bauch. Sie können sich das auf YouTube anschauen; suchen Sie einfach nach „Putin kisses boy on stomach".

Es ist wirklich gruselig.

Ich frage eine Russin nach ihrer Reaktion – ob das vielleicht etwas speziell Russisches sei. Sie antwortet: „Ich war schockiert. Das ist nichts Russisches. Es ist total falsch. Das hat mit russischer Kultur nichts zu tun. Okay, nach einer Flasche Wodka vielleicht, da kommen sich Russen etwas näher, aber nicht so."

Der Name meiner russischen Freundin ist Marina Litwinenko; ihr Gatte, Alexander „Sascha" Litwinenko, war früher Oberst beim KGB/FSB gewesen. Was er von dem Video hielt, in dem Putin vor dem russischen Jungen niederkniet und ihm einen Kuss auf den Bauch drückt, sowie die Reaktion des Kremls darauf, sorgte weltweit für Schlagzeilen. Aber um zu verstehen, wie es dazu kam, müssen wir uns die etwas eigene Beziehung zwischen den beiden ehemaligen KGB-Offizieren Putin und Litwinenko ansehen.

Als Berufsoffizier beim Geheimdienst blieb Litwinenko, als die Sowjetunion implodierte, beim FSB, wie der KGB fortan heißen sollte. Sein Ressort war der Kampf gegen das organisierte Verbrechen. Wiederholt stellte er dabei fest, dass Kollegen beim FSB Geld vom organisierten Verbrechen nahmen und im Auftrag der Unterwelt tätig waren. Aufrecht, moralisch und unbestechlich, empfand Litwinenko Abscheu vor dem Filz und legte seinen Vorgesetzten lange, detaillierte Berichte über die Betreffenden vor. Ein ums andere Mal sah er seine Bemühungen, in der Behörde aufzuräumen, im Sand verlaufen: „Wenn einen der Partner betrog oder jemand seine Schulden nicht zahlte oder Lieferungen ausblieben, wo beschwerte man sich? Als Gewalt käuflich wurde, gab es auch stets Nachfrage. Schutzorganisationen" - der Begriff dafür, *kryscha*, heißt wörtlich das Dach - „tauchten auf, Leute, die Ihre Geschäfte in Schutz nahmen. Erst besorgte das der Mob, dann die Polizei, und bald darauf sahen auch unsere Leute, wo's langging, und dann kam es zu Rivalitäten um Marktanteile zwischen Gangstern, Polizei und der Behörde" - dem FSB. „Mit zunehmender Konkurrenz zwischen Polizei und FSB drängten die beiden die Gangs aus dem Markt. Aber in vielen Fällen wich die Konkurrenz der Zusammenarbeit, und die Geheimdienste wurden selbst zu Gangstern."

Das genau ist es, worauf bereits der Menschenrechtler und Duma-Abgeordnete Juri Schtschekotschichin hingewiesen hatte, bevor sich seine Haut zu schälen begann.

Boris Beresowski, der russische Oligarch, der später massiv in Wladimir Putin als potenziellen Nachfolger Boris Jelzins investieren sollte, verdiente 1994 ein Vermögen mit dem Import ausländischer Kraftfahrzeuge - sehr zum Entsetzen der russischen Autohersteller, die die Lösung darin sahen, seinen Wagen in die Luft zu jagen. Sein Fahrer kam dabei ums Leben, der Oligarch selbst überlebte, und es fiel in Litwinenkos Ressort, das Attentat aufzuklären.

Beresowski war ihm dankbar für seine Aufrichtigkeit und Ausdauer, und die beiden freundeten sich an. Stets die graue Eminenz, stellte Beresowski 1998 Litwinenko Wladimir Putin vor, der gerade – nicht zuletzt durch Beresowskis Zutun – der neue Chef des FSB geworden war. Beresowski sagte ihm: „Geh zu Putin. Mach ihn auf dich aufmerksam. Schau dir an, was für einen großartigen Mann wir da eingesetzt haben, mit deiner Hilfe."

So berichtete denn Litwinenko Putin über das Ausmaß der Korruption beim FSB – er ermittelte damals gerade gegen FSB-Offiziere, die sich von usbekischen Drogenbaronen für *kryscha* bezahlen ließen, aber es war, wie eine Wand anzuheulen. Nach dem Treffen sagte Litwinenko zu Marina, seiner Frau: „Ich sah ihm an den Augen an, dass er mich hasste."

Im November 1998 gaben Litwinenko und vier weitere FSB-Offiziere des Ressorts für Organisierte Kriminalität eine Pressekonferenz, bei der sie die Korruption beim Geheimdienst öffentlich anprangerten. Man hätte ihnen die Liquidierung und Entführung prominenter Russen befohlen, sagten sie. Während der ersten Jahre von Jelzins Amtszeit hätte man so etwas unter „Wirren einer neuen, energiegeladenen Demokratie" verbucht. Aber mittlerweile war die Stimmung umgeschlagen, und Putin schasste seinen unbequemen Agenten. Putin äußerte sich später zu diesem Schritt: „Ich habe Litwinenko gefeuert und seine Abteilung aufgelöst, weil FSB-Offiziere keine Pressekonferenzen geben sollten. Das gehört nicht zu ihren Aufgaben. Und sie sollten mit internen Skandalen nicht an die Öffentlichkeit gehen."

Das Menetekel war an der Wand, nicht nur für Litwinenko, sondern auch für seinen alten Mentor Beresowski. Litwinenko flüchtete 2000 nach Polen und ersuchte dort die Amerikaner um politisches Asyl. Da sie ihn abwiesen, flog er nach London, wo die britische Regierung mehr Verstand zeigte. Effektiv lief Litwinenko zum MI6 über. Der britische Geheimdienst schaffte denn auch Marina und den Sohn des Paars aus dem Land, und seit dem Sommer 2006 lebte die Familie in North London, genauer gesagt im Ally Pally, wie Alexandra Palace im Volksmund heißt.

Auch Beresowski, der Litwinenkos Ermittlungen gegen die Korruption in den höchsten Ebenen des geheimen Staats und damit natürlich gegen Putin selbst mitfinanziert hatte, lebte damals bereits im Londoner Exil.

Panorama, unser BBC-Nachrichtenmagazin, zeigte 2007 einen Videoclip, in dem Litwinenko sich dazu äußert, wie es ist, auf der Flucht vor dem KGB zu sein: „Es ist wie ein Fallschirmsprung im freien Fall. Angst hat man nur, wenn man aus dem Flugzeug nach unten sieht. Nach dem Absprung kann man nicht mehr viel tun. Man befindet sich im freien Fall. Man kann nicht mehr zurück. Es geht nur noch abwärts."

Sascha Litwinenko war in Putins Augen ein Verräter am KGB, am Vaterland, an allem, was dem Herrn des Kremls lieb und teuer ist. Als Putin den Jungen auf den Bauch küsste, schrieb Litwinenko in seinem Blog, von der Sicherheit des Alexandra Palace aus, versteht sich, Putin sei pädophil.

Litwinenkos Blogeintrag ist zur Gänze in Sir Robert Owens Bericht über die Affäre nachzulesen. Der ehemalige Oberst des KGB behauptete darin, man habe Putin heimlich in ebendem Apartment gefilmt, in dem man Skuratow mit zwei Prostituierten *kompromatiert* hatte, nur dass in Putins Fall keine Frauen im Spiel gewesen seien, sondern zwei kleine Jungs. Litwinenko sagte, die Oberen des vom KGB geleiteten Andropow-Instituts hätten den Skandal vertuscht, entschlossen sich aber, Putin – der fließend Deutsch sprach – nicht in den Westen zu schicken. Jahre später, so behauptete Litwinenko, als Putin 1998 selbst Direktor des FSB wurde, habe er sich auf die Suche nach der geheimen Akte über ihn gemacht. Litwinenko schrieb in seinem Blog: „Er begann, alles kompromittierende Material, das die Geheimdienste in früheren Jahren über ihn gesammelt hatten, aufzuspüren und zu vernichten. Was nicht weiter schwierig war, schließlich war er der Direktor des FSB. Unter anderem fand Putin Videobänder im Direktorat für Innere Sicherheit des FSB, auf denen er beim Sex mit minderjährigen Jungs zu sehen war." Wer so etwas über Wladimir Putin zu sagen wagt, ist nirgendwo sicher. An keinem Ort dieser Welt.

Fürs Protokoll: Dass Putin den Jungen auf den Bauch küsst, ist so unangenehm anzusehen wie sonderbar. Klare, belastbare Beweise dafür, dass Putin pädophil wäre, gibt es nicht. Litwinenko hat auch in seinem Blog keinen geliefert. Litwinenko und seine finanzielle und moralische Stütze Beresowski hassten Putin zu diesem Zeitpunkt. Und Hass ist der Erzfeind guter Aufklärungsarbeit. Man muss Abstand nehmen können, um einzuschätzen, was man hat und was man nicht hat – erst so lässt sich ein Urteil fällen. Dieselben Fähigkeiten braucht es im Journalismus. Nur eine von mehreren Seiten bestätigte Story hat auch tatsächlich Bestand. In diesem Fall haben wir nur Litwinenkos Wort dafür, dass das Direktorat für Innere Sicherheit beim FSB Bänder als *Kompromat* gegen Putin hatte. Was nicht heißt, dass seine Behauptung von vorneherein nicht stimmt. Putins Sexualität ist und bleibt, wie so vieles an ihm, unklar. Es ist einfach so, dass man, will man – als Nachrichtendienstler wie als Journalist – glaubwürdig bleiben, Belege für seine Story liefern muss. Versäumt man das, werden die Leute bald die Straßenseite wechseln, um einem aus dem Weg zu gehen. Genau das ist Litwinenko passiert. Da er sie nicht mit Belegen untermauerte, nahm man seine Behauptung im Westen nicht wirklich ernst.

Der Kreml nahm sie aber zur Kenntnis.

Der Amerikaner Paul Joyal ist ein Kenner von Russlands geheimem Staat und leitete früher den Ausschuss für die Nachrichtendienste beim US-Senat. Er kennt die geheimen Korridore des

Kremls sehr gut und war sowohl mit Litwinenko eng befreundet als auch mit General Oleg Kalugin, einem anderen Überläufer aus den Reihen des KGB. Als jüngster Generalmajor in der Geschichte des sowjetischen KGB war Kalugin ein hohes Tier in der Abteilung Spionageabwehr, zuständig für eindringende Geheimdienste aus der ganzen Welt. Im Juli 2006 schickte Litwinenko per Fax einen Entwurf des Blog-Artikels, in dem er Putin als Pädophilen bezeichnet, an Kalugin, der ihn sofort an Joyal weiterleitete; beide leben in der Nähe von Washington, D. C. Litwinenkos Entwurf analysierte den eher stockenden Start von Putins Laufbahn beim KGB. Joyal lieferte mir einen prägnanten Abriss: „Sieht man sich, so Litwinenko, die weißen Flecken näher an, auch Putins Biografie, dann findet sich schon früh eine Erklärung für seine ins Stocken geratene Laufbahn. Nach seinem Abschluss am Andropow-Institut, das für die Ausbildung von KGB-Offizieren zuständig ist, schickte man Putin zunächst auf einen untergeordneten Posten im Leningrader Direktorat des KGB. Für einen Absolventen des Andropow-Instituts, der fließend Deutsch spricht, ist das ausgesprochen ungewöhnlich. Kurz vor seinem Abschluss war etwas passiert. Laut einigen seiner Studienkollegen hatte die Institutsleitung etwas vom wahren Wladimir Putin mitgekriegt, nämlich dass er pädophil ist. Anstatt eine gründliche Ermittlung einzuleiten, was natürlich zu einem Skandal hätte führen können, war es einfacher, sich eine Ausrede dafür einfallen zu lassen, Putin nicht ins Ausland zu schicken. Viele Jahre später, als Putin Chef des FSB wurde, begann er, das gegen ihn gesammelte Beweismaterial aufzuspüren und zu vernichten. So jedenfalls heißt es in dem Blog."

Litwinenkos Entwurf bezog sich auf noch jemand anderen, der schon vor einigen Jahren, so seine Worte, „Putins sexueller Perversion" auf der Spur gewesen war. Litwinenko schreibt, der Reporter Artjom Borowik habe eine Geschichte über den pädophilen Putin gemacht und sei eine Woche nach Veröffentlichung „unter mysteriösen Umständen ums Leben gekommen".

Borowik starb Anfang März 2000, einige Wochen bevor Russland Putin ins Präsidentenamt wählte. Er wurde zusammen mit Passagieren und Besatzung – insgesamt neun Menschen – eines Privatjets getötet, der am Flughafen Moskau-Scheremetjewo gestartet war. Die offizielle Erklärung lautete, das Flugzeug sei nicht ordentlich enteist gewesen, aber es war gar nicht richtig kalt. Vielfach wurde geargwöhnt, er sei vom geheimen Staat ermordet worden, allerdings wegen eines anderen Motivs: weil er dem Geheimnis um Putins Herkunft, dass er ein uneheliches Kind sei, nachging und nicht, wie Litwinenko in dem Entwurfsfax unterstellte, weil er von der Theorie der Pädophilie wusste. Aus irgendeinem Grund ließ Litwinenko die Annahme, Borowik wisse etwas über die pädophile Neigung, in der publizierten Fassung des Blogs fallen.

Joyal erinnert sich: „Also, natürlich führten Alexander Litwinenko und Boris Beresowski so eine Art Krieg gegen Wladimir Putin. Nachdem wir gelesen hatten, was Alexander da veröffentlichen wollte, rieten Oleg Kalugin und ich ihm ausdrücklich davon ab. Wir sagten ihm, dass das viel zu persönlich sei und nicht wirklich gerechtfertigt, so schockierend der Vorfall mit dem Jungen auch war, den Vorwurf der Pädophilie nicht wirklich rechtfertigte." Was Joyal und Kalugin Sorgen machte, war das Risiko, das Litwinenko mit der Veröffentlichung einer solchen Anschuldigung eingehen würde: „Litwinenkos Blog war eine extrem persönliche Beleidigung, eine persönliche Attacke. Und eine solche Attacke gegen das Staatsoberhaupt eines Landes wie Russland zu reiten, war natürlich extrem gefährlich. Und, um Ihnen die Wahrheit zu sagen, kaum jemand nahm den Vorwurf ernst."

Das stimmt. Der Westen ignorierte Litwinenkos Blog; nicht

so Moskau. Noch im selben Sommer verabschiedete die Duma ein Gesetz, das es dem Staat erlaubte, jeden Extremisten, der den Präsidenten diffamierte, zu töten. Joyal sagte: „Es lieferte die Rechtfertigung für extreme Maßnahmen" – oder einfacher ausgedrückt, für die Liquidierung des Betreffenden.

Joyals Ansicht nach ist für Putin die Kontrolle über andere ein ganz spezieller Kick: „Das deckt sich übrigens damit, dass er hergeht, einem Jungen das Hemd hochzieht und ihn auf den Bauch küsst. Ich kann das, also mache ich es auch." Er sei zwar kein Psychologe von Beruf, fügt der Nachrichtenanalytiker hinzu, kenne sich aber mit Menschen aus.

Litwinenko hörte nicht auf die Warnung des Freundes und stellte seinen Artikel mit einem Knopfdruck online. In diesem November 2006 trank er Tee mit zwei russischen Landsleuten im Millennium Hotel im Londoner Stadtteil Mayfair. Einige Stunden später, wieder zu Hause in Ally Pally, sagte er zu Marina: „Mir ist übel."

Er begann, sich zu übergeben, und konnte nicht mehr aufhören. Auf der Stelle sagte er zu Marina: „Das ist ein chemisches Gift."

Sie konnte nicht glauben, dass ihm jemand so etwas antun wollte. Sie riefen einen Krankenwagen, und der Sanitäter meinte, das sehe ihm nach einer jahreszeitlich bedingten Grippe aus. Marina erzählt die Geschichte weiter: „Am nächsten Tag, das war Anfang November, wurde es sogar noch schlimmer, er erbrach dann Blut."

Drei Tage später lieferte man ihn ins Barnet Hospital ein, aber die Ärzte sahen nicht, mit was – oder wem – sie es da zu tun hatten. „Als Sascha sie das erste Mal bat, ‚Würden Sie mich bitte auf Gift untersuchen?', da blickten sie ihn an wie einen Verrückten. Ich weiß noch, wie er bei meinem Besuch gesagt hat: ‚Marina, die glauben uns nicht.'"

Litwinenko wurde schließlich ins University College Hospital verlegt, wo einige der besten Ärzte Londons sich vor einem Rätsel sahen. Marina erzählte mir: „Mir fiel sein Haar auf, als ich seinen Kopf nur berührte. Ich hatte ein dickes Büschel in der Hand. Ich sagte: ‚Sascha, was ist das?' Er sagte: ‚Ich weiß nicht.' Ich wiederholte die Bewegung, und wieder hatte ich ein dickes Büschel Haare in der Hand."

Auf seiner Haut begannen sich Blasen zu bilden, sein Blutbild zeigte eine sehr niedrige Leukozytenzahl. Aber er war fest entschlossen, der Polizei bei der Jagd nach seinen Mördern zu helfen, gab der Kripo genaue Auskunft über seine letzten Bewegungen, half ihnen bei den Ermittlungen in seinem eigenen Mord.

Als er im Sterben lag, gab er eine Erklärung ab, sein Testament: „Es mag euch gelingen, einen Mann zum Schweigen zu bringen, aber das Echo des Aufschreis rund um die Welt, Mr. Putin, wird Ihnen Ihr Leben lang in den Ohren hallen."

Am letzten Tag, an dem er noch sprechen konnte, wollte Marina eben, völlig erschöpft, nach Hause gehen, um sich um ihren Sohn zu kümmern, als Sascha ihr sagte: „Marina, ich liebe dich so sehr." In dieser Nacht verlor er das Bewusstsein und wachte nicht mehr auf.

Das letzte Foto von Alexander „Sascha" Litwinenko zeigt ihn völlig kahlköpfig, im grünen Krankenhaus-Pyjama, EKG-Sonden auf der bloßen Brust, den Blick direkt in die Kamera gerichtet.

Für meinen Podcast *Taking On Putin* machte ich mich auf den Weg zu jemandem, der sich mit radioaktiven Vergiftungen auskennt. Stets der skeptische Reporter, begann ich, meinen Informanten zu löchern:

Sweeney: Haben Sie einen Schulabschluss?
Norman Dombey: Mehr schlecht als recht. Ich bin emeritierter Professor für Theoretische Physik an der University of Sussex.

Sweeney: Und davor, wo haben Sie Ihren Abschluss gemacht?
Dombey: In Oxford.
Sweeney: Die werden dort doch verschenkt.
Dombey: Ich habe einen Doktor von der Caltech.
Sweeney: In theoretischer Physik?
Dombey: In theoretischer Physik. Und mein Doktorvater war Murray Gell-Mann, der Nobelpreisträger, der die Quarks erfunden hat.

Dann öffnete er zischend eine Dose Spitfire-Bier.

Norman Dombey kennt sich aus. Der Professor sagte als einer von Marina Litwinenkos Sachverständigen im Rahmen der öffentlichen Untersuchung im Vergiftungsfall ihres Gatten aus. Ganze neun Jahre hatte es gedauert, bis es dazu kam, weil der britischen Regierung die Beziehungen mit dem Kreml wichtiger waren als die Aufklärung des Mords an einem britischen Staatsbürger mit einer Massenvernichtungswaffe.

Das größte Geheimnis ist und bleibt, wie es möglich war, dass die Ärzte nicht dahinterkamen, was mit Litwinenko passiert war. Dem Mann fielen die Haare aus, die Haut löste sich vom Körper, eine schreckliche Art zu sterben, aber beides bekannte Symptome einer Vergiftung durch radioaktives Material. Man hatte sein Blut mit einem Geigerzähler auf Strahlung geprüft. Ich fragte Professor Dombey, was da passiert sei.

„Nichts."

„Es gab keinen Ausschlag, also auch keine Strahlung?"

„Nein, es gab schon Strahlung, aber keine, auf die ein Geigerzähler angesprochen hätte."

Geigerzähler sprechen auf Strahlungen an, denen wir alle fast ständig ausgesetzt sind: Gamma- und Betastrahlen. Aber es gibt noch eine dritte Sorte: Alphastrahlung. Und auf die reagiert ein Geigerzähler nicht.

Der russischen Giftküche war ein teuflisch cleverer Trick gelungen. Es war nicht die Art Strahlung, an die man als Erstes denkt. Aber dann kam ein heller Kopf denn doch dahinter. Großbritannien ist in vieler Hinsicht nicht das Gelbe vom Ei: Es regnet zu viel, das Essen ist grauenvoll, und dann Brexit. Aber wir Engländer sehen uns für unser Leben gern vor ein Rätsel gestellt. Sherlock Holmes mochte einen albernen Hut auf- und übermenschliche detektivische Fähigkeiten haben, aber er war sehr, sehr britisch – und jemand, der dem Mann aus der Baker Street 220B sehr ähnlich ist, hat das Rätsel gelöst und damit dem Kreml einen Strich durch die Rechnung gemacht.

Die Person oder wahrscheinlich eher das Team, das das Rätsel um Litwinenkos Vergiftung löste, arbeitet in Aldermaston, Großbritanniens hauseigener Kernwaffenschmiede in Berkshire. Wie Professor Dombey weiter ausführt, dachten die Ärzte an der Uniklinik: „Das ist doch merkwürdig, es sieht nach einer Verstrahlung aus, aber wir können keine Strahlung messen. Also schickten sie Proben von Litwinenkos Körperflüssigkeiten nach Aldermaston. Dort nahm man einige Tests vor, suchte nach speziellen Arten von Kernzerfall und fand dessen zwei: Alphastrahlung mit einer bestimmten Energie und Gammastrahlung, die weitaus schwächer war. Diese beiden Ergebnisse zusammengenommen führten zu einem einzigen Befund. Man identifizierte das Isotop Polonium 210."

Kann man Polonium 210 im Laden kaufen?, frage ich den geduldigen Prof.

„Nein."

Das Problem bei Giftmorden ist, dass die „Waffe" einem etwas über den Mörder verraten kann, und zwar mehr, als man gemeinhin vermuten möchte. Polonium ist ein radioaktives Element, das die geniale Physikerin Marie Curie entdeckt und nach ihrer Heimat Polen benannt hatte. Zu radioaktiven Elementen existieren jeweils eine Reihe von Isotopen, im Falle von Polonium mehr als 25, von denen Po-210 das häufigste ist. Man stelle sich diese Isotope vor wie Varianten von Thousand-Island-Dressing – Honig, Senf, Knoblauch. Polonium 210 ist wie Knoblauch: ausgesprochen markant. Und die Dosis, die Litwinenko getötet hat, war außergewöhnlich hoch. Laut Dombey hatte er sage und schreibe 26,5 Mikrogramm konsumiert.

Dombey betätigte sich auf eigene Faust als Detektiv und kam zu dem unumstößlichen Schluss, dass das Po-210, das Litwinenko das Leben gekostet hat, nur aus einem einzigen Reaktor kommen konnte, einem Avangard-Reaktor der Sowjetzeit im 750 Kilometer südöstlich von Moskau gelegenen Sarow. Sollte Ihnen bei alledem *Der Herr der Ringe* in den Sinn kommen: Namen wie Avangard und Sarow sind durchaus nicht von mir erfunden. Wie auch immer, nirgendwo sonst produziert man eimerweise Po-210, die Knoblauchvariante des Dressings, wenn Sie so wollen, von derartiger Reinheit.

Mein Professor erklärt mir en détail, wie es zu dem tödlichen Tässchen Tee kam. Zuerst, so sagt er, wurde in der kerntechnischen Anlage Majak im Ural Bismut beschossen, ein Metall, das bereits in der Antike als Schwester von Blei und Zinn bekannt war. Das radioaktive Bismut transportierte man dann zum Avangard-Reaktor in Sarow und machte dort daraus Polonium 210. Als Nächstes brachte irgendeine staatliche Giftküche das Metall in eine lösliche Form, sodass es sich in eine Tasse Tee praktizieren ließ.

Ich fragte meinen Professor, wie sicher er sich dessen sei.

„99,9 Prozent", sagte er. „Mit einer Handvoll Neunen dran, wenn Sie wollen."

Der Prof hatte sich seine Dose Spitfire redlich verdient. So zurückhaltend und leise er auftreten mag, Dombey ist ein Held unserer Zeit.

Russlands geheimer Staat meinte, die Tarnkappenwaffe schlechthin eingesetzt zu haben. Aber da hatte er sich geirrt.

Nachdem die britischen Wissenschaftler erst mal dahintergekommen waren, dass da Polonium 210 im Spiel war, ließ sich die Spur der Giftmörder nicht weniger schwer verfolgen als die von Einbrechern in frischem Schnee. Es gab drei Hauptverdächtige für den Giftanschlag, die sich alle drei mit Litwinenko am Nachmittag beziehungsweise am frühen Abend des Tages getroffen haben, an dem er erkrankte. Es handelt sich dabei um Mario Scaramella, einen ziemlich abgedrehten italienischen Nachrichtenanalytiker, der auch in Sachen Verschwörungstheorien reist; er geht mit Litwinenko in ein Sushilokal am Piccadilly Circus. Und dann sind da noch zwei Russen, Andrei Lugowoi und Dmitri Kowtun; die sind in der Stadt, um sich das Spiel Arsenal gegen ZSKA Moskau anzusehen. Die beiden halten sich an Gin; Litwinenko trinkt ein Tässchen Tee.

Für unsere *Panorama*-Sendung in der BBC zum Thema *How To Poison A Spy* gehe ich im Januar 2007 der Po-210-Spur nach.

Am 1. November 2006 nimmt Litwinenko um die Mittagszeit den 134er-Bus in die Stadt. Auf seiner Fahrkarte findet sich nicht ein Hauch von Polonium. Er ist also unterwegs noch *clean*. Itsu, das Sushilokal am Piccadilly? Das ist kontaminiert – allerdings nicht in der Nähe der Plätze von Litwinenko und Scaramella. Das ist merkwürdig, eine Anomalie. Ist Sacaramella eine bewusst gelegte falsche Fährte?

Dann macht die Spur zeitlich eine Kehrtwende.

Zwei Wochen zuvor, am 16. Oktober, bewohnen Lugowoi – ehemals KGB-Offizier, dieser Tage Millionär – und sein Freund Dmitri Kowtun, Pornodarsteller und KGB-Agent, zwei Zimmer im Parks Hotel in Knightsbridge. Man testet die Zimmer auf Polonium. Das Ergebnis? Kontaminiert. Die Polonium-Spur beginnt also mit Sicherheit hier. Litwinenko ist Stammgast im Itsu am Piccadilly. Während ihres London-Aufenthalts im Oktober treffen sich Lugowoi und Kowtun dort mit Litwinenko zum Lunch. Das Restaurant ist kontaminiert, aber nicht die Plätze, wo Scaramella und Litwinenko zwei Wochen später sitzen sollten. Scaramella ist Ablenkungsmanöver. Am 25. Oktober kehrt Lugowoi nach London zurück und steigt im Sheraton Park Lane Hotel ab. Während dieses Aufenthalts trifft er sich zwei- oder dreimal mit Litwinenko. Eines der Zimmer im Hotel ist hochgradig radioaktiv kontaminiert. Noch im Januar 2007 ist nicht nur dieses Zimmer, sondern ein ganzer Abschnitt der achten Etage off limits. Am 28. Oktober 2006 fliegt Lugowoi mit dem British Airways Flug GBNWX zurück nach Russland. Und Sie haben es erraten: Mindestens einer der Sitze der Maschine ist kontaminiert. Am selben Tag trifft Kowtun in Hamburg ein, um seine Kinder zu besuchen, die bei seiner Ex-Frau leben; eines hat gerade laufen gelernt, das andere ist noch ein Baby. Sie sind beide kontaminiert. Als Nächstes treffen sich Lugowoi und Kowtun mit Litwinenko am Tag seiner Vergiftung um 16 Uhr 30 in der Pine Bar des Millennium Hotels, nur eine Stunde nach der Sushibar. Jetzt wird die Polonium-Spur wirklich heiß. Lugowoi und Kowtun heben einen zusammen mit einem dritten Russen, Wjatscheslaw Sokolenko. Das Tagesgeschäft erledigt, entspannen die drei vor dem Spiel. Litwinenko rührt Alkohol nicht an, aber für ein Tässchen Tee ist er immer zu haben.

Von Marina erfuhr ich dazu: „Im Millennium Hotel, so sagte Sascha, hat er sich mit Lugowoi getroffen und dabei Tee getrunken. Der Tee war bereits serviert, er stand auf dem Tisch, und er hat die Tasse einfach genommen, hat sie aber nicht ausgetrunken. Später sagte er, ,der Tee war nicht besonders lecker'."

Die Polonium-Spur durch London beweist, dass Litwinenkos Tee mit Po-210 versetzt war. Die Dosis war gewaltig; wir schätzten die Strahlung auf vier Milliarden Becquerel. Das normale

Level im Körper liegt bei gerade mal 20 Becquerel. Die Kontaminationsspur in der Pine Bar ist erstaunlich. Die Tasse mit dem Tee: kontaminiert. Das siebenköpfige Personal der Bar im Hotel, das die Tasse abgetragen, gespült, getrocknet und dem nächsten Gast vorgesetzt hatte: kontaminiert. Die Pine Bar selbst war kontaminiert und noch zweieinhalb Monate später geschlossen. Eine Kontamination an sich ist nicht notwendigerweise tödlich, da Alpha-Teilchen nicht durch die Gegend springen; sie sind nur tödlich, wenn man sie zu sich nimmt. Langfristige Risiken freilich sind noch nicht erforscht. Lugowoi und Kowtun gehen zum Fußballspiel. Ihre Sitze bei Arsenal im Stadion: kontaminiert.

Alles deutet auf nicht nur einen, sondern mehrere Mordversuche an Litwinenko. Die Polonium-Spur macht Lugowoi und Kowtun zu den Hauptverdächtigen für den Mord. Was die natürlich bestreiten, bla, bla, bla ...

Man kann ins Feld führen, ein reicher Mann wie Lugowoi könnte sich Polonium 210 kaufen, unter dem Ladentisch sozusagen. Ich fragte meinen Freund Professor Donald Rayfield, ob hinter dem Mord ein Oligarch oder sonst jemand im geheimen russischen Staat stecken könnte.

Rayfield antwortete: „Wenn du das denkst, musst du von Grund auf ignorieren, wie der russische Staat oder eine Diktatur überhaupt funktioniert. Da stößt keinem Außenseiter etwas zu, was internationale Folgen haben könnte, ohne direkten Befehl und Zustimmung des Staatsoberhaupts, das ist in Nordkorea so, das ist in China so. Russland hat diese Art von unsicheren Kantonisten längst eliminiert. So etwas passiert einfach nicht. Mag sein, dass ein Geschäftsmann einen Konkurrenten ermorden lässt, aber wahrscheinlicher ist, dass er ihn beim Finanzamt hinhängt, wo man ihn dann wegen seines Reichtums erpresst. Aber Mord mit einer radioaktiven Substanz, die nur aus einer einzigen Quelle kommen kann, die zu isolieren, zu transportieren, zu verpacken selbst den Staat Millionen kostet, geschweige denn von der Ausbildung der Attentäter? Es ist unvorstellbar, dass das ohne Putins direkten Befehl passiert ist."

Für unsere *Panorama*-Sendung reiste ich nach Moskau und Sankt Petersburg, wo ich jedem, der mit mir reden wollte, meine Lieblingsfrage stellte: „Kann man Polonium 210 im Laden kaufen?" Meine damalige Freundin Tomiko Newson, später meine Frau und noch später meine Ex und heute ein Kumpel, kam damals in Moskau vorbei, auf eine Shopping-Tour, für den Fall, dass sie jemand beobachtete – sie spielte den Part wunderbar –, um unsere Aufnahmen nach Hause zu schaffen. Eines Abends sangen wir in unserem Hotelzimmer im Hotel Ukraina „Land of Hope and Glory", etwas, was mir in London nicht im Traum einfallen würde.

Auf Zutun von *Panorama* bekam ich ein Interview im Kreml mit Putins mächtigem Pressesprecher Dmitri Peskow. Da BBC Current Affairs ständig in Geldnöten ist, machte ich das Interview mit einem freien Kameramann und ohne Producer vom Sender. Um ehrlich zu sein, als ich vor der mächtigen roten Mauer des Kremls aufkreuzte, durch ein Tor ging und die Tür sich fast lautlos hinter mir schloss, wurde ich etwas nervös. Peskow trägt den Ansatz eines Nackenspoilers, einen Tausendfüßler von Schnurrbart und wirkt irgendwie traurig – er erinnert an den verzweifelten Footballmanager eines Vereins am Tabellenende, sagen wir mal Rotherham United. Sein Englisch ist fließend, nie laut. Er ist eher ein Stilett als ein Säbel. Und er lügt wunderbar. Ich sagte Peskow auf den Kopf zu, Litwinenko habe Putin auf seinem Blog einen Pädophilen genannt – und plötzlich stirbt er. Putin hat den Jungen auf den Bauch geküsst. Ist Putin pädophil?, fragte ich.

„Nein", sagte Peskow entschieden. Ich sah an seinem Blick, dass ihm die Frage so gar nicht schmeckte. Die BBC schnitt die

Frage denn auch raus. Der Fairness halber sei hier gesagt, dass Litwinenko keinen Beweis für seine Behauptung erbracht hatte, also legte ich mich damals wegen des Schnitts nicht mit dem Management des Senders an. Damals. Heute würde ich das tun. Immerhin zitierte ich Litwinenkos und Felshtinskys Buch *Eiszeit im Kreml*, das Putin rundheraus vorwirft, hinter den Sprengstoffanschlägen auf Moskauer Wohnblocks von 1999 zu stecken. Und dann wird dessen Co-Autor in London vergiftet? Ob die Story stimmt?, fragte ich Peskow.

Er antwortete: „Nein, das stimmt nicht. Was er da in dem Buch schrieb, der Vorwurf gegen Putin, den FSB, diese Wohnungen in Russland in die Luft gesprengt zu haben, hat nichts mit der Realität zu tun. Was sage ich, ich halte das, meiner ganz persönlichen Ansicht nach, für das Produkt eines üblen Gehirns."

Peskow lachte lautlos: Ich kenne das richtige englische Wort dafür nicht.
Sweeney: Krankes Hirn.
Peskow: Krankes Hirn, ja, eines kranken Hirns. Ich meine, das ist einfach ...
Sweeney: Geisteskrank?
Peskow: Nun, so wie ich das sehe, kann nur eine geisteskranke Person auf die Idee kommen, dass die russische Regierung Wohnungen ihrer eigenen Bürger in die Luft jagt.

Marina Litwinenko hatte mir gesagt: Ich kann nicht wirklich sagen, dass Putin Sascha getötet hat, aber ich kann sagen, dass Putin hinter allem steckt, was in Russland passiert. Damit konfrontierte ich Peskow.

Peskow: Ich antworte darauf direkt, Russland war das nicht. Und es ist absurd, an so etwas auch nur zu denken.
Sweeney: Das heißt, sie lügt, wenn sie das sagt?
Peskow: Wenn sie das so sagt, ja.

Sweeney: Sie lügt also?

Peskow: Ja. Wenn sie sagt, dass Russland Sascha getötet hat, dann ist es gelogen.

Sweeney: Sie hat also nichts zu befürchten, oder? Es wird ihr nichts passieren? Weil sie Kritik übt.

Peskow: Ich hoffe, die britische Polizei versteht ihre Arbeit. Sie lebt in London. Warum fragen Sie nicht die britischen Behörden, ob sie sicher ist oder nicht? Sie lebt nicht in Moskau.

Unsere *Panorama*-Sendung gab Litwinenkos Witwe das letzte Wort: „Es kann wieder etwas Schlimmeres passieren. Weil die Liste dieser Leute noch nicht fertig ist. Er war der Zweite auf Liste, der mit Polonium 210 getötet wurde. Okay, was werden sie nehmen, um eine andere Person zu töten? Atombombe? Könnten Sie mir sagen, bitte, was kommt als Nächstes?"

Die Antwort auf ihre Frage ist eine chemische Massenvernichtungswaffe, aber ich greife vor.

Die Ermordung Litwinenkos brachte Professor Norman Dombey auf den Gedanken, dass die russische Giftküche Polonium 210 wohl kaum zuerst gegen eine Zielperson im fernen England eingesetzt haben dürfte. So etwas probiert man doch erst mal zu Hause aus. So nahm er den merkwürdigen Tod des tschetschenischen Feldkommandeurs Lecha Islamow unter die Lupe, der eine neunjährige Haftstrafe in einem Moskauer Gefängnis verbüßte, als im April 2004 etwas Schreckliches passierte.

Von Achmed Sakajew, dem ehemaligen tschetschenischen Außenminister, erfuhr ich dazu Folgendes: „Am Abend bevor Islamow von seiner Gewahrsamszelle in Moskau in das Gefängnis verlegt werden sollte, in dem er den Rest seiner Haftstrafe absitzen sollte, hatte er zwei Besucher, Offiziere des FSB. Sie versuchten, ihn umzudrehen, aber er wollte nicht mit dem russischen

Nachrichtendienst arbeiten. Sie tranken zusammen Tee. Tags darauf, auf der Fahrt zum Hauptgefängnis, ging es ihm plötzlich furchtbar schlecht. Man brachte ihn ins nächste Krankenhaus in Wolgograd." Islamows Anwalt schilderte den Zustand seines Mandanten: „Er kann nicht mehr sprechen, sich nicht mehr bewegen, er ist völlig kahl, hat alle Haare verloren, seinen Bart, die Augenbrauen, seine Haut schält sich vom Kopf und von den Händen." Laut Sakajew zeigte Islamow die gleichen Symptome wie Litwinenko, nur akuter: „Lecha starb binnen zehn Tagen. Sascha [Litwinenko] hielt 23, 24 Tage durch, weil er im Krankenhaus war und die Ärzte dort um sein Leben kämpften."

Die zweite Vergiftung, die Professor Dombey verdächtig vorkam, war die von Roman Zepow, dem alten Sankt Petersburger Gangster, der Ljudmila Putina mal einen gestohlenen Smaragd geschenkt haben soll. Zepow hatte alle Geheimnisse des Vizebürgermeisters gekannt und angeblich das „Schwarzgeld" eines dankbaren Mobs eingesammelt und an Putin weitergereicht. Der amerikanische Nachrichtendienst-Analyst Paul Joyal erinnert sich, dass Zepow und sein Partner Wiktor Zolatow eine Sicherheits-Firma namens Baltic Escorts besaßen. In den 1990er-Jahren übernahmen sie im Auftrag der Stadt den Personenschutz für den Bürgermeister Sobtschak und seinen Stellvertreter Putin. Zolatow folgte Putin als dessen Bodyguard durch Moskau und erklomm den Gipfel der Macht als Chef seiner Prätorianergarde, der Rosgwardia oder Nationalgarde, und Mitglied des Russischen Nationalen Sicherheitsrats.

Zepow war auch bei der feierlichen Vereidigung Putins zum Präsidenten mit von der Partie. Im Herbst 2004 jedoch lief etwas schief.

Am 11. September 2004 besucht Zepow Kollegen in einer örtlichen Zweigstelle des FSB und trinkt dort eine Tasse Tee. Bald darauf fühlt er sich unwohl, muss sich übergeben, bekommt Durchfall, die Zahl seiner weißen Blutkörperchen sinkt jäh ab. Dann fallen ihm die Haare aus. Seine Haut zieht Blasen. Und schließlich stirbt er.

Ich sollte mir mal, so Professor Dombey, Folgendes vor Augen halten: „Wir haben drei Russen, die an einer Strahlenvergiftung gestorben zu sein scheinen: Juri Schtschekotschichin, Lecha Islamow und Roman Zepow. Und in allen drei Fällen deutet alles auf eine Verstrahlung, nur dass keine Strahlung zu messen war. So wie das, zunächst jedenfalls, bei Litwinenko war. Die russischen Diagnosen lauteten entsprechend auf ‚Ursache unbekannt'. Und so hatten Putin und Co. sich das auch im Fall von Litwinenko vorgestellt. Sie wollten zeigen, dass sie morden konnten, ohne auch nur die geringste Spur zu hinterlassen. Es hatte ja bereits dreimal geklappt. Was die drei Russen angeht, so können wir nicht hundertprozentig sicher sein, dass Polonium 210 im Spiel war, da im Gegensatz zu Aldermaston dort kein Mensch die Tests vornahm."

Die Logik des Professors besticht. Die Russen würden nicht hergehen und eine Waffe dieser Art gegen ein so prominentes Ziel in London einsetzen, ohne sie vorher zu testen.

Ein Jahr nachdem Litwinenko, der damals bereits die britische Staatsbürgerschaft hatte, einen so qualvollen Tod gestorben war, reagierte die britische Regierung darauf mit der Ausweisung von vier russischen Diplomaten. Es war dies ein derart läppischer Klaps auf die Hand, dass das - dreimal dürfen Sie raten - nicht das letzte vom Kreml gesponserte Attentat mit Massenvernichtungswaffen auf britischem Boden war.

Ich fragte Professor Norman Dombey, ob die britischen Behörden seiner Ansicht nach zu lange gebraucht hatten, um zwei und zwei zusammenzuzählen. Worauf Dombey meint: „Absolut, sie taten ja nichts. Es gab zu viele russische Millionäre, die in London Geld ausgaben. Ich denke, mehr ist dazu nicht zu sagen."

Nach Ansicht des amerikanischen Nachrichtenanalytikers Paul Joyal war der „Tipping-Point", dass Litwinenko Putin als Pädophilen bezeichnet hatte. „Es gab eine Menge Leute, die Litwinenko gern losgeworden wären. Aber wenn man sich ansieht, wie man ihn umgebracht hat, das war absolut entsetzlich. Letztlich hat ihn das Polonium von innen her schmelzen lassen. Und das Ganze sollte ja eigentlich gar nicht entdeckt werden."
Und man wäre um ein Haar damit durchgekommen.

Joyals Arbeitshypothese zufolge hatte Litwinenko Informanten beim KGB, die wussten, dass das Damoklesschwert irgendeines Themas mit seinem Sexualleben über Putin hing, während er auf seinen Einsatz in Übersee wartete. Und Litwinenkos Ansicht nach war dieses Problem Putins mutmaßliche Pädophilie. Joyal hat da noch eine andere Theorie: „Ich denke, es gab da bei Putin den einen oder anderen Vorfall sexueller Art, nicht mit Kindern, aber mit jungen Männern, und dass es dafür Belege gab. Er ist nicht zwangsläufig schwul. Das ist vielleicht zu stark ausgedrückt. In seinem Fall tippe ich darauf, dass es etwas mit Macht zu tun hat. Beim KGB wusste man davon, und so hat man ihn nicht nach Übersee, in den Westen, geschickt, sondern nach Ostdeutschland. Ich kann nicht glauben, dass eine Pädophilie tatsächlich belegt war. Wäre Putin pädophil, man hätte ihn auch nicht in Ostdeutschland eingesetzt."

Joyals Ansicht nach wäre es falsch, Putin kategorisch als schwul zu bezeichnen, das ginge ihm zu weit. Selbst bisexuell hält er für zu stark: „Ich weiß nicht, ob man tatsächlich von Attraktion sprechen kann, wie sie eine Bisexualität implizieren würde, oder ob seine Motivation nicht eher die Macht über einen Schwächeren ist. Es gibt Hinweise, dass Putin selber, als er jung war, Missbrauch erlitten hat. Vielleicht ist dieses Verhalten zum Teil eine

Art Rache. Mir sind da Vorfälle zu Ohren gekommen, die für mich darauf hindeuten, dass ihn eher Macht und Kontrolle motivieren als eine bestimmte Ausrichtung." Jeder - einschließlich Wladimir Putin - hat ein Recht auf seine eigene sexuelle Orientierung. Das Problem entsteht in einem Land, in dem der Präsident, der manchen Quellen zufolge möglicherweise bisexuell ist, Homosexualität grundsätzlich unter Strafe gestellt hat.

Was im Narrativ von Menschen, die es wagen, mit ihrem Wissen über Wladimir Putins Privatleben an die Öffentlichkeit zu gehen, als Nächstes passiert, lässt einem das Blut erstarren. Joyal erklärte es mir: „Ich hatte von Alexander Litwinenkos Tod auf einer Dinnerparty gehört, die ich bei mir zu Hause an Thanksgiving gab. Es rief jemand an. Und ich hatte General Kalugin und seine Gattin zu Gast, außerdem einen ehemaligen Außenminister einer ehemaligen Sowjetrepublik und einen prominenten russischen Regimekritiker. Als wir von Alexanders Tod erfuhren, diskutierten wir, was jetzt zu tun sei. Und das war der Augenblick, in dem ich mich zu einem Artikel entschloss, der unsere feste Überzeugung zum Ausdruck brachte, dass die russische Regierung ihn ermordet hat, und das auf die denkbar abscheulichste Weise. Dadurch kam ich dann auch zu *NBC Dateline*."

Sowohl Joyal als auch General Kalugin wirkten in der NBC-Doku mit, die Anfang 2007 ausgestrahlt wurde, als noch jede Menge Verschwörungstheorien darüber umherschwirrten, wie Litwinenko gestorben war. Joyal sagte mir dazu: „Die Russen streuten eine Menge Desinformation in Bezug auf seinen Tod: dass Beresowksi ihn umgebracht habe, dass man beim MI5 seiner müde geworden sei und ihn deshalb beseitigt habe. Es herrschte also allenthalben Verwirrung darüber, wer dafür verantwortlich war. Es gab da sogar eine Version der Russen, laut der er sich unabsichtlich *selbst* mit Polonium vergiftet habe."

Ich wusste, dass das stimmte, ich hatte ja bei der BBC die *Panorama*-Sendung gemacht. Unsere Schlussfolgerung war glasklar gewesen: Litwinenko war vom geheimen russischen Staat mit irgendeiner Art Reaktorgift ermordet worden. In London und Washington freilich waren da viele skeptisch, hatten Angst oder waren zu geschockt, um zwei und zwei zusammenzuzählen. Aber da ich 2000 in Rjasan und Tschetschenien gewesen war und Anna Politkowskaja gekannt hatte, bevor sie an Putins Geburtstag ermordet wurde, war ich, was den Kreml anbelangte, längst über alle Zweifel hinaus.

Die betreffende Episode von *NBC Dateline* schlug in dieselbe Kerbe: Russlands geheimer Staat habe Litwinenko liquidiert. An der *Dateline*-Sendung wirkte auch der *Times*-Reporter Daniel McGrory mit. Ich kannte Danny noch aus der Zeit, in der ich als Kriegsberichterstatter für den *Observer* auf Achse war. Er war ein ebenso tapferer wie guter Journalist, der sich seinen Spitznamen „McGrory The Story" redlich verdient hatte. Er hatte *NBC Dateline* ein Interview gegeben, in dem er Litwinenko als Opfer einer „vom Staat gesponserten Liquidierung" bezeichnete. Fünf Tage nach der Aufzeichnung dieses Interviews fand man ihn tot auf. Als ich Joyal darauf ansprach, meinte er: „Als ich erwähnte, dass Danny doch noch vor Ausstrahlung der Sendung in den Staaten umgekommen sei, meinte ein Freund zu mir: ‚Dann sei mal lieber sehr vorsichtig.' Ich sagte ihm: ‚Hör mal, mir wird nichts passieren.'"

Die Untersuchung eines britischen Gerichts kam zu dem Schluss, dass McGrory eines natürlichen Todes gestorben war, an einer Hirnblutung – ein Urteil, dem seine Familie sich anschloss. Die McGrorys gaben sich „durchaus zufrieden mit der Einschätzung der amtlichen Leichenschau, laut der er eines natürlichen Todes gestorben" war – dass mit anderen Worten ihr „geliebter Gatte und Vater nicht das Opfer eines Mordes" geworden sei. „Die

Behauptung, ein erfahrener Journalist sei in seinem eigenen Land von einer feindlichen ausländischen Macht exekutiert worden, ist eine außerordentlich ernste Angelegenheit. Wäre sie wahr, dann hätte das tiefgreifende Implikationen nicht nur für unsere Familie, sondern für den investigativen Journalismus in diesem Land und die internationalen Beziehungen überhaupt. Niemandem würde das größere Sorge bereiten als Daniel Mc Grorys Angehörigen und Freunden. Wir glauben jedoch nicht, dass die Behauptung, Daniel McGrory sei von russischen Agenten liquidiert worden, irgendeine faktische Basis hat. Medien, Politik und die Welt überhaupt sollten sehr vorsichtig sein, diese Behauptungen als Fakten zu wiederholen oder auf der Grundlage bestenfalls fadenscheiniger Indizien Nachforschungen anzustellen."

Ich fragte Paul Joyal, ob Danny McGrory ermordet worden oder eines natürlichen Todes gestorben sei. Er meinte dazu: „Also, ich weiß nicht. Die Frage bleibt definitiv offen. Ich finde jedoch ... also, man hat sich keine allzu große Mühe gegeben, die Frage definitiv zu klären."

Die russischen Nachrichtendienste mit ihren Laboren könnten eine Reihe von Giften perfektioniert haben, die eine Hirnblutung bewirken. Wenn man nicht von dieser Sichtweise ausgeht, wird man nie zu einer raffinierten Antwort auf die Frage kommen: Könnte er vergiftet worden sein?

Meine persönlichen Erfahrungen mit der Qualität der pathologischen Befunde britischer Untersuchungsrichter sind nicht gerade überwältigend. Zu oft musste ich feststellen, dass es ihnen an Ressourcen fehlt oder sie einfach zu establishmenthörig sind, um ihren Befunden zu trauen. Andererseits habe ich keine spezifischen Belege, die ich dem Befund der Leichenschau oder dem Glauben der Familie daran entgegenhalten könnte. Sie sind gute Leute und nicht auf den Kopf gefallen. Es besteht immer die Gefahr, einem Ereignis eine Ursache zu unterstellen, ohne solide Belege dafür zu haben. Man sollte sich da nicht zu voreiligen Schlüssen verleiten lassen.

Was also ist Danny McGrory wirklich zugestoßen? Um ehrlich zu sein, ich weiß es nicht.

Paul Joyals Ansicht, der Tipping-Point sei Alexanders Unterstellung, mit Putin würde ein Pädophiler im Kreml sitzen, schnitt man vor der Ausstrahlung raus. Joyal war der Meinung, die Russen hätten irgendwie ein Transkript der Langfassung seines Interviews in die Hände bekommen. Nicht, dass er mir erklären könnte, warum genau er davon so überzeugt ist, aber er hat eine solide und fundierte Theorie. Er führte weiter aus: „Als ich vier Tage nach der Ausstrahlung in meine Auffahrt einbog, im Dunkeln, im Regen, fielen zwei Männer über mich her, die im Gebüsch auf mich warteten. Ich stellte mich dem ersten, wurde aber dann von hinten angegriffen. Den ersten konnte ich ausschalten, ich schlug auf ihn ein, und der zweite schlug mir dann von hinten gegen die Schläfe. Ich fuhr herum und stellte mich ihm, griff ihn an und schlug ihn zu Boden. Und da sagte er zu dem anderen ‚erschieß ihn'."

Ein 9-mm-Geschoss durchschlug Joyals Darm und Blase; der Mann wollte ihm noch in den Kopf schießen, aber die Pistole hatte eine Ladehemmung. Und dann ging Joyals Hund mit der geballten Kraft seiner neunzig Kilo auf die Angreifer los, worauf sie davonliefen. Joyal hing dreißig Tage lang am Beatmungsgerät und musste die nächsten dreieinhalb Jahre über siebenmal unters Messer.

Die Männer, die ihn umzubringen versucht hatten, wurden nie gefasst.

Kapitel neun
Russlands größtes Potenzmonster

Stell Recherchen zu Wladimir Putins Privatleben an, und du wirst möglicherweise deines Lebens nicht mehr froh. 2021 organisierte ich eine Telekonferenz mit einem der tapfersten lebenden russischen Journalisten, Roman Badanin. Er gehört zu den Autoren der Website *Proekt* – russisch für „Projekt". Ich wollte mit Badanin über einen journalistischen Coup reden, der ihm gerade gelungen war, eine Geschichte über Putin und eine Geliebte und eine verheimlichte Tochter. Allein, Badanin meldete sich nicht, als ich ihn über die Zoom-Verbindung anzuwählen versuchte. Ich schaute auf Twitter nach, um vielleicht zu erfahren, was los war, und siehe da, ich stieß auf einen Tweet, aus dem hervorging, dass die Moskauer Polizei gerade dabei war, Badanins Wohnung auf den Kopf zu stellen. Das erklärte, warum er nicht ans Telefon ging. Dem nächsten Tweet konnte ich entnehmen, dass man ihn zum Verhör auf ein Moskauer Polizeirevier mitgenommen hatte. Das würde vielleicht erklären, sollte ich möglicherweise nie Gelegenheit bekommen, mich mit ihm zu unterhalten.

Und das machte mich krank vor Angst.

Natalia Pelewina ist eine Russin, eine ernst zu nehmende Kraft innerhalb der politischen Opposition und bekannte Kritikerin Wladimir Putins. Wie sie mir sagte: „Es gab Tage, da wusste ich einfach nicht, wie das Leben auf irgendeine normale Weise weitergehen konnte, nach den Dingen, die passiert waren. Es war einfach nur grausam. Der Schmerz, die Scham, das alles schien kein Ende zu nehmen."

Die Courage, die Natalia in ihrer Auseinandersetzung mit Putin an den Tag legte, forderte einen hohen Tribut, auch von ihrer persönlichen Würde, bis hin zu Suizidgedanken. 2016 wurden sie und Putins erster Premierminister Michail Kasjanow – er galt als ernsthafter Rivale des Präsidenten – von einer versteckten Kamera bei einem nächtlichen Liebesakt im Bett aufgenommen. Das *Kompromat*-Video beherrschte am Abend die Fernsehnachrichten und ist bis heute im Internet und auf YouTube zu finden. Natalia sagte: „Ich war am Boden zerstört. Meine Welt krachte zusammen, nichts blieb von ihr übrig, und ich wollte nicht mehr leben. Und ich übertreibe nicht, denn sie stellten mich ja nicht nur als eine ganz schlimme Person hin. Sie zeigten mich auch nackt. Sie zeigten mich auf eine für eine Frau unvorstellbare Weise. In der Folge bekam ich Mitteilungen von Leuten in aller Welt, die mir sagten, ihre Freundin habe sich nach einem ähnlichen Video umgebracht. Es gibt also Leute, die sich das Leben nehmen, wenn sie so bloßgestellt worden sind. Eine Zeit lang wollte ich nicht mehr leben."

Für Feinde Putins gibt es in Russland keine Privatsphäre. Wir wissen alles darüber, was sie im Schlafzimmer tun. Dagegen sind einfache Tatsachen über Wladimir Putin dem russischen Publikum unbekannt. Wie viele Kinder hat er? Mit wem? Und sind sie zufällig ungeheuer reich?

Sweeney: „Natalia, der russische Geheimdienst hat Sie mit einem Sexvideo bloßgestellt, ziemlich sicher auf Anweisung Wladimir Putins. Können Sie mir etwas über Wladimir Putins Liebesleben erzählen?"

Natalia: „Oh, wie gerne ich das täte."

Sie ist eigentlich Dramatikerin, in Russland geboren, aber schon in jungen Jahren nach Großbritannien übergesiedelt, um in London zu studieren. 2012 kehrte sie nach Russland zurück. Sie schrieb ein Stück über die Geiselnahme im Moskauer Theater, das, als es in Russland auf die Bühne kam, nach der ersten Vorstellung verboten wurde. Und da gibt es Leute, die meinen, die Londoner Theaterkritiker seien schlimm. Natalia ist eine so eloquente Kritikerin des russischen Regimes, dass die Polizei zweimal ihre Wohnung durchsuchte und ihren Computer und ihre Handys beschlagnahmte.

Das *Kompromat*-Video war jedoch viel, viel schlimmer: „Das auf dem russischen Propagandakanal NTV ausgestrahlte Video zeigte Kasjanow und mich im Schlafzimmer unserer damaligen gemeinsamen Wohnung. Sie hatten die Kamera in der Wand installiert. Wir waren sehr deutlich zu sehen. Wir hatten keine Ahnung, dass die so weit gehen würden. Damals, als ich 2012 nach Russland kam, um gegen das Regime zu kämpfen, wussten wir nicht, dass Wladimir Putin sich zu so einem Ungeheuer entwickeln würde, dass wir am Ende nackt im Fernsehen gezeigt würden, beim Sex."

Wer war dafür verantwortlich – ich meine nicht den Techniker, sondern wer in der Chefetage der russischen Politik gab den Befehl, das zur besten Sendezeit im russischen Fernsehen zu zeigen?

„Na ja, Kasjanow und ich glauben, dass Putin grünes Licht dafür gegeben haben muss; er hatte ganz sicher ein Wort dabei mitzureden, weil Herr Kasjanow nicht nur ein ehemaliger Premierminister ist, sondern er war Putins erster Premierminister, sie arbeiteten zusammen. Dass der FSB losgehen und so etwas ohne [Putins] Okay machen würde, ist undenkbar. Aller Wahrscheinlichkeit nach war es nicht seine Idee. Aber als ihm diese Idee vorgelegt wurde, sagte er Ja. Und dann erledigte der FSB den Rest."

Ich sagte Natalia, dass es mir für die beiden als Paar und für sie als Mensch leidtue und dass Leute, die so etwas machten, widerwärtig seien. Sie antwortete: „Danke. Ich weiß das zu schätzen.

Ja, ich pflichte Ihnen bei, dass sie widerwärtig sind und dass Menschenleben ihnen nichts bedeuten, von menschlichen Beziehungen und Menschenwürde gar nicht zu reden. Menschliche Würde ist ihnen fremd. Ich wollte ihnen nicht den Gefallen tun, mich von ihnen total vernichten zu lassen; deswegen musste ich mich durch diese schreckliche, grauenvolle Realität durchkämpfen, in der Hoffnung, dass es am Ende dieses Tunnels wieder ein bisschen hell wird."

Der Herrscher im Kreml streitet all das ab, aber seine Kritiker zweifeln nicht daran, dass er Methoden der Bloßstellung nutzt, um das Leben anderer zu zerstören. Dagegen bleibt sein eigenes Leben hinter einer Mauer des Schweigens verborgen. Der Kontrast und, ja, die himmelschreiende Scheinheiligkeit wären erheiternd, wenn da nicht die verhängnisvollen Folgen für die Opfer wären.

Putin lässt das Bild von sich, das er der Öffentlichkeit präsentiert, facettenreich retuschieren. Vergessen Sie die stilisierte Sonne, die Nordkoreas feisten Despoten Kim Jong-Un einrahmt, oder die den Hohepriester der Scientology-Kirche anhimmelnden Hollywoodstars – der Personenkult um Wladimir Putin ist der opulenteste, am luxuriösesten finanzierte der Welt. Wie für alle großen Lügen gilt aber auch für diese, dass sie einige wahre Kerne enthält.

Es kommt auf das Publikum an. Ich habe die von der Propagandamanufaktur des Kremls ausgespuckten Bilder immer und immer wieder studiert: Putin oben ohne auf einem Pferd reitend, Putin oben ohne beim Angeln, Putin in einem gerade unter die Wasserlinie sinkenden Tauchboot, fast wie das Klischeebild des ewigen Bond-Widersachers auf dem Weg zu seinem Hauptquartier auf dem Meeresgrund; Putin beim Picknick mit seinem Kumpel, Verteidigungsminister Sergei Schoigu, Putin beim Schmetterlingsschwimmen in einem eiskalten sibirischen See. Nichts von alledem reißt mich vom Hocker. Für mich sieht es so aus, als hätten wir es hier mit einem Menschen zu tun, der eine stinknormal unglückliche Kindheit ohne Liebe hatte, der Angst hat, verspottet und ausgelacht zu werden, der der Welt zeigen will, dass er der Herr von allem ist, was er überblickt, der aber einfach nur wie ein kleiner rachsüchtiger Junge rüberkommt. Anderseits bin ich nicht sein Zielpublikum.

Immer wieder mal kommt es vor, dass den Imagepflegern im Kreml etwas durchrutscht und hinter dem retuschierten Bild eine Facette des realen Putin zum Vorschein kommt. 2013 zeigten ihn Schnappschüsse beim Handschlag mit einem Walross und beim Füttern von Delfinen: alles drehbuchmäßig. Dann besuchte er eine Elementarschule in Kurgan im Ural und zeichnete vor den Augen einer Klasse etwas an die Tafel. Eines der Kinder fragte, was es sei, und Putin antwortete: „Es ist eine Katze. Von hinten." Er hatte den After einer Katze gezeichnet. Das ist für mich das authentischste Abbild von Wladimir Putins unsterblicher Seele.

Die Image-Manufaktur veröffentlichte sogar einen Popsong, eine Lobeshymne auf Putin. Stellen Sie sich vor, Sie würden nach der Einnahme einer gepanschten Bewusstseinsdroge einen suboptimalen ABBA-Riff ins Ohr kriegen, dann haben Sie eine ungefähre Idee davon, wie das Ding klingt. Der Text ist noch schlimmer:

Ich will einen Mann wie Wladimir Putin, der voller Feuer ist.
Ich will einen Mann wie Wladimir Putin, der nicht trinkt.
Ich will einen Mann wie Wladimir Putin, der mich nicht nervt.
Ich will einen Mann wie Wladimir Putin, der aufsteht und kämpft.

Charlie Walker, Soziologe an der Southampton University, kennt seine russischen Pappenheimer, und er gibt zu bedenken, dass mein Putin, nennen wir ihn mal Wladi den Puckligen Puckmuckel, vielleicht nicht ganz dem Bild entspricht, das viele Russen von ihrem Präsidenten haben. „Das ist für einen sehr traditionalistischen Markt bestimmt. Diese supermaskulinen Exhibitionen, die Putin aufführt, reichen in die Vergangenheit zurück, zu seinen Anfängen als Präsident. Der Putin-Kult begann damit, dass er während des Zweiten Tschetschenienkrieges Flugzeuge und Hubschrauber flog. Als er Präsident wurde, lancierte der Kreml ein neues Narrativ. Putin war darin dieser ‚Mann der Tat', den Russland dringend brauchte nach dieser langen Zeit unter Führung von Boris Jelzin, der als Hampelmann rüberkam, der das Land an den Westen verscherbelt hatte. Das Land war außer Kontrolle. Jelzin war körperlich und persönlich außer Kontrolle. Jetzt aber taucht Putin auf, und seine Beliebtheitswerte schießen in die Höhe, nicht zuletzt dank dieses ‚Mann der Tat'-Kults, den seine PR-Mannschaft projiziert. Und wenn wir ihn dann auf dem Pferd sehen und beim Angeln, ist das ein bewusster Versuch, dem Mann und der Frau auf der Straße, um es mal so zu sagen, zu imponieren; diese gleichsam nach außen gerichtete Männlichkeit, die er ausstrahlt, ist etwas, mit dem sich die meisten Russen identifizieren können, besonders Männer aus der Arbeiterschicht, die als Soldaten gedient haben, Leute, die in der sowjetischen Periode aufgewachsen sind und von denen die meisten Wehrdienst geleistet haben. Daher: Mit Freunden angeln gehen, an einem Lagerfeuer am Ufer eines Sees Schaschlik oder Fisch braten. In Interviews sagt Putin, wenn er in der Natur unterwegs ist: ‚Ich fühle mich den russischen Menschen sehr verbunden. Ich fühle mich den einfachen Leuten sehr nahe. Ich habe mich selbst nie als Teil einer Elite gesehen.' Und diese Körperlichkeit, das Reiten oben ohne, das Angeln, die Männlichkeit, das sind Sachen, mit denen sich die Leute sehr leicht anfreunden können."

Wie hat dieser Putin-Kult angefangen?

Charlie Walker: „Gleb Pawlowski war sein erster PR-Mann, als er sich als Präsidentschaftskandidat positionierte und die Wahl dann gewann. Pawlowski propagierte aktiv, was er selbst den Putin-Kult nennt. Es sind sicher nicht die Eliten oder die Intellektuellen, auf die er abzielt."

Zarina Zabriski, die in Russland geborene Romanautorin, die in den USA lebt, kann nicht nach Russland zurück, weil das Putin-Regime sie zur Terroristin erklärt hat. Ihre Antwort darauf?

„Ich bin absolut keine Terroristin, aber ich bin Schriftstellerin, und Schriftsteller sind gefährlich." Zarina hat eine Studie über das Privatleben Wladimir Putins geschrieben. Fangen wir mal mit Putins Ex-Ehefrau Ljudmila Putina und den beiden gemeinsamen Töchtern an. Sie sind außerordentlich vermögend, ohne dass es eine legitime Erklärung für ihren Reichtum zu geben scheint. Zu Ljudmilas Verfügungsmasse gehört angeblich ein berühmtes Stadtpalais in Moskau, das einst der Familie Tolstoi gehörte und Jahr für Jahr Mieteinnahmen in Millionenhöhe abwirft. Es heißt, ihr gehörten Firmen und Vermögenswerte überall in Russland, darunter ein Haus in Kaliningrad, das sie vermietet.

Vor dem Einmarsch in die Ukraine 2022 war sehr wenig über die Töchter Putins bekannt, Maria Woronzowa und Katerina Tichonowa. Wie Zarina mir 2021 erzählte: „Erstens einmal hören wir immer nur von angeblichen Töchtern, weil er sie nicht öffentlich anerkennt und beide unterschiedliche Nachnamen tragen. Erst vor Kurzem sind sie beim Sankt Petersburger Wirtschaftsforum aufgetaucht und wurden wie Prominente erster Klasse behandelt, als wären sie Zarentöchter."

Was sie in gewisser Weise ja auch sind.

Die Anomalie an der Sache – und im investigativen Journalismus sind Anomalien ja immer der Punkt, an dem man ansetzt – ist die, dass da zwei junge Frauen auftauchen, die keine unternehmerische Vergangenheit mitbringen, nichts, woraus man ersehen könnte, wie und womit sie eine Menge Geld verdient haben, die aber wie Königskinder behandelt werden. Weil sie die Töchter von Putin sind. Alle drei Frauen sind nach allen gängigen Maßstäben unanständig reich, eher Milliardärinnen als Millionärinnen. Ferien in Biarritz, Hochzeitsfeiern in Italien, Paläste in Russland. Aber Geld allein macht nicht glücklich.

Putin beschützt seine Töchter mit Zähnen und Klauen. Die ältere, Maria, ist mit dem niederländischen Geschäftsmann Jorrit Faassen verheiratet. 2010 gerieten Faassen und Maria in ein Straßenscharmützel mit dem russischen Bankier Matwej Urin. Die vier Leibwächter des Bankiers stoppten Faassens Auto und verprügelten den Holländer mit Baseballschlägern; Maria konnte nur hilflos zuschauen. Urin war Miteigentümer der Trado-Bank, ehemaliger Geschäftsführer der Breeze-Bank und mit vier weiteren Moskauer Banken verbunden. Eine halbe Stunde nach dem Zwischenfall landete Urin in einer Zelle, verbrachte die nächsten acht Jahre im Knast, büßte sein gesamtes Vermögen ein, und alle sechs Banken, an denen er beteiligt war, gingen pleite.

Natalia Pelewina empfindet für Ljudmila Putina ein gewisses Mitgefühl. Putin ließ sich von ihr nach 30 Jahren Ehe scheiden. „Sie sah nie wie eine glückliche, zufriedene Frau aus. Ich vermute, dass wir jetzt den Grund kennen. Wie herausgekommen ist, hatte er eine ganze Reihe von Affären. Erst vor Kurzem sind neue Enthüllungen über seine vermutlich erste Geliebte nach seinem Aufstieg zum Präsidenten aufgetaucht, Swetlana Kriwonogich."

Hat Swetlanas Nachname eine Bedeutung?, frage ich Natalia, und sie sagt: „Krumme Beine."

Ich erkläre ihr, dass ich absolut kein Talent für die Aussprache russischer Namen habe und die Dame der Einfachheit halber „Frau Krummbein" nennen werde, was Natalia mit einem Lachen quittiert. Ich schaue sie vorwurfsvoll an und sage: „Du hast zu viel Spaß da dran, Natalia. Schäm dich."

Worauf sie antwortet: „Ich darf das."

Die Moskauer Polizei ließ Roman Badanin frei, sodass ich mich schließlich doch mit ihm treffen konnte. Er war in die Bredouille geraten, weil er und seine Mitarbeiter von der investigativen Website *Proekt* eine Geschichte über Putins Liebesaffäre mit Swetlana Kriwonogich, „Frau Krummbein", recherchiert hatten. Wie Badanin mir erklärte: „Eine Reportage über Herrn Putins persönliches Leben oder über seine persönlichen Vermögensverhältnisse zu schreiben, ist in Russland wirklich gefährlich. Es ist nicht so, dass direkt nach Erscheinen des Artikels die Polizei hinter dir her ist. Es kann ganz anders laufen. Wir wissen nicht, wie, aber glauben Sie mir, es ist für Journalisten ein gefährliches Thema."

Badanin stolperte über Putins Affäre mit Frau Krummbein, als er an einer anderen, deutlich weniger interessanten Geschichte arbeitete. Er lernte dabei einen Kreml-Insider kennen, der zu redselig war. „Und dann kam der Augenblick, in dem dieser Gewährsmann sagte: ‚Hey, Jungs, Frau X. ist nicht die wichtigste Figur in dieser Geschichte. Soviel ich weiß, hat sie eine gute Freundin, und diese junge Dame hatte eine Affäre mit Herrn Putin, die zur Geburt eines Kindes führte.' Und als er das gesagt hatte, hielt er inne, merkte, dass er etwas Gefährliches gesagt hatte, und sagte keinen Ton mehr."

Für Badanin und seine Kollegen war das der Startschuss für die Suche nach Putins heimlicher Geliebter und ihrem Kind. Sie hatten noch keinen Namen, stießen jedoch auf weitere Hinweise. Aus einer Quelle erfuhren sie, dass Putins Geliebter angeblich ein Fünf-Prozent-Anteil an der Bank Rossija – in den Augen der US-Geheimdienste Putins Sparschwein – gehörte, was einem Buchwert von etlichen Millionen Dollar entspräche. Die *Proekt*-Leute durchstöberten die Geschäftsberichte der Bank und stießen auf einen weiblichen Namen, Swetlana Kriwonogich, Inhaberin eines fünfprozentigen Aktienanteils. Was freilich fehlte, war ein Hinweis auf eine Verbindung zu Putin. „Es war nicht einfach. Aber wir schafften es, einen Gesprächstermin bei zwei ranghohen Putin-Vertrauten aus den frühen 2000er-Jahren zu bekommen. Natürlich redeten sie unter der Bedingung der Anonymität. Was wir von ihnen erfuhren, war sensationell. Ich erinnere mich an das erste Treffen, bei dem wir sehr lange über unverfängliche Sachen redeten: Banken, Geld, solche Dinge. Und dann stellte ich die Frage: ‚Wissen Sie etwas über eine Anteilseignerin an der Rossija-Bank, die fünf Prozent hält, eine Frau Kriwonogich?' Und er sagte: ‚Natürlich, aber was ich weiß, werde ich euch nie sagen.'"

Krach, bumm!

Badanin kicherte: „Der Durchbruch kam, als wir die Geburtsurkunde für die Tochter von Frau Kriwonogich ausfindig machten. Das Mädchen kam in den frühen 2000er-Jahren auf die Welt, ihr Name ist Elisaweta oder Lisa Kriwonogich. Der Vorname des Kindsvaters war Wladimir, aber auf der Geburtsurkunde war der volle Name des Vaters nicht eingetragen, das Feld war leer. Dann fingen wir an, in den sozialen Medien nach der Tochter zu suchen, nach Lisa Kriwonogich. Das war nicht einfach, denn sie benutzte in den sozialen Medien ein Pseudonym, Luisa Rozova. Nach langem Suchen gelang es uns endlich, Bilder von ihr zu finden. Das Mädchen ist Wladimir Putin wie aus dem Gesicht geschnitten. Das war ein Knaller."

Das *Proekt*-Team nahm Kontakt zu einem Experten für Gesichtserkennung von der Bradford University auf, Hassan Ugail.

Er kam zu dem Ergebnis, dass Lisa „eine phänomenale Ähnlichkeit mit dem russischen Präsidenten aufweist". Der Name von Swetlana Kriwonogich, die in den späten 1990er-Jahren noch als Reinigungskraft gearbeitet hatte, tauchte später in den sogenannten Pandora Papers auf, als Eigentümerin einer auf einen Wert von 4 Millionen Dollar taxierten Wohnung in Monaco. *Proekt* hat ein brillantes Exempel investigativer journalistischer Recherchearbeit statuiert, und das in einem der weltweit wohl ungesündesten Umfelder für investigativen Journalismus. Für die Wohlsituiertheit von Frau Krummbein und ihrer Tochter gibt es keinerlei Erklärung. Die Indizienlage führt zu dem zwingenden Schluss, dass der Präsident der Russischen Föderation, Wladimir Putin, eine Affäre mit Swetlana hatte, dass sie seine Geliebte war, dass sie ein Kind von ihm bekam und dass Mutter und Kind heute in unermesslichem Reichtum leben. Die einzige logische Erklärung für ihren Wohlstand ist das korrupte System Putin.

Roman Badanin schnüffelte nicht in Putins Privatleben, sondern folgte der Spur des Geldes. „Wir konzentrierten uns zunächst einmal auf sein gesetzwidriges, auf zweifelhaften Wegen erworbenes Vermögen. Zu einem bestimmten Zeitpunkt in den 1990er-Jahren war Swetlana Putzfrau. Dann wurde sie eine der reichsten Frauen von Sankt Petersburg."

Badanin und sein Team wissen, dass es für sie sehr gefährlich werden kann, wenn sie solche Geschichten über Putins eklatante Machtmissbräuche veröffentlichen. Ich erzählte Badanin von meinem Zusammenstoß mit der Scientology-Kirche 2007, deren Kritiker Rick Ross mich vor deren Taktiken warnte – vor „laut hinausposaunten Strafanzeigen. Die wollen dir Angst einjagen. Sie wollen dir zu verstehen geben, dass sie dich im Visier haben. Ist das bei den geheimen russischen Staatsorganen ähnlich?"

Badanin: Natürlich. Es gehört zu ihrem Einmaleins, dass sie versuchen, einem Angst zu machen.

Sweeney: Warum haben Sie keine Angst, wenn Sie doch selbst sagen, dass diese Geschichte gefährlich ist? Warum machen Sie mit dem, was Sie tun, weiter?

Badanin: Ich bin wirklich zutiefst der Überzeugung, dass Journalismus, investigativer Journalismus, wie wir ihn machen, die russische Gesellschaft für alle, die in diesem Land leben, positiv verändern kann. Also: Ich glaube an den Journalismus, und ich mag ihn.

Sweeney: Was seltsam anmutet, ist, dass Leute, die Wladimir Putin Ärger gemacht haben, vorgeführt werden, angefangen beim Generalstaatsanwalt Juri Skuratow und bis hin zu Michail Kasjanow. Die haben wir im Bett gesehen. Bei Skuratow war es ein *Kompromat*-Video, das ihn angeblich im Bett mit zwei Prostituierten zeigte, bei Kasjanow war es eine Bettszene mit seiner Geliebten. Wir wissen also einiges über das Sexleben seiner Gegenspieler, aber nichts über Putins eigenes.

Badanin: Haha. Ja, das ist der springende Punkt.

Es gibt eine zweite Geliebte.

Von Natalia Pelewina haben wir erfahren: „Wladimir Putins berühmteste angebliche Geliebte ist Alina Kabajewa, eine erfolgreiche Sportgymnastin, die bei Olympischen Spielen Gold- und Bronzemedaillen errang. Es heißt, die Beziehung laufe schon viele Jahre. Angeblich haben sie etliche Kinder miteinander. Wie viele, darüber haben wir derzeit keinen Überblick mehr. Wir haben von einem Sohn gehört, der um 2007 herum geboren ist, denn um diese Zeit herum tauchten im Internet einschlägige Fotos auf. Jemand postete ein Bild von Alina Kabajewa, das sie schwanger zeigt. Dann verschwand sie aus dem Rampenlicht. Tauchte einfach ab und ward nirgendwo gesehen."

Putin hat also einen Sohn – angeblich. Und nicht nur das. Wie Natalia weiter erzählte: „Dann bekam sie, wie man hörte, noch ein Kind, zwei Jahre später, wieder einen Sohn. Und dann hat sie vor ganz kurzer Zeit Zwillinge geboren. In einem Zeitungsartikel hieß es, sie sei in einer Klinik in Moskau mit Zwillingen niedergekommen, aber die ganze Klinik war so gut wie leer geräumt von Patienten, während sie dort war, damit gewöhnliche Sterbliche sie nicht zu Gesicht bekamen."

Was wir sicher wissen, ist, dass die Zeitung *Moskowski Korrespondent*, die Alexander Lebedew gehört, dem einstigen KGB-Oberst, dessen Sohn Jewgeni von Boris Johnson den Titel eines Baron Siberia verliehen wurde, im April 2008 meldete, Alina Kabajewa sei mit Putin verlobt. Das Salz in der Suppe dieses Gerüchts war, dass Putin zu der Zeit offiziell noch mit Ljudmila verheiratet war; die beiden wurden erst 2013 geschieden. Die Verlobungs-Meldung wurde dementiert, die Zeitung dichtgemacht, und für Alexander Lebedew lief es einige Jahre lang überhaupt nicht gut. Seine Bank wurde von den Steuerbehörden gefilzt, seine Eigentumstitel drohten ihm entzogen zu werden. Das Vermögen des einstigen KGB-Mannes sank wie ein ins Wasser geworfener Stein von einigen Milliarden auf ein paar Hundert Millionen Dollar. Als er einmal in einem russischen Fernsehstudio einem anderen Gast der Sendung einen Fausthieb versetzte, zeigte der Staat ein ungewöhnliches Interesse an der Posse, mit der Folge, dass Lebedew zu gemeinnütziger Arbeit verurteilt wurde. Alles nur, weil der Herrscher im Kreml „not amused" war über das seltene Beispiel einer medialen Einsichtnahme in sein Privatleben? Genau das vermute ich.

Nachdem die Geschichte die Runde gemacht hatte, erklärte Putin: „Ich habe es noch nie gemocht, wenn sich irgendwelche Rotznasen mit erotischen Fantasien in das Privatleben anderer Leute einmischen."

Liebes Glashaus, der Steinewerfer des Kremls lässt grüßen. Im März 2015 konnte man lesen, Frau Kabajewa habe in der Clinica Sant'Anna, einer exklusiven Entbindungsklinik für die Reichen und Superreichen im Tessin, eine Tochter zur Welt gebracht. 2019 gebar sie Berichten zufolge im Moskauer Kulakow-Forschungszentrum für Geburtshilfe männliche Zwillinge. Die aktuell beste Zählung von Putins Kinderschar ergibt: 2 Töchter mit Ljudmila, eine Tochter mit Frau Krummbein und 3 oder 4 Kinder mit der Gymnastin Alina, macht in Summe 7 oder 8. Genau weiß es niemand. Schwarz auf weiß: Swetlana Kriwonogich und Alina Kabajewa haben Gerüchte über eine Liebesbeziehung zu Wladimir Putin weder bestätigt noch dementiert, haben nie bestätigt oder bestritten, Kinder von ihm zu haben, und haben nie bestätigt oder geleugnet, zu unerklärtem Wohlstand gekommen zu sein. Kabajewa wurde außerdem in ihrer Zeit als aktive Leistungssportlerin der Einnahme leistungssteigernder Mittel überführt, hat also eine Vorgeschichte der Unredlichkeit. Wie das *Wall Street Journal* im April 2022 berichtete, hatte das US-Finanzministerium ihren Namen auf eine Liste enger Putin-Freunde gesetzt, gegen die Wirtschaftssanktionen verhängt werden sollten, doch der Nationale Sicherheitsrat der USA hatte ihren Namen umgehend aus der Liste gestrichen, angeblich weil er eine „aggressive Reaktion" Putins befürchtet. Es gehört zu meinem Job als Reporter, dass ich zu verstehen versuche, was Menschen dazu bewegt, das zu tun, was sie tun – indem ich gleichsam in ihre Haut schlüpfe. Wenn Beamte Sanktionen abblasen, um einen Serienmörder wie Wladimir Putin nicht zu verärgern, könnte ich vor Wut platzen.

Viele einfache Russen nutzen das Internet eher wenig, erst recht nicht zum Besuch „gefährlicher" Websites wie *Proekt*. Die Abwürgung eines freien und unabhängigen Markts für Massenmedien gehört zu den großen Erfolgen, die Putin auf dem Weg zur Zombiefizierung Russlands eingefahren hat. Fast niemand wagt Fragen nach Putins Frauengeschichten, oder vielleicht auch seinen Männergeschichten, zu stellen; die wenigen, die es tun, müssen sich durch ein Labyrinth der Angst kämpfen.

Noch einmal zurück zu Natalia Pelewina, der vom Kreml mit einem Sexvideo bloßgestellten Schriftstellerin, die den Mut fand, sich durchzukämpfen. Sie kennt die düstere Wahrheit, dass die meisten Menschen in Russland den Kopf gesenkt halten aus Furcht davor, dem amtierenden Zaren unangenehm aufzufallen. „Die Leute haben Angst, etwas über Putin zu sagen, sogar im Internet. Sie meinen, es würden Maßnahmen gegen sie ergriffen. Sie lesen Dinge über Oppositionelle, die verhaftet, vergiftet, ermordet werden. Dieses Los wollen sie nicht teilen. Sie erkennen sehr wohl, dass die Regierung gegen jeden vorgeht, der sie öffentlich kritisiert oder die Wahrheit über sie sagt. Sie wollen am Leben bleiben und nicht im Gefängnis landen. Das ist verständlich."

Das Problem ist, dass es viel zu viele Russen - in Russland lebende ebenso wie ins Auslandsexil gegangene - auch teuer zu stehen kommt, sich *nicht* mit Putin anzulegen.

Kapitel zehn
Mr. Pleonexia

In den heiligen Schriften der Church of Putinology wird der russische Präsident als eine Art Mönch dargestellt, der keine Zeit für ein Privatleben hat, weil er sich unermüdlich um die Nöte seiner Nation kümmert. Und er sei ein ganz gewöhnlicher Mann, der hart gegen die Fettsäcke durchgreife, die die ganz gewöhnlichen Russen betrügen.

Und wehe dem, der diese düstere Fantasie offen infrage stellt, indem er zu sagen wagt, dass Putin in Wirklichkeit der Anführer eines Systems ist, das die gewöhnlichen Russen ausplündert bis auf die Knochen. Michail Chodorkowski war einmal der reichste Mann in Russland, weil er zu einem frühen Zeitpunkt eine Bank gegründet hatte – früher unter dem Namen Menatep – und dann in den 1990er-Jahren zu Spottpreisen einen Großteil der sibirischen Ölfelder und die Ölfirma Yukos aufgekauft hat. Nachdem er das geschafft hatte, entdeckte er den ehrlichen Kapitalismus für sich. Als sich Putins Griff um die Macht verstärkte, griff er den Herrn des Kremls im Februar 2003 mit beiden Fäusten an, oder besser gesagt, mit einer Powerpoint-Präsentation. Die Autorin Masha Gessen, die sich schon zu einer Zeit bestens mit Putin und seiner Gier auskannte, als das noch nicht Mode war, hat einen Artikel für die Zeitschrift *Vanity Fair* über diese Powerpoint-Präsentation geschrieben, die ihren Verfasser den größten Teil von 15 Milliarden US-Dollar kostete – so hoch war sein geschätztes Vermögen zu seiner besten Zeit.

Folie sechs, so berichtet Gessen, trug den Titel „Korruption kostet die russische Wirtschaft 30 Milliarden Dollar pro Jahr". Folie acht zeigte, dass sich Hochschulabsolventen mit gutem Abschluss mit einem Verhältnis von zwei Bewerbern pro ausgeschriebener Stelle in der russischen Ölindustrie bewerben, während in der staatlichen Finanzverwaltung das Verhältnis vier zu eins und im gesamten öffentlichen Dienst elf zu eins ist. Der Grund, so Chodorkowski, liegt in den Möglichkeiten, das System zu „melken".

Putin rang sich angesichts dieser Aussagen ein falsches Lächeln ab, was nie ein gutes Zeichen ist. Wenig später wurde Chodorkowskis Ölfirma Yukos durchsucht, ihre Vermögenswerte gestohlen, die Angestellten schikaniert. Einige von ihnen starben bei mysteriösen Unfällen; Chodorkowski selbst verbrachte die nächsten zehn Jahre in einem sibirischen Knast. Und zwar nicht etwa in einem normalen Knast, sondern in einem Arbeitslager, das an ein Uranbergwerk angeschlossen ist. Der einst reichste Mann des Landes saß oft in einer eiskalten Einzelzelle, weil er unsinnige Regeln „verletzt" hatte. Zusätzlich war ihm die Geheimpolizei auf den Fersen. Im Jahr 2006 zerschnitt ihm ein Mithäftling namens Alexander Kuchma im Schlaf das Gesicht. Später gab Kuchma zu, dass er den Befehl dazu von rätselhaften Agenten bekommen hatte, die in der Strafkolonie ein und aus gingen und ihn geschlagen und bedroht hatten. Ursprünglich hatte er ausgesagt, er habe Chodorkowski wegen homosexueller Annäherungsversuche bestrafen wollen. Man fragt sich, wer ihm das vorgesagt hatte.

Michail Kasjanow, der erste Ministerpräsident unter Putins Herrschaft, der später mithilfe von kompromittierendem Material diskreditiert wurde, bezeichnete die Zerschlagung von Yukos als Wendepunkt. „Die Geschäftswelt stand auf der einen Seite, der Präsident auf der anderen. Die Grenzen waren klar gezogen. Dieser Tag markiert eine Zeitenwende."

Von dem Moment an, da Chodorkowski sich direkt mit Putin anlegte, wurde es zu einem persönlichen Risiko, für Yukos zu arbeiten. Der britische Anwalt Stephen Curtis versuchte, so viel Geld wie möglich zu retten, als der russische Staat anfing, Yukos auszuhöhlen. Er war Geschäftsleiter der Menatep-Gruppe, die eine Mehrheit der Yukos-Aktien besaß, und das Pendeln zwischen London und seinem Schloss aus dem 19. Jahrhundert auf der Isle of Portland in Dorset erledigte er mit einem Augusta-Hubschrauber, einem der sichersten Hubschrauber der Welt. Eines Tages bemerkte er zu einem alten Freund: „Wenn mir in den nächsten Wochen etwas passiert, war es sicher kein Unfall."

Es war ein Unfall, jedenfalls nach Aussage der britischen Behörden. Der Hubschrauber mit dem Piloten Max Radford und Curtis an Bord stürzte im März 2004 beim Anflug auf den Flughafen Bournemouth ab. Die offiziellen Erklärungen konnten nicht jeden überzeugen. Ein Freund von Radford, sein Pilotenkollege John Hackney, sagte der *Daily Mail*: „Ich habe Max am Morgen des Unfalls noch gesehen. Er hatte gerade diesen schönen neuen Heli bekommen, ein sehr hübsches Gerät mit allen neuen Navigationshilfen. Und er sagte, er hole einen Typen in London ab. Ich ging den Rest des Tages meinen Geschäften nach, und auf dem Heimweg am Abend hörte ich dann von dem Unfall."

Der Augusta war ganz neu, das Wetter war nicht besonders schlimm, und Max Radford war ein erfahrener, grundsolider Pilot. Hackney brachte in dem Interview seine Zweifel zum Ausdruck: „Wir hatten den Verdacht, dass da etwas faul war. Am Tag der Beerdigung redeten wir immer noch darüber und sagten alle dasselbe: Das war kein Unfall. Zu seinem Dad sagten wir alle, solange wir leben, werden wir diese Geschichte niemals glauben."

Die anderen Oligarchen verstanden die Botschaft.

Wenn der Boss mit den Fingern schnippt, bückt man sich so tief wie möglich. Es gibt ein Video von Putin, wie er die Leiter einer großen Zementfabrik rundmacht, weil die Fabrik geschlossen wurde und Tausende arbeitslos wurden. Der größte Fettsack im Raum ist der Milliardär Oleg Deripaska, ein ziemlicher Gangster (laut dem US-Finanzministerium, das ihm 2018 untersagte, in die USA einzureisen, weil es ihn neben anderen Dingen der Geldwäsche bezichtigte). Er sitzt da in Anzug und Krawatte, während Putin als Mann des Volkes in Jeans und Bomberjacke auftritt und die Chefs wegen ihres „Ehrgeizes, ihrer Inkompetenz und puren Gier" angreift, die „vollkommen inakzeptabel" sei. Jede Sekunde dieser sehr öffentlichen Demütigung wird von den kremltreuen Fernsehkameras eingefangen. Putin hat einen neuen Vertrag mitgebracht und die Chefs dazu verpflichtet, die Fabrik wieder zu öffnen.

„Haben alle unterschrieben?", schnauzt Putin.

Die Fettsäcke murmeln ein Ja.

„Sie auch, Deripaska?"

Der Milliardär grunzt eine Bestätigung. Putin sagt, er kann die Unterschrift nicht sehen, also wird Deripaska nach vorn bestellt, um vor der ganzen Klasse zu unterschreiben. Putin wirft ihm seinen Stift zu. Deripaska unterzeichnet brav den Vertrag und eilt dann zurück zu seinem Platz, aber Putin ist noch nicht fertig mit seinem Spielchen. „Geben Sie mir meinen Stift zurück!" Damit ist die Demütigung des reichen Mannes komplett.

Das Ganze ist natürlich nur eine düstere Pantomime, genauso unehrlich wie die Lüge, Putin würde das Leben eines Mönchs führen. Das grausame Kreml-Theater hat ein Stück aufgeführt, um die Massen zu unterhalten. Vergesst das schimmelige Brot und den mottenzerfressenen Zirkusvorhang. Tatsächlich ist der bei Weitem reichste Fettsack im Raum der Mann in Jeans und Bomberjacke. Wladimir Putin ist möglicherweise sogar der reichste Mann auf der Welt. Oder jedenfalls war er das, bis er im Februar 2022 seinen dämlichen Krieg lostrat. Er ist Mr. Pleonexia.

Das Wort ist mir übrigens nicht selbst eingefallen, so schlau bin ich nicht. Ich musste es nachschlagen wie jeder andere. Gefunden habe ich es in Masha Gessens großartiger Putin-Biografie *Der Mann ohne Gesicht*. Gessen verwirft den Gedanken, Putins psychischer Zustand könne mit Kleptomanie umschrieben werden, also dem pathologischen Drang, Dinge zu besitzen, für die man wenig Verwendung hat. Stattdessen benutzt sie „die etwas ausgefallenere *Pleonexie*, auf Deutsch Habsucht: der unersättliche Wunsch, etwas zu besitzen, das rechtmäßig anderen gehört. Falls Putin unter diesem unwiderstehlichen Drang leidet, dann könnte dies auch seine augenscheinlich gespaltene Persönlichkeit erklären: Sein zwanghaftes Verhalten kompensiert er dadurch, dass er das Image eines aufrechten und unbestechlichen Staatsdieners kultiviert."

Gessen berichtet in ihrem Buch von drei seltsamen Fällen, in denen Putin Dinge an sich gebracht hat, die eigentlich anderen gehörten. Im Jahr 2000, während er die ganze Zeit davon redete, die Wirtschaft zu säubern und die Korruption zu beenden, unterschrieb er einen Erlass zur Gründung einer Firma, die 70 Prozent der russischen Alkoholproduktion kontrollierte, und übergab sie einem alten Kumpan aus Sankt Petersburg. Zu dieser Zeit, als der Ölpreis noch niedrig war, stellte Schnaps den größten Sektor in der gesamten russischen Wirtschaft dar, und Putin übernahm diesen Wirtschaftszweig zu zwei Dritteln, wenn auch mithilfe eines Strohmannes. Es gibt immer einen Strohmann.

Gessen erzählt eine Geschichte, die sich fünf Jahre später ereignete: Da klaute Putin dem US-Milliardär Robert Kraft einen Super-Bowl-Ring mit einem 124-Karat-Diamanten. Es heißt, er habe darum gebeten, den Ring sehen zu dürfen, ihn dann anprobiert und so etwas gesagt wie „Damit könnte ich jemanden umbringen". Dann habe er ihn in die Tasche gesteckt und sei weggegangen. Kraft behauptete später, es sei ein Geschenk gewesen.

Ebenfalls im Jahr 2005 ließ Putin eine Glasreplik einer Kalaschnikow, gefüllt mit Wodka, aus dem New Yorker Guggenheim-Museum mitgehen. Bei dieser Gelegenheit gab er einem seiner Security-Leute einen Wink, und der packte das Teil ein. Weder die russische Öffentlichkeit noch der amerikanische Milliardär oder das Museum wagten es, die Polizei zu rufen. Also kam er damit durch. Vielleicht ist das auch der Reiz: Was ihn heißmacht, ist nicht der Vorgang des Stehlens selbst, sondern die Unterwerfung anderer angesichts eines solchen Diebstahls. „Ich kann dich ausrauben und bin so Furcht einflößend und hyperaggressiv, dass du nichts dagegen unternimmst."

Wenn das zutrifft, dann können wir unseren Referenzrahmen auf andere Ereignisse erweitern, bei denen Putin keine Gegenstände raubte, sondern den Seelenfrieden eines anderen Menschen, also etwas, was in jedem Fall nur dem rechtmäßigen Besitzer gehört. Immer wieder hat er sich bei Treffen mit anderen Staatsoberhäuptern verspätet. Wenn Pünktlichkeit die Höflichkeit der Könige ist, dann verhält sich Putin absichtlich und provokativ unhöflich und das immer und immer wieder. Im Jahr 2017 veröffentlichte der *Independent* eine Liste, wie lange er verschiedene VIPs hatte warten lassen. Die britische Königin kam noch gut weg, Putin verspätete sich zum Treffen mit Ihrer Majestät im Jahr 2003 nur um vierzehn Minuten. Allerdings bedeuten vierzehn Minuten in der minutiös durchgeplanten Welt der Royals, wo jeder Schritt Monate im Voraus festgelegt ist, einen ganzen Ozean an Zeit. Beim spanischen König kam Putin zwanzig Minuten zu spät, bei Barack Obama vierzig Minuten, bei Papst Franziskus fünfzig und bei der Generalversammlung der Vereinten Nationen achtzig Minuten. Drei Stunden waren es beim japanischen Ministerpräsidenten Shinzo Abe, vier Stunden beim damaligen ukrainischen Präsidenten Wiktor Janukowytsch. Und die Siegerin – oder Verliererin, wie man's nimmt – war Angela Merkel mit vier Stunden zwanzig Minuten.

Merkel, Tochter eines evangelischen Pfarrers, der in ihrer frühesten Kindheit mit seiner Familie von West- nach Ostdeutschland zog, um die Flamme des Christentums am Leben zu halten, spricht fließend Russisch und verstand Putins Denke vielleicht am besten von allen Politikerinnen und Politikern weltweit, die ihm jemals begegnet sind. Hat er sie deshalb so besonders lange warten lassen? Unter dem schrecklichen Eindruck der deutschen Nazivergangenheit und des grausamen Einmarschs der Deutschen in die Sowjetunion gab sie sich unglaubliche Mühe, mit Putin zurechtzukommen. Doch statt ihr dafür dankbar zu sein, legte er es darauf an, sie zu demütigen. Und er behandelte sie grausam. Bei einem Presseempfang in Putins Haus in Sotschi am Schwarzen Meer 2007 sprachen sie gerade vor laufenden Kameras, als jemand – offenbar mit Absicht – den schwarzen Labrador des Präsidenten, Koni, hereinließ. Der *New Yorker* berichtete, dass Merkel sichtbar erstarrte. Sie hat große Angst vor Hunden. Putin saß da, die Beine gespreizt, spürte ihre Angst und sagte: „Ich bin sicher, sie wird sich gut benehmen." Merkel erwiderte auf Russisch: „Zumindest frisst sie keine Journalisten."

Putin war sich sicher, dass er es sich auch leisten konnte, Merkel mit ihrer Angst vor Hunden vorzuführen. Und er hatte allem Anschein nach recht.

Er wollte ihre Angst sehen, genauso wie er die Kontrolle über den Schnapshandel, den Diamantring und die Kalaschnikow mit dem Wodka haben wollte. Er *wollte* sich bei der britischen Königin, dem König von Spanien, dem Papst und all den anderen verspäten. Er sagte der Welt immer wieder: „Ich kann tun, was ich will, und niemand wagt es, mich herauszufordern." Auf die Dauer kann man auf diese Weise jedes Gefühl für Realität verlieren. Und die Vorstellung, man könnte jemanden wie Wladimir Putin besänftigen, ist – ja, wie soll ich sagen? – vollkommen bekloppt.

Putins Hochzeitsreise mit Ljudmila ging in die Ukraine. Sie besuchten Lviv, Kyjiw und die Krim. Er wollte die Ukraine haben, so wie er all die anderen Dinge hatte haben wollen, die ihm nicht gehörten. Und er dachte, niemand würde ihn aufhalten. Immer wieder hatte er die Härte des Westens getestet und war auf Gummi gestoßen. Doch diesmal hatten die Ukraine, ihr Präsident und ihre Armee etwas anderes im Sinn. Diesmal ist Mr. Pleonexia auf Leute gestoßen, die sagen: „Nein, das gehört nicht dir, sondern uns. Gib es uns zurück." Kein Wunder, dass er so überrascht von der Reaktion der Ukraine war. So hatte er sich das nicht vorgestellt.

Was den Vorgang des Stehlens als solchen angeht, gibt Putin sich erstaunlich viel Mühe, seine kranke Art, sein pathologisches Verhalten hinter Strohleuten zu verstecken. Die russischen Strohmänner bedienen sich wiederum ausländischer Strohleute: ein britischer Lord, ein amerikanischer Populist, eine französische Faschistin – letztlich sind sie alle käuflich, wenn man nur genug zahlt. Die russischen Strohmänner erledigen das Klauen, die ausländischen Strohleute dienen als Nebelmaschine. Und Wladimir Putin? Er schaut in die andere Richtung, dann schaut er her und lächelt spöttisch.

In den ersten Kriegswochen waren nicht so viele freie Journalisten aus Großbritannien in Kyjiw. Der *Jewish Chronicle* schrieb mir eine E-Mail und bat mich, als Korrespondent einzuspringen. Ich wies darauf hin, dass ich ein abtrünniger Katholik bin, was den stellvertretenden Herausgeber des *Chronicle*, Ben Felsenburg, zum Lachen brachte. Sie haben nie ein Wort an meinen

Artikeln verändert, obwohl ich jedes Mal, wenn ich für den JC berichtete, einen Muslim fand, der ebenfalls die ukrainische Demokratie gegen den russischen Faschismus verteidigte: in der einen Woche ein kämpfender Imam, in der nächsten ein pro-ukrainischer Tschetschenien-Kommandant, der schon seit 1991 die russische Armee bekämpft. Doch weil ich ein guter Korrespondent bin, ließ ich mich auch jede Woche in der Hauptsynagoge von Kyjiw sehen, informierte mich beim Rabbi und sammelte allen möglichen Tratsch auf. So lernte ich auch einen Informanten kennen: Chaim, der ursprünglich aus Sankt Petersburg stammt. Als junger Unternehmer hat er in den 1990er-Jahren eine Finanzgesellschaft aufgebaut, die ausländische Investoren mit jungen russischen Unternehmen zusammenbrachte. Die Sache lief so erfolgreich, dass er irgendwann einen Anruf vom Mob bekam: Er erhielt ein Angebot, das er nicht ablehnen konnte. Übergib die Firma an einen Freund der Mafia und verlass Russland, sonst bist du ein toter Mann. Er übergab seine Firma und floh nach Israel, wo er die junge Gymnastin Alina Kabajewa kennenlernte, „eine schöne, süße Frau".

Er kannte Roman Zepow ein bisschen, einen „cleveren Gangster". Und was redete man über Putin? Chaim erinnerte sich an eine alte sowjetische Fernsehsendung, in der ein Typ vorkam, der ein bisschen so war wie Godot, jemand, der da war und doch nicht da, ein graues Gespenst. Sie verstehen schon, was ich meine. Doch jeder wusste, dass dieser Mann ein großes, düsteres Vermögen ansammelte, während er vor Oligarchen wie Boris Beresowski den ernsten, unbestechlichen Staatsdiener spielte.

Letztlich ist die gesamte Geschichte von Putins gut zwei Jahrzehnten an der Macht eine seiner Toleranz für ein monströs korruptes System. Der Deal mit den Oligarchen besagte, dass sie einen Großteil ihrer Vermögen behalten durften, solange sie dem Herrn des Kremls huldigten und genug bezahlten. Und sie durften ihren Rüssel nicht in die Politik stecken, sonst ... Doch diese Beschreibung verschleiert, was wirklich passiert. Putin stiehlt höchstpersönlich den Wohlstand seines Landes, aber er will dabei nicht beobachtet werden – aus psychologischen Gründen hasst er die Vorstellung, erwischt zu werden – und beschäftigt deshalb Strohmänner, die das Stehlen für ihn erledigen. Es stimmt, dass die Oligarchen ein Ergebnis des katastrophalen Zusammenbruchs der Sowjetunion und der alkoholgeschwängerten Inkompetenz eines Boris Jelzin waren. Aber nachdem Jelzin aus dem Weg geräumt war, hätte ein neuer Präsident die Möglichkeit gehabt, den Oligarchen ihren illegal erworbenen und obszönen Reichtum zu nehmen und einen Neuanfang zu wagen. Stattdessen hat Putin das System der Oligarchie zementiert, weil es ganz hervorragend seinem geheimen Drang diente, Dinge an sich zu nehmen, die eigentlich anderen gehören.

Oleg Deripaska war einst ein vielversprechender junger Physiker, aber als das Neue Russland Anfang der 1990er-Jahre zusammenkrachte, gab er die brotlose Kunst auf. Wie viele andere Oligarchen übernahm er früh einen geschlossenen, manipulierten Markt, kaufte milliardenschwere Aktien zu absurd niedrigen Preisen, womit er die russischen Steuerzahler betrog, und brachte dicke Umschläge mit Geld außer Landes, um schicke Häuser in schicken Stadtteilen von London zu kaufen, außerdem ebenso schicke Jachten, die er dort vor Anker gehen ließ, wo das reiche Gesocks, ihre Helfershelfer und der Abschaum von Europa und Amerika herumhängen. Genaueres zu Peter Lord Mandelson, David Cameron und George Osborne folgt gleich.

Die Mafia war Deripaska von Anfang auf den Fersen, und er war bis zu einem gewissen Ausmaß auch durchaus offen für die

Möglichkeit, sich freizukaufen. Er machte in Metall und verdankte seinen Aufstieg zu großem Reichtum dem, was sie den Großen Vaterländischen Aluminiumkrieg nannten. Das war ein böser Scherz, der die immensen Verluste an Menschenleben während des Zweiten Weltkriegs mit dem Kampf um die Kontrolle über die größte Aluminiumhütte der Welt im sibirischen Krasnojarsk während der 1990er-Jahre zusammenbringt. Etwa hundert Manager, Fabrikdirektoren und Gangster wurden im Zuge der Auseinandersetzungen zwischen rivalisierenden Firmen – oder genauer gesagt: zwischen rivalisierenden Syndikaten des organisierten Verbrechens – um diese Aluminiumhütte ermordet. Deripaskas RUSAL-Gruppe saß am Ende ganz oben. Aus RUSAL wurde En+, aber die blutige Geschichte lässt sich nicht verbergen.

In einem BBC-Interview sagte Deripaska, er habe Schutzgelder an kriminelle Organisationen zahlen müssen. „Es war sehr schwierig, aber ich glaube, was auch immer ich getan habe ... Ich würde nicht sagen, dass ich stolz darauf bin, aber ich glaube, ich habe das Richtige getan." Denselben Unsinn tischte er 2012 dem High Court in London auf, als er dem Richter erzählte, er sei gezwungen gewesen, Schutzgelder an jemanden zu bezahlen, von dem sein Anwalt vermutete, er sei Teil des organisierten Verbrechens in Russland. Im Jahr 2018 verbot ihm das US-Finanzministerium die Einreise in die Vereinigten Staaten mit der Begründung: „Deripaska steht unter dem Verdacht der Geldwäsche und wurde angeklagt, das Leben von Geschäftskonkurrenten bedroht, einen Regierungsbeamten illegal abgehört und an Erpressungen und Schutzgeldaktionen teilgenommen zu haben. Außerdem steht die Vermutung im Raum, Deripaska habe einen Regierungsbeamten bestochen, den Mord an einem Geschäftsmann befohlen, und er habe Verbindungen zu einer Gruppe der organisierten Kriminalität in Russland."

Deripaska leugnet jegliche illegalen Handlungen; vor allem die hier erwähnten Verdächtigungen bezeichnet er als „dreckige Lügen".

Um die Jahrtausendwende war jedem klar, dass in den 1990er-Jahren viele, viele russische Geschäftsleute ermordet worden waren und dass einige der wenigen, die an die Spitze der russischen Wirtschaft aufstiegen, dies möglicherweise nur tun konnten, indem sie über Leichen gingen. Umso haarsträubender sind die Beurteilungen Deripaskas durch eine ganze Reihe von britischen und amerikanischen Politikern.

Im Jahr 2005 ließ Deripaska Peter Lord Mandelson und seinen Freund, den Banker Nat Rothschild, nach Sibirien einfliegen, wo sie zur Erfrischung nach der Sauna mit Birkenzweigen ausgepeitscht wurden, ein echt russisches Vergnügen. Die Security-Leute des Oligarchen sorgten dafür, dass der britische Lord problemlos durch die russische Passkontrolle kam – keine einfache Angelegenheit, kann ich aus eigener Erfahrung sagen, aber Deripaska hatte ja einen Kumpel im Kreml. Es gab einige sehr ernste Fragen über Lord Mandelsons mehrere Jahre währende Freundschaft mit Deripaska. Als Handelskommissar der EU hatte er dafür gesorgt, dass EU-Einfuhrzölle auf Aluminium fielen. Hatte Deripaska von diesen Aktivitäten profitiert? Lord Mandelson streitet jede Art von ungesetzlichem Verhalten ab. Der Fairness halber muss gesagt werden, dass Deripaska später den früheren Tory-Abgeordneten und Energieminister Greg Barker, mittlerweile Lord Barker, einstellte: als Chairman von En+.

Im Jahr 2008 trafen sich die Reichen mitsamt ihren Jachten auf Korfu. Eine der Hauptattraktionen war Oleg Deripaska auf seinem Boot mit Namen *Queen K*. Unter den Gästen waren Lord Mandelson, Nat Rothschild und der damalige Verantwortliche für Finanzen im Tory-Schattenkabinett, George Osborne. David

Cameron paddelte auf seiner Luftmatratze in der Nähe herum, scheint dem großen Skandal aber entkommen zu sein. Mandelson, Osborne und Rothschild zerstritten sich, als der Banker Osborne beschuldigte, dem russischen Oligarchen eine 50 000-Pfund-Spende für die Torys entlockt zu haben. Osborne bestritt das, stand aber mit dem Rücken zur Wand und gab in einem Interview auf BBC Radio Four zu, dass er Mist gebaut hatte. „Ich habe keine Regeln verletzt, aber ich habe sicher einen Fehler begangen. In der Politik geht es nicht nur darum, was man sagt oder tut, sondern auch, wie die Dinge aussehen. Und wenn ich vollkommen ehrlich sein soll: Das hier sah nicht sehr gut aus."

Da hat Osborne recht. Es sah gar nicht gut aus für ihn und Mandelson. Beide bestreiten, irgendwelche Gesetze verletzt zu haben, aber der kritische Punkt ist: Selbst ein Halbblinder konnte sehen, dass Deripaska ein Strohmann des Kremls und noch dazu ein übler Typ war, und zwar lange bevor Mandelson mit ihm in die Banja ging oder Osborne seine Bootsschuhe anzog und mit dem Hut in der Hand Moskauer Spenden einsammelte. Es wäre absurd, Osborne oder Mandelson für naiv zu halten. Bleibt nur die Alternative, dass sie Deripaskas Geld rochen und dass ihnen der Duft gefiel. Das Problem daran ist: Jede einzelne Kopeke im Vermögen dieses Oligarchen ist abhängig vom guten Willen des Herrn im Kreml und wird es immer sein.

Im selben Jahr, also 2008, marschierte Russland in Georgien ein, und Putins Tötungsmaschine entriss dem kleineren Land ein Stück seines Territoriums. Zwei Jahre später wurde Osborne Schatzkanzler, Cameron Premierminister, und es gab eine subtile Veränderung der Verhältnisse. Die Parteimaschinerie der Torys nahm immer noch Gold von den Russen an, aber die Strohleute waren jetzt weiter vom Zugriff des Kremls entfernt als beispielsweise Deripaska. Die neuen Strohleute bewegten sich eher am Rand von Putins Kreisen und galten deshalb als akzeptabler.

Als im Jahr 2017 der Verdacht aufkam, dass Oleg Deripaska Donald Trumps ehemaligen Wahlmanager Paul Manafort abseits der offiziellen Gehaltsrolle finanziert hatte, lauerte der CNN-Reporter Matthew Chance dem russischen Oligarchen bei einer Konferenz in Vietnam auf. Es war ein großartiges Haustür-Interview.

Chance: „Mr. Deripaska, mein Name ist Matt Chance von CNN. Trifft es zu, dass Mr. Manafort Ihnen Millionen Dollar schuldete, als er Wahlmanager von Trump war? ... Haben Sie als geheimer Kanal des Kremls zur Finanzierung von Trumps Wahlkampf gedient, Mr. Deripaska?"

Nach einigem Hin-und-Her-Gerenne holte Chance den Oligarchen endlich ein. Der Russe sah ihn grimmig an und sagte mit Grabesstimme: „Das sind Nachrichten für Idioten. Verschwinden Sie bitte. Danke schön."

Deripaskas Verführungskunst wirkte bei Gestalten wie Mandelson und Osborne – aber nur eine gewisse Zeit. Das Problem an den Moskauer Strohmännern ist aber: Sie sind wie die Orks im *Herrn der Ringe*. Wenn einer stirbt, tauchen zehn neue auf und führen den Krieg weiter. Im Jahr 2010 schmissen die *Conservative Friends of Russia* eine Party in der russischen Botschaft in London. Unter den Tombola-Preisen waren eine Flasche Wodka und die offizielle Biografie von Wladimir Putin. Zu den Großen und Guten bei der Sause gehörten der Tory-Abgeordnete und spätere Kulturminister John Whittingdale und seine Beraterin Carrie Symonds, inzwischen die Frau des derzeitigen Premierministers Boris Johnson. Außerdem war Matthew Elliott dabei, der später die Pro-Brexit-Bewegung *Vote Leave* leiten sollte, und Sergei Nalobin, der russische Diplomat, der auch als Verbindungsmann zu den *Conservative Friends of Russia* diente.

Nalobin ist, selbstverständlich, mit großer Wahrscheinlichkeit ein russischer Spion. Er streitet das ab. Luke Harding vom *Guardian* war der erste Reporter, der Beweise dafür darlegte, dass Nalobin, Sohn eines KGB-Generals, alle Merkmale eines Geheimdienstmannes trägt. Nachdem Hardings Story gelaufen war, schrieb Paul Staines, rechte Zecke und Gründer des Guido-Fawkes-Blogs, einen faszinierenden Artikel für den *Spectator*, in dem er aufblätterte, was er über Nalobin wusste: „Ich lernte Sergei Nalobin 2012 im Soho House kennen. Er stellte sich mit akzentreichem Englisch als Mitarbeiter der russischen Botschaft vor. ‚Bei meinem Orientierungskurs im Außenministerium, bevor ich nach London kam, riet man mir, den Guido-Fawkes-Blog und *Private Eye* zu lesen. Ihrer gefällt mir besser', sagte er schmeichelnd (ich bin Herausgeber von Guido Fawkes). Eine PR-Agentur hatte mir ein unwiderstehlich hohes Honorar für einen ‚Meisterkurs' angeboten, bei dem ich Marketingtypen aus großen Firmen den Umgang mit Social Media beibringen sollte. Und so fand ich mich eines Tages mit einer Powerpoint-Präsentation vor einem Raum voller Anzugträger wieder. Dort saß dann dieser kleine, untersetzte Russe mit den kurz geschorenen Haaren auf dem Podium direkt neben mir. Später beim Burger-Essen plauderten wir miteinander. Ich habe gleich vermutet, dass er ein Spion war."

Wenn Paul Staines zu dem Schluss kommen konnte, dann sicher auch Whittingdale, Symonds und Elliott. Staines führt weiter aus, dass Nalobin „sich vor allem für den Tratsch über David Cameron und George Osborne interessierte".

Ja, natürlich interessierte er sich dafür. So machen die das.

Staines sah Nalobin in Westminster, wo er Selfies mit dem damaligen Außenminister William Hague und dem Aufsteiger Boris Johnson machte. Nalobins Facebook-Seite zeigte ihn bei einer Kostümparty in russischer Militäruniform mit der Aufschrift „KGB", einer Waffe im einen und einem „rassigen Mädchen in Strapsen" am anderen Arm. Als Staines die Einladung zu einem Vortrag in der russischen Botschaft bekam, erklärte er dem Botschafter, der Kreml solle den russischen Oppositionsführer Alexei Nawalny freilassen. Das ging dem Botschafter runter wie eine Tasse kalte Kotze. Nalobin tauchte noch mal bei der Tory-Sommerparty 2014 im Hurlingham Club auf, aber ein paar Monate später wurde er aus Großbritannien ausgewiesen. Vier Jahre zu spät.

Kapitel elf
„Bedauern Sie die vielen Todesopfer in der Ukraine?"

Die Abenddämmerung setzt ein. Ich stehe auf einem endlosen Sonnenblumenfeld mitten im Nirgendwo in der Ostukraine. Das Land wogt sanft auf und ab wie ein ruhig daliegendes Meer, und ich schaue auf die Nase eines Passagierflugzeugs, die Sitze und Logos von Air Malaysia und verfolge, wie schwarze Säcke auf die Ladefläche eines Müllwagens geworfen werden. Papiertüten, Teile von Sitzen, Gepäckstücke und diese Rollkoffer, auf denen man Kinder durch den Flughafen ziehen kann, sind über dem Feld verstreut. Und wann immer ich jetzt in Heathrow oder Gatwick ein Kind auf so einem Ding sehe, bekomme ich einen Flashback, und mir kommen die Tränen.

Ich werde von Darius Bazargan gefilmt, einem Producer und guten Freund von mir. Wir waren schon an manch grauenhaftem Ort zusammen, aber das hier ist mit Abstand der schlimmste. Normalerweise bin ich nicht auf den Mund gefallen, aber jetzt ringe ich um Worte, die Sinn ergeben. Wir sind spät hier eingetroffen, und die meisten Leichen sind bereits geborgen und in Leichensäcken verstaut. Während wir so dastehen, zähle ich sechs auf der Ladefläche eines Lastwagens. Das Licht schwindet, und ich muss mir jetzt endlich etwas einfallen lassen. Darius nimmt derweil ein paar Schnittbilder auf: einen roten Damenhut mit schwarzem Band, einen schwarz-weißen Plüschaffen, ein Teil des Flugzeuges mit der Aufschrift „Schlagfeste Tür".

Und dann sprudeln die Worte heraus: „Die MH17 kam aus dem Westen, wo die Sonne in diesem Moment untergeht, aus Amsterdam, und befand sich auf dem Weg nach Malaysia, doch dann wurden fast dreihundert Menschenleben ausgelöscht." Etwas weiter unten am Hügel bietet sich einem ein noch schlimmeres Bild. Hier sind die gewaltigen Flugzeugmotoren und das Fahrwerk auf die Erde gekracht; der Boden ist verkohlt, die Luft abgasgeschwängert. Ich spreche in die Kamera: „Sie können es nicht sehen, aber hier herrscht ein penetranter Gestank. Es stinkt nach Flugbenzin. Es stinkt nach Tod. Das hier ist ein ungeheuerliches Verbrechen."

Die Boeing wurde am 17. Juli 2014 von einer russischen Buk, einem mobilen Mittelstrecken-Boden-Luft-Raketensystem, abgeschossen. Folgendes passiert dabei: Die Rakete schießt mit 5600 km/h in die Luft, fliegt neben dem Ziel her, explodiert und feuert Hunderte metallene, golfballgroße Geschosse in den feindlichen Flugzeugrumpf. Die kinetische Kraft eines Flugzeugs, das mit 800 Kilometern pro Stunde fliegt, erledigt den Rest. Die mobile Abschussrampe wird auf einem speziellen Tieflader transportiert, mit einem riesigen Radar am hinteren Ende. Diese spezielle Buk wurde quer durch Russland in die Ostukraine gefahren und auf einer Pontonbrücke Putins prorussischen Stellvertreterkämpfern übergeben. Das gesamte Buk-System, Tieflader mit Führerhaus, Raketen und Radar, war zu schwer für die Pontonbrücke, weswegen die russische Armee den Radar am Ostufer des Flusses zurückgelassen hatte. Das verminderte ihre Fähigkeit, zwischen ukrainischen Kampfflugzeugen und einem Passagierflugzeug voller Touristen zu unterscheiden. Die Soldaten dachten, sie würden den Feind töten. Stattdessen brachten sie 298 Zivilisten um, Holländer, Malaysier, Australier, Briten.

Irgendwann in der Zeit danach hatte ich die Gelegenheit, den rechtspopulistischen holländischen Politiker Geert Wilders zu interviewen. Ich fragte ihn, was er für den bisher größten Terroristenangriff gegen sein Land halte, woraufhin er meinte, es habe gottlob noch keinen gegeben. Dann erwähnte ich die MH17, wo 193 Holländer und Holländerinnen starben. Es seien keine islamistischen Terroristen gewesen, die diese Menschen getötet hätten. Das hörte er nicht gerne, aber er ist ja auch ein ganz schöner Faschist, was ich ihm auch direkt sagte.

Es besteht kein Zweifel, dass die MH17 von der russischen Armee abgeschossen wurde. Kremlkritische Ukrainer tweeteten Fotos davon, wie die Buk-Abschussrampe auf einem roten Tieflader, der von einem auffälligen weißen Führerhaus mit einem blau-grauen Streifen gezogen wurde, sich auf dem von prorussischen Separatisten gehaltenen Gebiet bewegte. Anhand einer Fotoserie kann man den Transportverlauf des Raketensystems verfolgen: Auf einem Foto sieht man es vor einem Wohnblock mit einem blauen Schuppen davor; auf einem anderen, wie es an einer Tankstelle mit einem Laden mit gelber Front im Hintergrund vorbeifährt. Bei den Recherchen zu unserem Film für BBC-*Panorama* suchten Darius und ich möglichst viele dieser Orte auf, um die Route des Transporters nachzuvollziehen.

Das von prorussischen Separatisten besetzte Donezk war ein düsterer Ort; die aufständischen Kämpfer waren finstere Gesellen, die mit ihren um die Stirn gebundenen Totenkopf-Bandanas wie eine kranke Version der „Piraten der Karibik" aussahen, während sie zärtlich ihre Granaten an sich drückten und an ihren Checkpoints die Konföderiertenflagge wehte. Nach dem Abschuss der MH17 leugnete der Kreml jegliche Beteiligung, sagte den von ihm gesteuerten Milizen jedoch, sie sollten der ausländischen Presse erlauben, vom Absturzort zu berichten. Doch je mehr Tage vergingen, umso bemühter wirkte das Entgegenkommen der Rebellen in ihrer Gastgeberrolle. Eines Morgens veröffentlichte der *Daily Telegraph* ein Furore machendes

Foto vom Abschussort, der sich in einem Feld unweit der Stadt Snischne im Osten von Donezk befindet. Sofort brausten Darius und ich zusammen mit einem lokalen Helfer, den wir für zwei, drei Tage angeheuert hatten, los. Doch am Haupt-Checkpoint der Rebellen außerhalb von Snischne, dem fiesesten von allen, wurden wir angehalten. Unser lokaler Helfer zückte sein Tablet und fragte einen mit einem Maschinengewehr bewaffneten Kerl, wo genau die Russen die Rakete auf das Flugzeug abgeschossen hätten. Der Kerl lachte und meinte, wir sollten gefälligst wieder umkehren. Wir drehten um, und ungefähr hundert Meter weiter feuerten Darius und ich den Mann. Ein guter Helfer vor Ort ist Gold wert, aber dieser hätte uns alle drei das Leben kosten können. Als Mensch mochte ich ihn, aber ich wollte, dass er und wir am Leben blieben.

Ich brauchte eine Pause von all dem Töten und fuhr mit meinen Kindern in den Urlaub. Dann kehrte ich mit dem Producer Nick Sturdee nach Donezk zurück, der fließend Russisch spricht und dessen Urgroßvater, Vizeadmiral Sir Frederick Doveton Sturdee, 1914 vor den Falklands die *Scharnhorst* versenkte, das Flaggschiff von Admiral Graf Spee.

Nick und ich machten drei Augenzeugen ausfindig, die den Sattelschlepper mit der Raketenabschussbasis hatten vorbeifahren sehen, ehe sie die MH17 abschoss. Zwei Augenzeugen waren von einem Offizier in einem Armeejeep zur Rede gestellt worden, der nicht mit lokalem, sondern Moskauer Akzent sprach. Später berichtete ich niederländischen Ermittlern, die das Massaker untersuchten, von dem russischen Offizier. Sie ließen mich an den Amsterdamer Flughafen Schiphol einfliegen, um sich alles en détail erzählen zu lassen. Ich vergewisserte mich nochmals bei meinen ukrainischen Informanten, und diese waren sehr gern bereit, den niederländischen Ermittlern alles zu erzählen, was sie wussten. Beim Journalismus geht es nicht immer nur um Herzschmerzgeschichten und schöne Promis. Die Forensiker aus Holland und anderen Ländern fanden Fragmente von Buk-Raketen-Sprengköpfen, die in Wrackteilen steckten. Unversehrte Trümmerteile der Rakete wurden entdeckt, auf denen die Seriennummern zu erkennen waren. Bellingcat, eine holländische Gruppe für investigativen Journalismus, veröffentlichte auf ihrer Website einen Abschlussbericht, in dem sie ganz klar die Russen für den Abschuss der MH17 verantwortlich machte. Jeder, der daran zweifelt, ist ein Dummkopf oder Troll des Kremls. Im Frühling 2014 hatte Putin einen Stellvertreterkrieg gegen die Ukraine begonnen. Zuerst hatte er russische Soldaten ohne deren normale Uniformen und Ausweise - die berühmten „kleinen grünen Männer" - auf die Krim geschickt. Diese Halbinsel im Schwarzen Meer ist die historische Heimat der Krimtataren, eines muslimischen Volks, aber auch ein Ort von fast magischer Bedeutung für den russischen Imperialismus. Tennysons Gedicht *The Charge of The Light Brigade* wirft ein Schlaglicht auf die Unfähigkeit des britischen Militärs im Krimkrieg mit Russland in der viktorianischen Zeit, aber es muss auch gesagt werden, dass die Soldaten des Zaren letztlich durch das Bündnis aus Briten, Franzosen und dem Osmanischen Reich geschlagen wurden. 2014 hatte der Nachfolger der Zaren mehr Glück - er nahm die Krim quasi kampflos ein. Auch schürte Putin die Spannungen zwischen der russischsprachigen Bevölkerungsmehrheit in den beiden östlichen Verwaltungsgebieten (Oblasten) Donezk und Luhansk und der Hauptstadt Kyjiw. Es gab zahlreiche Menschen, die mit der verdeckten russischen Invasion nichts zu tun haben wollten, aber sie wurden vom russischen Geheimdienst mundtot gemacht oder ausgebremst. Damit die Botschaft klar war, rief der Kreml zwei Marionetten-Ministaaten ins Leben, die Volksrepublik Donezk und die Volksrepublik Luhansk. Mit Kyjiw sympathisierende Bürger wurden ermordet und gefoltert, oder sie flüchteten sich in die freie Ukraine, wo sie in Sicherheit waren.

Wenn man ein Kriegsreporter ist, folgt einem das andere Leben, das man nebenbei auch noch hat, mit auf die Schlachtfelder. Ich kann mich nicht erinnern, je Zeugnisse von einem grauenhaften Ereignis besichtigt zu haben, ohne dass mir nicht ein Problem, das ich von zu Hause mitgeschleppt hatte, im Kopf herumging. Diesmal war es das Management der BBC. Am Morgen des Tages, an dem die MH17 abgeschossen wurde, hatte James Harding, der damalige Nachrichtendirektor, verkündet, dass vierhundertfünfzehn Mitarbeitern betriebsbedingt gekündigt werden müsse. Er identifizierte die *Panorama*-Reporter die von London aus arbeiteten. Von uns vieren war ich der bekannteste, und so wurde binnen weniger Stunden mein Gesicht über das Internet verbreitet, zusammen mit der Nachricht, dass ich mit Sicherheit gefeuert wäre. Als Reporter legte ich großen Wert darauf, den aktuellen Büroklatsch zu kennen, und spürte, dass etwas an dem Gerücht dran war, also setzte ich bei unserer nächsten Programmsitzung eine tapfere Miene auf, sagte, ich hätte meine Zeit an Bord genossen, und lud alle auf einen Drink in unserer Stammkneipe um die Ecke ein. Als am Nachmittag dann die Nachricht vom Abschuss der MH17 einschlug, rückte das meine Perspektive zurecht und führte mir vor Augen, was wahres Unglück heißt, und ich meldete mich freiwillig, vor Ort über die Geschichte zu berichten. Als ich dann in Donezk eintraf, meinten alle Kollegen von anderen Nachrichtenorganisationen zu mir: „Aber ich dachte, deine Stelle wäre wegrationalisiert worden?" Noch nicht, erwiderte ich.

Einmal, als Nick und ich im Wagen saßen und zwischen den ukrainischen und von den Rebellen gehaltenen Stellungen hin und her pendelten, rief Harding an. Wir hielten im Niemandsland an, und Harding erklärte mir, jeder, dessen Stelle gestrichen werde, könne sich für einen neuen Job bei der BBC bewerben ... „James, ich muss jetzt weiter", sagte ich. „Warum, was ist los?" „Da sind zwei bewaffnete Kerle, die mit mir sprechen wollen." Wir hielten die Hände hoch, entschuldigten uns bei den bewaffneten Rebellen und sahen zu, dass wir wieder unbesetztes ukrainisches Gebiet erreichten und in die Freiheit zurückkamen.

Später kam heraus, dass die einzigen beiden BBC-Programme, die das Budget und den entsprechenden Aufgabenbereich hatten, uns *Panorama*-Reporter aufzunehmen, *Newsnight* und *Today*, gerade erst alle freien Stellen besetzt hatten. Man stelle sich das vor. Verärgert über diese clevere „Bewirb dich doch für eine andere Stelle"-Masche, stellte ich mich auf die Hinterbeine, und die Journalistengewerkschaft stärkte mir den Rücken. In den nächsten sieben Jahren bekam ich sechs Betriebsbedingte-Kündigungs-Schreiben, die ich allesamt ignorierte, und der Geschäftsleitung der BBC gelang es nie, mich zu feuern, weil die Gewerkschaft mit Streik drohte. Doch das änderte nichts an der Tatsache, dass der BBC-Generaldirektor Tony Hall und seine Befehlsempfänger mich loswerden wollten, und so arbeitete ich in den nächsten fünf Jahren besonders hart, um ihnen zu beweisen, dass sie unrecht hatten. Es war wie in einer Beziehung mit einem gewalttätigen Partner, und innerlich war ich gebrochen. Doch einstweilen stand ich noch auf der Gehaltsliste der BBC. Es sei denn, ich wäre so dumm gewesen, einen Fehler zu begehen.

Im guten alten Donezk, wie es war, bevor die Russen es 2014 stahlen, war der Bär los. Meiner Ex und mir war nicht nach Silvesterparty zumute - die willkürliche Ausgelassenheit und verordnete Fröhlichkeit fühlten sich falsch an, also suchten wir wahllos Orte für Spontanreisen aus. Im Jahr davor hatte es uns in den Libanon verschlagen, 2012 dann nach Donezk, ehe der

Krieg zwei Jahre später einen Großteil der Stadt zerstörte. Sie liegt mitten im Kohle- und Eisenerzrevier der Ukraine und wurde 1860, in der Zarenzeit, von dem walisischen Mineningenieur John Hughes gegründet. Hughes, eine Naturgewalt aus den South Wales Valleys, arbeitete sich von ganz unten hinauf – von den walisischen Eisenwerken ins Londoner Millwall, wo er mit der Panzerung der Holzschiffe der Royal Navy ein Vermögen machte. Gesandte des Zaren fragten ihn, ob er nicht mitkommen und in der Ostukraine eine Fabrikstadt aufbauen wolle. Sie tauften sie ihm zu Ehren „Hughesowka" beziehungsweise Jusowka. Es gibt ein großartiges Foto, das 1860 aufgenommen wurde – ungefähr sechzig Ochsen ziehen einen zylindrischen Hochofen auf Schlitten durch den Schnee in die Eisen- und Kohlestadt, die zu bauen Hughes im Begriff war. Er heuerte Hunderte walisischer Bergarbeiter an, die sich mit ihren Familien in Jusowka niederließen. Die bolschewikische Revolution von 1917 besiegelte den allmählichen Niedergang der Stadt mit ihrer westlich ausgerichteten Wirtschaftsstruktur. 1923 wurde sie in Stalino umbenannt und 1961, nachdem das alte Monster in Ungnade gefallen war, in Donezk.

Dass Russen und/oder Sowjets Ukrainer in großer Zahl umbringen, ist nichts Neues. 1933 führte Stalins Zwangskollektivierung der russischen und ukrainischen Bauern zu einer großen Hungersnot, bei der vielleicht sieben Millionen Menschen starben, davon wohl vier Millionen Ukrainer. Niemand kennt die genauen Zahlen, weil niemand die Toten zählte. Walter Duranty von der *New York Times* tat in einem Artikel Berichte über die Hungersnot ab, und dank seiner kriecherischen Ergebenheit dem Kreml gegenüber gewährte Stalin ihm ein Exklusivinterview, ein Scoop, der ihm den Pulitzer-Preis einbrachte. Erst in den 1980er-Jahren begann die Zeitung, Durantys Verfehlungen öffentlich anzuprangern, etwa in einem 1990 veröffentlichten

Artikel, dessen Autor Durantys freundliche Berichte über die Sowjetunion als zu den „schlechtesten Reportagen" gehörend bezeichnete, die in der Zeitung je erschienen waren.

Drei andere westliche Reporter erzählten indes die Wahrheit über die von Stalin verursachte Hungersnot: Fred Beal, ein amerikanischer Trotzkist, der den Mumm hatte, die Missstände aufzudecken; Malcolm Muggeridge, der eine Zeit lang Korrespondent für den *Manchester Guardian* in Moskau war, und Gareth Jones, dessen walisische Mutter die Gouvernante von John Hughes' Kindern war. Die großen Zeitungen in den USA zeigten Beal die kalte Schulter; Muggeridge wurde vom *Guardian* gefeuert; Jones wurde zu Unrecht als Nazi-Sympathisant diffamiert und 1935 in China erschossen, und zwar, glaube ich, vom russischen Geheimdienst. 2011 arbeitete ich an einem Radiofeature für den BBC Radio World Service über Jones, und dabei kam ich auf die Idee, einen Thriller über seinen Kampf gegen die Fake News in Russland und in der Ukraine im Jahr 1933 zu schreiben, mit dem Titel *The Useful Idiot*. Hier nur eine kleine Szene, eine fiktionale Aufarbeitung einer verbürgten historischen Episode:

> Hundert Meter entfernt stand Lenin, einen Arm ausgestreckt, seine Mantelschöße im Wind flatternd und gänzlich mit Schnee bedeckt. Eine schwarz gekleidete Frau, erbärmlich dünn, ein Kind im Arm, ging zu der Statue und kniete sich davor ... Sie legte den Säugling zu Lenins eisernen Füßen ab und bekreuzigte sich mehrmals. Ein GPU-Beamter brüllte die Frau vom entgegengesetzten Ende des Platzes an, schrie aus voller Kehle, aber die schwarz gekleidete Frau beachtete ihn nicht; sie zog das Baby aus. Erst da wurde Jones klar, dass es tot war.

Diese Passage aus meinem Roman beruht auf historischen Fakten. Auf dem Höhepunkt der Hungersnot legten Mütter ihre toten Kinder bewusst zu Füßen von Lenin-Statuen nieder und verhöhnten auf makabre Weise das unmenschliche Regime der Sowjets. Der Westen tat herzlich wenig, um gegen die Hungersnot vorzugehen oder Stalins Tyrannei anzuprangern. Wobei gesagt werden muss, dass sie genug mit Hitler zu tun hatten.

Nicht ganz ein Jahrhundert später fiel die Reaktion des Westens gegen die Invasion in der Krim, in Donezk und Luhansk ähnlich gedämpft aus. Der Westen beschloss Sanktionen, doch Putin hatte einkalkuliert, dass sie eher von der „Kleiner Klaps auf die Hand"-Sorte sein würden, und genau so kam es. Der Abschuss der MH17 veränderte zwar die Stimmung zwischen den beiden Seiten, änderte aber nichts an dem Grundsatz des Westens, man müsse irgendwie noch immer mit Putin Geschäfte machen.

Es war an der Zeit, dass jemand den Mann endlich öffentlich für den Tod von 298 Menschen verantwortlich machte. Aber zuerst musste ich noch zu einer Hochzeit. Meine Nichte Laura heiratete ihren Freund Tim irgendwo auf dem Land. Es wurde getrunken. Ich erinnere mich, dass ich nur anderthalb Stunden geschlafen hatte, ehe ich in ein Taxi in Richtung Gatwick stieg, um meinen Sieben-Uhr-Morgen-Flug nach Moskau zu erwischen; dort stieg ich in einen anderen Flieger um, der mich nach Jakutsk brachte, neun Zeitzonen östlich von London. Der Producer Nick Sturdee hatte herausgefunden, dass Putin das Mammutmuseum in Jakutsk besuchen wollte. Nick sagte, es sei ein Ding der Unmöglichkeit, einfach so bei Putin in Moskau aufzukreuzen und ihm ein Mikrofon vor die Nase zu halten – die Sicherheitsvorkehrungen seien einfach zu massiv –, aber in der tiefsten Provinz könnten sie bisweilen ein bisschen nachlässig werden.

Auf dem Flug nach Sibirien gibt es wenig zu essen, sodass ich bei der Landung frage, ob wir unterwegs irgendwo einkehren könnten. Ich schlinge einen Kebab hinunter. Verkatert, unter einem Jetlag leidend, kämpfe ich gegen das Zittern an. Da ist eine Reihe von Paläontologieprofessoren, die noch mehr zittern als ich. Ich stehe in meiner Hochzeitsgarderobe neben ihnen, in meinem sündteuren Anzug mit grüner Krawatte und mit langem Bart. Der russische Präsident kommt in seinem eiernden Gang ins Museum hereinstolziert. Ich nehme an, Putin hält mich für einen Professor, als ich aus der Reihe der Mammut-Experten heraustrete und ihn mit meiner Frage konfrontiere: „Was sagen Sie zu dem Töten in der Ukraine, Sir?"

Der offizielle Kreml-Medientross befindet sich in einer vorgefertigten Blase, sodass vermutlich alle annehmen (oder zumindest tun sie so), die Frage sei im Protokoll vorgesehen. Schnell schalten sie die Leuchten ihrer Fernsehkameras ein, um den antwortenden Putin aufzunehmen. Putins Sprecher, Dmitri Peskow, weiß es besser und reagiert wütend. Putins Sprachrohr, der aussieht wie ein drittklassiger Fußballmanager, wirft mir böse Blicke zu und versucht, Nick Sturdee daran zu hindern, die Szene einzufangen.

Erneut konfrontiere ich Putin mit der Frage: „Tausende Menschen sind schon getötet worden, Ukrainer, Russen, Malaysier, Briten, Holländer. Sir, bedauern Sie die vielen Todesopfer in der Ukraine?"

Es sind zu viele Kameras auf Putin gerichtet, als dass er meiner Frage ausweichen könnte, und er ist ein Profi, daher funktioniert Peskows Manndeckungsversuch nicht, und Nick fährt fort, alles aufzunehmen. Putin gibt eine lange und äußerst langweilige Antwort auf Russisch, die Peskow übersetzt, während er mich mit Blicken erdolchen möchte. Putin gibt vor, kein Englisch zu sprechen, doch er kann Englisch, hat schon öfter auf

Englisch geantwortet. Peskow ist so wütend wegen meiner Chuzpe, dass er sein Englisch kurz vergisst und Putin seinem Dolmetscher zu Hilfe eilt und selbst übersetzt. „Kleine Städte, kleine Städte", sagte er. Ich würde ihn sofort als Dolmetscher buchen.

In natura wirkt Putin makellos gekleidet, sehr klein, und man könnte ihn glatt für einen Auton, diese gruseligen Monster aus der Science-Fiction-Serie *Doctor Who* halten, die sich plötzlich in rollende Mülltonnen verwandeln, einen schlucken und als Plastik wieder ausspucken. Das Resultat seiner Schönheits-Behandlungen ist keine gute Werbung für Botox, aber wenn man der Herr im Kreml ist, sagt einem niemand, dass der Eingriff in die Hosen gegangen ist.

Aus der Nähe kann Putin ein ganz schönes Luder sein. Er schürzt die Lippen und zaubert einen Schmollmund in sein Plastikgesicht. Damit sieht er verblüffend feminin aus. Seine Reaktion auf mich hat ein bisschen was Unterwürfiges. Es ist merkwürdig.

Putins Gesicht ist in der Tat faszinierend, weil es mit einem Plastikglanz überzogen ist, abgesehen von dem bisschen Haut unter seinen Augen, der letzte Rest, der noch kein Botox abgekriegt hat. Ich spüre den Drang, sein Gesicht zu berühren und zu sagen: „Sind Sie eigentlich durch und durch aus Plastik?" Aber dann wäre ich endgültig erledigt. Also unterdrücke ich diesen verrückten Impuls, und er starrt mich an, und ich starre ihn an. Ich bin wesentlich größer als er. Er ist klein, ungefähr eins siebzig. Ich bin eins achtzig groß. Aber es gibt noch ein Problem. Der Kebab liegt mir schwer im Magen, und ich habe das Gefühl, mich gleich auf Wladimir Putin übergeben zu müssen. Den Ukrainern würde das bestimmt gefallen. Ich müsste künftig in Kyjiw keinen einzigen Drink mehr selbst zahlen. Doch direkt hinter mir stehen die Kreml-Muskelpakete. Alle funkeln mich wütend an. Und ich sage mir: John, bitte, kotz jetzt bloß nicht Wladimir Putin an. Er kommt zum Ende seines Monologs und legt dar, dass am Krieg in der Ukraine allein Kyjiw Schuld hat, weil sie es versäumt haben, mit der Bevölkerung (sprich, den vom Kreml unterstützten Separatisten) in den östlichen Gebieten einen Dialog zu führen.

Es ist ganz schön clever von ihm, statt sich auf eine kurze Antwort zu beschränken, eine lange Ansprache zu halten, denn so erweckt er den Eindruck, als würde er ausführlich meine Frage beantworten, während er in Wirklichkeit genaueren Nachfragen vorbaut.

Eine Frage habe ich dann doch noch: „Warum gibt es so viele frische Gräber von russischen Soldaten, die in der Ukraine getötet wurden?" Aber er dreht sich einfach um, und wie in einem sorgfältig choreografierten Ballett stehen plötzlich alle Bodyguards vor mir, eine Wand aus Muskeln. Peskow wirft mir und Nick einen letzten wütenden Blick zu, dann sagt ein sehr großer Mann zu uns: „Los, kommen Sie mit." Wir folgen unserem Führer ins Untergeschoss hinunter und einen langen Gang entlang, und als wir am anderen Ende ankommen, werden wir in einen Raum mit einer Mattglasscheibe in der Tür verfrachtet, in dem Kaffee und Croissants warten. Seit Stalins Tagen hat sich also einiges verbessert. Doch dann hören wir, wie es klick macht und von außen der Schlüssel im Schloss gedreht wird. Wir sind eingesperrt. Durch die Mattglasscheibe können wir einen riesigen menschlichen Schatten sehen. Also haben sich die Dinge nicht so sehr verändert, wie man denkt.

In London sitzt die Chefetage der BBC auf heißen Kohlen. Warum hat Sweeney das getan? Was ist passiert? Wo ist er? Unsere Handys funktionieren nicht, weil wir uns in einem Keller befinden, erst nach ein, zwei Stunden lassen sie uns wieder hinaus.

Am selben Tag noch eröffnet Putin zusammen mit einem Stellvertreter des chinesischen Ministerpräsidenten eine Gas-Pipeline. Ich gehe näher zur Bühne, auf der Putin steht, doch als ich ungefähr noch 60 Meter von ihm entfernt bin, kommt einer der russischen Schlägertypen auf mich zu und versetzt mir einen Schlag mit der Hand in den Unterbauch, aber so diskret, dass es niemand mitbekommt.

So also ist es, wenn man unangemeldet bei Putin auf der Matte steht. Aber ich habe mich nicht auf ihn übergeben. Das bereue ich inzwischen. Im Ernst, ich wünschte, ich hätte es getan.

Die Beweise sind so erdrückend, dass mir Wladimir Putin, als ich ihn mit dem MH17-Abschuss konfrontierte und er die Ukraine dafür verantwortlich machte, eine fette Lüge auftischte. James Fallon ist Neurowissenschaftler und Psychiatrieprofessor an der University of California und befasst sich mit Mördern, Psychopathen und Diktatoren. Er hat auch eine Analyse von Putins Psyche, Körper und Seele verfasst. Für den Podcast *Taking On Putin* habe ich ein Interview mit ihm aufgezeichnet. Da der Prof und ich uns von Anfang an blendend verstanden, rede ich ihn mit Jim an.

Zunächst erklärt Jim, dass er nie die Gelegenheit hatte, Putin von Angesicht zu Angesicht zu treffen und eine unmittelbare Diagnose zu stellen. Aber er hat keine Mühen gescheut, um mit möglichst vielen Menschen zu reden, die mit Putin zu tun hatten, darunter ein früherer Präsident der Ukraine, ein ehemaliger Premierminister von Tschetschenien, hochrangige Personen in Belarus und anderen Ländern, die über die Jahre Zeit mit Putin verbracht haben. Jim hörte seinen Informanten aufmerksam zu und zeichnete Putins Persönlichkeitsmerkmale auf, „jene, von denen alle übereinstimmend berichtet hatten. Dann habe ich sie zusammengefasst und aus der Ferne versucht, eine Analyse seiner Charaktereigenschaften zu erstellen, um zu ergründen, ob er ins Schema einer dieser bösartigen Persönlichkeitsstörungen fällt, vor allem der Psychopathie oder auch einer narzisstischen Persönlichkeitsstörung."

Ich bitte Jim, mir einige dieser Charakterzüge zu beschreiben, nach denen er gesucht hat.

„Psychopathen sind sehr gut im Lügen. Den meisten Menschen ist es in irgendeiner Weise anzumerken, wenn sie lügen, zum Beispiel durch verräterische Zuckungen. Es gibt alle möglichen Anzeichen, die das Gegenüber deuten kann. Doch wenn einem die Moral völlig egal ist, wenn man nicht wirklich glaubt, dass das eigene Handeln unmoralisch ist, sendet man auch keine verräterischen Zeichen aus. Diese Menschen sind aalglatte Lügner. Und sie haben kein Problem damit. Auch mit einem Lügendetektor ist ihnen nicht beizukommen. Selbst die Polizei und die Menschen in ihrem Umfeld sagen, nun, sie sind unschuldig und sagen die Wahrheit, weil es keinerlei Anzeichen dafür gibt, dass diese Personen lügen."

Ich erzähle Jim davon, wie ich Putin wegen der MH17 überfallartig zur Rede gestellt habe und wie geschmeidig er gelogen hat.

„Ja, ich habe den Videoclip gesehen. Dieses Verhalten ist sehr typisch für alle Psychopathen und auch Menschen mit narzisstischer Persönlichkeitsstörung. Sie treten ganz ähnlich auf. Mit aalglatt meine ich übrigens, dass sie sich keine Gedanken über die Wirkung, die negativen Folgen ihrer fortwährenden Lügen machen. Weil sie innerlich keinen Konflikt austragen, kommen ihnen die Lügen ganz einfach und glatt über die Lippen. Wenn man außerdem glaubt, dass das eigene Handeln letztlich der moralische Weg ist, ist man auch überzeugt von der eigenen moralischen Überlegenheit. Also kommen einem die Worte nicht nur glatt über die Lippen, sondern man sendet auch keine verräterischen Zeichen aus, dass man lügt. Es ist einem egal. Die Menschen können nicht sagen, ob man lügt, und daher wird es einem von Kindheit an zur Gewohnheit. Diese Menschen werden zu professionellen Lügnern. Vom bloßen Zuhören und Ansehen kann man sie nicht entlarven. Denn sie glauben selbst an das, was sie sagen. Ein anderer Teil dieser Persönlichkeitsstörung ist die Schuld-Externalisierung. Sie sind immer schnell bei der Hand, andere für das eigene Handeln verantwortlich zu machen. Sofort haben sie eine Anschuldigung gegen jemand anderen parat. Zum Beispiel wirft man ihnen vor: ‚Sie waren es.' Darauf ein psychopathischer Mörder: ‚Nun, da war eine Waffe, und sie war zufällig in meiner Hand, aber dieser Mensch hat es verdient zu sterben, und da ist die Kugel wie von allein rausgekommen.' Es ist wirklich seltsam, denn sie bringen sich selbst nicht mit dem Verbrechen in Verbindung. Und so geht es schon ihr Leben lang. Als ich gesehen habe, wie du mit Putin gesprochen hast und dieser, ohne mit der Wimper zu zucken, sagte, im Grunde sind die anderen schuld, habe ich darin ganz klar ein psychopathisches Charaktermerkmal erkannt."

Was also den aalglatten Lügner betrifft, zählt Putin ganz klar zu dieser Kategorie. Nach welchen anderen Charakterzügen hält man bei einem Psychopathen Ausschau?

„Nun, einem grandiosen Selbstwertgefühl. Dieses überstiegene Selbstvertrauen, Vertrauen in die eigene Identität: Das haben alle gemein. Daher sind sie sehr überzeugend, sehr souverän, halten sich selbst für großartig. Sie legen eine ‚furchtlose Dominanz' an den Tag. Es sind Menschen, die Mumm haben, die sich vor nichts und niemandem fürchten und die große Risiken eingehen. Psychopathen haben eine hohe Risikobereitschaft."

Und noch ein Faktor könnte in Putins Psyche laut Jim Fallon im Spiel sein.

„Zunächst einmal haben alle Psychopathen und die meisten Diktatoren, deren Charakter ich analysiert habe, eine sehr schwierige Kindheit und Jugend gehabt. Sie wurden missbraucht, verlassen, vor allem im Alter von zwei bis drei Jahren. Alle bis auf Pol Pot. Er ist der Einzige von Hunderten, auf den das nicht zutrifft. Aber auf Putin, auf den trifft es zu. Er wurde als kleines Kind verlassen, missbraucht, drangsaliert. Er wurde zu einem kleinen Straßenganoven. Und damit passt er in dieses Muster eines Menschen, der in früher Kindheit das Trauma des Missbrauchs durch sein Umfeld erlebt hat, das bei einem Menschen epigenetisch zu den genannten Störungen führen kann."

Ich erzähle Jim, was mir ein Informant gesagt hat: dass Putin als Kind sexuell missbraucht wurde. Jims Informanten haben ihm das Gleiche berichtet: „Alle haben gesagt, dass er missbraucht und früh verlassen wurde, als Zwei- oder Dreijähriger." Ich meine die umstrittene Geschichte, dass Putin ein uneheliches Kind war und von seiner Mutter in Georgien verlassen wurde. Aber Jim hat eine andere faszinierende, leicht abweichende These:

„Dass er missbraucht und als Kind verlassen wurde, bestätigen alle, aber die meisten reden davon, dass es in Leningrad passierte. Die Sache mit Georgien ist mir allerdings auch zu Ohren gekommen."

Das wirft die Frage auf, ob Putin vielleicht von seiner leiblichen Mutter verlassen wurde, nicht in Georgien, sondern aus irgendeinem Grund in Leningrad. Jim fährt fort: „Das deckt sich mit den Kindheitsgeschichten anderer Psychopathen. Es gibt da immer etwas Unerklärtes, ein paar unbeantwortete Fragen in ihrer frühen Biografie; die betreffende Person oder jemand aus der Familie leugnet die wahre Geschichte, um die Familie zu schützen. Mit diesem Problem wird man häufig bei Gerichtsverhandlungen konfrontiert oder wenn man sich mit der Biografie von psychopathischen Mördern befasst. Sie wollen immer ihr Geheimnis wahren. Also hat man es ständig mit Leugnung zu tun. ‚Nein, meine Kindheit war wirklich okay.' Aber in Wirklichkeit wuchs die Person bei jemand anderem auf, nachdem die eigene Mutter sie verlassen hatte, in einem übergriffigen Umfeld – das ist bei Psychopathen ein weitverbreitetes Szenario. Deshalb hat man es ständig mit der Frage zu tun, was wirklich geschah. Welche Version ist die plausibelste? Im Falle Putins ist die Version, die ich am meisten zu hören bekam, die, dass das Verlassenwerden und der Missbrauch in seiner frühen Kindheit geschahen."

Wir kennen nicht die ganze Geschichte und werden sie wahrscheinlich auch nie kennen. Aber wir wissen, dass Wladimir Putin verschiedene Merkmale eines Psychopathen aufweist: ein aalglatter Lügner ohne jegliches Muskelzucken im Gesicht, furchtlose Dominanz, Schuld-Externalisierung – bei Unklarheit über die frühe Kindheit.

Der Abschuss der MH17 durch eine russische Mittelstrecken-Boden-Luft-Rakete im Juli 2014 war der Moment, in dem ich dachte, dass Wladimir Putin sein Pulver verschossen hat, dass er diesmal zu weit gegangen war, dass ihm der Westen diesmal die Stirn bieten würde.

Doch darin habe ich mich geirrt. Der Westen setzte seine Appeasement-Politik gegenüber dem Kreml fort, genau wie zuvor.

Kapitel zwölf
Oppositionsführer erschossen

Der Mann, der beinahe anstelle von Putin Herr des Kremls geworden wäre, Boris Nemzow, intelligent, mit wildem Haarschopf und voller Witz, der frühere theoretische Physiker, der zum demokratischen Politiker geworden war, war in Topform. Die Oligarchen hatten für Putins Olympische Winterspiele eine Straße von der Küstenstadt Sotschi hinauf zum Wintersportort in den Bergen gebaut, und zwar für die außergewöhnlich hohe Summe von fünf Milliarden Dollar. Im Dezember 2013, ein paar Wochen vor den Eröffnungsfeierlichkeiten, traf ich mich in Moskau mit Nemzow. Er witzelte: „Es wäre billiger gewesen, wenn man diese Straße mit Louis-Vuitton-Handtaschen gepflastert hätte."

Ich erzählte Nemzow, dass ich Anatoli Pachomow, Bürgermeister von Sotschi und Putin-Anhänger, getroffen und ihn mit einer Frage herausgefordert hatte: Wie würde man mit homosexuellen Olympioniken umgehen? Pachomow hatte mir mit unbewegtem Gesicht geantwortet: „In Sotschi gibt es keine Homosexuellen."

Die Behauptung Pachomows – ein Anklang an den Hit der Radio Stars aus dem Jahr 1977, *No Russians in Russia* – war absurd falsch, das war jedem klar, der auch nur das Geringste über das Seebad in Russlands tiefem Süden weiß. Nemzow hatte seine Freude an diesem Unfug: „Keine Homosexuellen in Sotschi? Unglaublich. Sagenhaft."

Er kicherte und konnte sich kaum wieder beruhigen, sodass

wir für unseren Film *Putins Spiele* der Sendereihe *Panorama* das Gelächter herausschneiden mussten, weil es so lange anhielt. Von allen Persönlichkeiten, die im Licht der Öffentlichkeit stehen und denen ich als Journalist begegnet bin, ist der Einzige, der an Nemzows Freude am Absurden heranreicht, der Dalai Lama – und der ist ein Gottkönig.

Als Nick Sturdee, Freelanceproduzent von *Panorama*, und ich versuchten, Geschichten aus erster Hand zu hören, bekam der Lack der putinschen Olympischen Winterspiele 2014 erste Kratzer. Wir fuhren in die Berge bis zu einem Kontrollpunkt mitten im Dorf Akhschtir östlich von Sotschi, nicht weit von der Grenze zu Georgien. Es ist ein Ort, der ziemlich im Nirgendwo liegt, nichts Besonderes, aber früher ist er nicht so hässlich gewesen wie heute. Hoch über dem Dorf sah man einen gewaltigen Steinbruch, in dem Kalkstein für die Bauarbeiten zu den Olympischen Spielen abgebaut worden war, jetzt sollte das riesige Loch in der Erde eine Mülldeponie werden. Den ganzen Tag donnerten Lastwagen am Kontrollpunkt vorbei. Ihre Motoren heulten auf, als sie sich im Schritttempo an unserem Auto vorbeibewegten, aber wir konnten es nicht wegfahren.

Die Soldaten waren vom FSB, und der Soldat, der die Führung innehatte, herrschte mich auf Russisch an, wir könnten nicht passieren. Aber um unsere Arbeit zu machen, mussten wir passieren. Die Dorfbewohner behaupten, dass die schicke 5-Milliarden-Dollar-Straße von Sotschi zum Wintersportort das Dorf von Sotschi abgeschnitten hat. Die Kinder hatten früher einen Schulweg von zwanzig Minuten, heute müssen sie eine Stunde lang eine verschlammte Straße hinunterfahren, weil die versprochene Zufahrtsstraße nicht gebaut worden ist.

Ich blickte dem FSB-Knecht in die Augen und sagte: „Präsident Putin hat dem Internationalen Olympischen Komitee versprochen, Journalisten würden in Sotschi willkommen sein."

Nick übersetzte, und leichtes Unbehagen zeigte sich auf dem Gesicht des Soldaten. Er war jung, blond und trug eine mächtige Waffe. Aber er wollte sich nicht mit einem Fremden streiten, der den Präsidenten zitierte. Er nahm unsere Pässe und zweifelte unseren Status an: „Woher wissen wir, dass ihr wirklich Journalisten seid?" Wir hatten keine russischen Presseausweise, denn obwohl wir unsere Anträge bereits drei Wochen zuvor eingereicht hatten, war das Außenministerium in Moskau nicht in der Lage gewesen, uns Ausweise auszustellen oder uns mitzuteilen, dass es Probleme gab.

Ein Dörfler ging vorbei und drückte mir etwas in die Hand: eine Visitenkarte von Robert Roxburgh, Pressesprecher des Internationalen Olympischen Komitees. Ich rief mit meinem Handy die Nummer auf der Karte an, teilte Roxburgh mit, dass das FSB uns die Pässe abgenommen hatte, und fragte ihn, was das IOC in dieser Angelegenheit zu tun gedenke. Er kritisierte uns, dass wir ohne russische Presseausweise nach Akhschtir gefahren waren. Ich erklärte, dass das Problem bei den Russen lag und nicht bei uns. Da behielt das FSB unsere Pässe ein, gestattete uns aber, den Kontrollpunkt zu Fuß zu passieren, damit wir die Dorfbewohner filmen konnten. Sie beschwerten sich über den Steinbruch, der Eigentum der Russischen Eisenbahnen sei, die ihrerseits dem Oligarchen Wladimir Jakunin gehörten, einem alten Kumpel von Wladimir Putin aus Sankt Petersburg.

Als wir zum Kontrollpunkt des FSB zurückkamen, sagte uns der Soldat, um unsere Pässe zurückzubekommen, müssten wir ein Dokument unterschreiben, in dem wir zugaben, dass wir illegal ins Grenzgebiet vorgedrungen wären. Ich rief erneut bei Roxburgh an. Er schnaufte und keuchte. Ein Ausweg ergab sich, als einer der Männer des FSB vorschlug, wir sollten auf ihrem Dokument mit „Ich weigere mich zu unterschreiben" unterschreiben. Das taten wir und waren frei.

Arbeiter behaupteten, man habe sie um ihren Lohn betrogen. Nur wenige wollten das vor laufender Kamera sagen, aber der Elektriker Mardiros Demerchan war eine Ausnahme. Er sagte uns, als er sich beschwerte, habe ihn die Polizei wegen eines frei erfundenen Verdachts festgenommen. „Sie fingen an, mich zu verprügeln, ein Mann von der einen Seite und ein zweiter von der anderen Seite. Ich verlor beinahe das Bewusstsein und fiel hin, aber sie zerrten mich wieder hoch und drückten mich auf einen Stuhl. Einer von ihnen sagte: ‚Hast du jetzt genug, oder müssen wir dich noch weiter verprügeln?'"

Demerchan behauptete, er sei gefoltert und mit einer Eisenstange vergewaltigt worden. Als er versuchte, Anklage gegen die Polizei zu erheben, verklagte man ihn wegen Verleumdung.

Die Mondlichtung erwähnte ich dem FSB gegenüber nicht. Es ist meine Übersetzung des russischen *Lunnaja Poljana* (Mondfeld), eine Geheimbasis hoch oben in den Bergen, nur mit dem Hubschrauber zugänglich; es klingt wie das Versteck eines Bösewichts aus einem James-Bond-Film. Sie ist in einem früheren Nationalpark errichtet worden und offiziell eine meteorologische Forschungsstation, scheint aber eine streng geheime Skihütte des Präsidenten zu sein. Der Umweltaktivist Jewgeni Witischko ist zur Mondlichtung hinaufgewandert und berichtete uns: „Wladimir Putin gefiel es, und er beschloss, sich dort ein Landhaus zu bauen." Witischko engagierte sich dagegen, dass in der Nähe weitere Landhäuser errichtet würden: „Man muss etwas gegen dieses Ferienhaus-Fieber tun – und genau das tun wir. Deshalb hat uns das Gericht für schuldig befunden." Witischko bezog sich darauf, dass er wegen Sachbeschädigung angeklagt war, weil er angeblich ein Graffito auf einen Zaun gemalt hatte, was er bestreitet. Nachdem Witischko in unserem *Panorama*-Bericht *Putin's Games* aufgetreten war – er traf diese Entscheidung selbst, er wusste, dass es seinem Aktivismus zugutekommen würde –, wurde er zu drei Jahren Gefängnis verurteilt.

Bei den Berichten für *Panorama* verfuhr ich gerne so, dass ich alles auf die Spitze trieb, sodass, wenn die Verantwortlichen im Sender mich ausbremsten – sie kippten mir stets kalte Milch in den Tee –, dennoch etwas Interessantes für die Fernsehzuschauer übrig blieb. Ich schlug vor, den Teil unseres *Panorama*-Berichts *Putin's Games*, der von der Mondlichtung handelte, mit Filmmusik von John Barry aus *Capsule In Space* zu unterlegen, mit dem Stück aus dem Bond-Film *Man lebt nur zweimal*, wo die SMERSH-Satelliten die sowjetischen und amerikanischen Satelliten verschlingen. Es ist ein brillantes und gruseliges Riff. Die Befehlsempfänger von der BBC waren über den ganzen Rest der Folge so fürchterlich erschrocken, dass irgendwie vergessen wurde, diesen Teil abzuschwächen, und er blieb drin.

Dass uns der FSB in Gewahrsam genommen hatte, der Zorn der von der Außenwelt abgeschnittenen Dorfbewohner, die Folterung des Elektrikers, die Verhaftung und Verurteilung des tapferen Grünen standen für mich sinnbildlich für Putins Spiele: die Obrigkeit tat so, als wäre sie sehr freundlich, doch hin und wieder war sie nicht wachsam genug, und man konnte einen kurzen Blick auf den Polizeistaat erhaschen, der die Machtlosen beraubt und den Mächtigen dient.

Boris Nemzow verabscheute Wladimir Putins Krieg gegen die Ukraine, die Besetzung der Krim und die getarnte Invasion der Gebiete um Donezk und Luhansk in der Ostukraine. Im Frühjahr 2014 feuerte er auf seiner Facebook-Seite folgenden Schuss geradewegs in Richtung Kreml ab:

> Putin hat in der Ukraine einen Bruderkrieg vom Zaun gebrochen. Diese grausame Dummheit eines wahnsinnigen KGB-

Mannes wird Russland und die Ukraine teuer zu stehen kommen: Wieder einmal werden auf beiden Seiten junge Männer den Tod finden, Müttern und Ehefrauen werden die Söhne und Männer geraubt, Kinder zu Waisen gemacht. Auf die verödete Krim werden keine Touristen mehr kommen. Zweistellige Milliardenbeträge in Rubeln werden Alten und Kindern genommen und in die Kriegsmaschinerie geworfen, und anschließend sogar noch mehr Geld, um das räuberische Regime auf der Krim finanziell zu unterstützen ... Der Ghul braucht einen Krieg. Er braucht das Blut des Volkes. Russland kann sich darauf freuen, international isoliert dazustehen, es kann sich freuen auf die Verelendung seines Volkes und auf Repression. Mein Gott, warum sollten wir derartig verflucht sein??? Wie lange können wir das noch ertragen?!

Ein gutes Jahr nachdem ich ihn interviewt hatte, wurde Nemzow, der sich damals vor Lachen kaum hatte halten können, erschossen, am 27. Februar 2015, auf einer Brücke über die Moskwa, keine hundert Meter vom Kreml entfernt. Ich erinnere mich, wie ich meinen Produktionsleiter von *Panorama*, Andrew Head, anrief und ins Telefon schluchzte. Heute, sieben Jahre später, ist noch immer niemand als Auftraggeber der Ermordung angeklagt worden. Nemzow ist ein außergewöhnlicher Mensch gewesen, der freundlichste, witzigste und menschlichste Russe, dem ich je begegnet bin. Sein brutales Ende hatte zur Folge, dass ich in einer tiefen Depression versank. Ich hämmerte einen Thriller über das moderne Russland in die Tasten, *Cold*, und widmete ihn drei Menschen aus Russland, mit denen ich zusammengetroffen war und die erschossen worden waren: Anna Politkowskaja, Natalja Estemirowa, Boris Nemzow.

In der *London Review of Books* stellte Keith Gessen Überlegungen zu Nemzows Facebook-Beitrag gegen den Krieg in der

Ukraine an und schrieb nach dessen Ermordung: „Er wurde wegen seines Widerstandes gegen den Krieg getötet." Von Anfang an haben Kritiker davor gewarnt, dass der Krieg in der Ukraine irgendwann auch in Moskau ankommen würde. Ganz gleich, wer auf der Brücke abgedrückt hat – jetzt ist der Krieg da."

Nemzow war kein Dummkopf. Er ahnte, was ihn erwartete. Einen Monat vor seiner Ermordung bloggte er, seine Mutter, damals 87 Jahre alt, fürchte, Putin werde ihn töten lassen. Ob er selbst Angst davor habe, wollte jemand wissen. „Ja, nicht so sehr wie meine Mutter, aber schon ..." Aber wie es nun einmal seine Art war, fuhr Nemzow fort: „Das war nur ein Scherz. Wenn ich Angst vor Putin hätte, würde ich nicht im gleichen Berufsfeld arbeiten wie er."

Es war kein Scherz. Zwei Wochen vor seiner Ermordung sagte er seiner alten Freundin, der Journalistin Jewgenia Albaz, er befürchte, man könnte ihn umbringen, legte aber auch die Gründe dar, warum das nicht geschehen würde: Er war ein hohes Tier im Kreml gewesen, stellvertretender Ministerpräsident, und ihn zu töten, würde einen blutigen Präzedenzfall schaffen.

Hier irrte Nemzow. Er wurde mehrmals in den Rücken geschossen, in einem der am sorgfältigsten von Überwachungskameras erfassten Bereiche der Welt. Die offizielle Darstellung lautete, ein Müllwagen habe den Kameras des Kremls die Sicht genommen, sodass sie den oder die Mörder nicht aufnehmen konnten. Aufmerksame Leser werden es bereits begriffen haben, aber um jedes Missverständnis auszuschließen: Die offizielle Darstellung ist völliger Schwachsinn. In meiner mehr als vier Jahrzehnte langen Tätigkeit als Reporter bin ich nirgendwo häufiger von Polizisten aufgehalten worden als vor dem Kreml. Man kommt keine fünf Meter weit, ohne dass wieder ein Bulle deinen Pass sehen will. Die Vorstellung, dass Nemzow ermordet worden ist und keine einzige Kamera des Kremls entscheidendes Beweismaterial aufgezeichnet haben soll, ist absurd. Putins Pressesprecher Dmitri Peskow rieb Salz in die Wunde: „Putin hat festgestellt, dass dieser grausame Mord alle Kennzeichen eines Auftragsmordes trägt und extrem provokativ ist ... In politischer Hinsicht stellte er für die gegenwärtige russische Führung oder für Wladimir Putin keinerlei Bedrohung dar. Wenn wir die Popularität mit der von Putin und der Regierung und so weiter vergleichen, war die von Boris Nemzow nur geringfügig höher als die eines durchschnittlichen Bürgers."

Um noch einmal jedes Missverständnis auszuschließen: Nemzow stellte sehr wohl ein Problem für Wladimir Putin dar. Die eine Person, die von seinem Mord profitierte, war der Herr des Kremls.

Die polizeiliche Untersuchung des Mordes am inoffiziellen Führer der russischen Opposition verlief genau so, wie aufmerksame Leser es erwarten würden: Die Moskauer Polizei preschte in die falsche Richtung davon. In der Nacht nach dem Mord durchsuchte sie Nemzows Wohnung und beschlagnahmte seine Computerfestplatten. Natürlich - das Opfer war der Feind. Die in Russland geborene amerikanische Reporterin Julia Ioffe sagte voraus, was geschehen würde: „Wir können sicher sein, dass die Untersuchung zu keinerlei Ergebnis führen wird. Bestenfalls wird ein bedauernswerter Trottel als mutmaßlicher Schütze vor einen Richter gezerrt, als Sündenbock für jemanden, der weitaus mächtiger ist. Wahrscheinlicher ist es, dass die Ermittlungen scheitern werden, unter fortgesetzten Versicherungen, alle würden schwer daran arbeiten, und niemand wird je zur Rechenschaft gezogen werden." Der Kreml, schrieb sie, sei bereits dabei, den Leuten „Sand in die Augen zu streuen".

Kluge Leute in Moskau waren unterschiedlicher Auffassung darüber, wer den Auftragsmord angeordnet haben könnte. Nemzow war ein langjähriger Dorn in Wladimir Putins empfindlicher

Flanke. Aber wie Anna Politkowskaja vor ihm übte auch er unumwunden Kritik an dem psychotischen tschetschenischen Kollaborateur Ramsan Kadyrow. Der oppositionelle russische Aktivist Ilja Jaschin hatte den Verdacht, Kadyrow habe Nemzow töten lassen. Es gab Gerüchte, Offiziere des FSB hätten eindeutige Beweise gefunden, dass der tschetschenische Satrap den Mord in Auftrag gegeben habe, und wären frustriert gewesen, dass Putin nach Tagen der Unentschlossenheit anordnete, ihre Untersuchungen abzuschließen.

Ich sage meinen ukrainischen Freunden immer wieder: Es gibt ein anderes Russland. Das Problem liegt darin, dass die Alternativen zu Wladimir Putin entweder tot sind oder zumindest nicht sehr lebendig.

Im Dezember 2016 war ich zurück in Moskau und beschäftigte mich mit einem der intellektuellen Schwergewichte von Wladimir Putins Russland. Mit seinem langen Haar und Bart und dem typisch slawischen Aussehen wird Alexander Dugin, damals 54 Jahre alt, verschiedentlich als „Putins Hirn" oder „Putins Rasputin" bezeichnet. Zu dieser Zeit hatte er seine eigene kremlfreundliche Fernsehshow, die die russisch-orthodoxe Überlegenheit propagierte. Stellen Sie sich eine Sendung vor, in der mit Goebbels-artiger Rhetorik Hymnen gesungen werden, und Sie bekommen eine Ahnung von dieser Gehirnwäsche. Dugin ist Verfechter des Eurasianismus, der Ideologie, dass Russland ein einzigartiges Land ist, das sowohl Europa als auch Asien umfasst und sich infolgedessen hochhalten und sich von den verlockenden, schwächenden Krankheiten der Menschenrechte, Demokratie und Rechtsstaatlichkeit fernhalten muss. Das ist herkömmlicher Faschismus, verpackt in hochtrabendes Geschwätz, aber abgesehen davon wird weithin angenommen, dass Dugin das Vertrauen des Kremls genießt. Als ich ihn traf, hatte der Westen

Sanktionen gegen ihn verhängt, wegen der Heftigkeit seiner Äußerungen zugunsten der russischen Invasion der Ukraine und seiner Weigerung, die nationale Unabhängigkeit der Ukraine anzuerkennen. Zu diesem Zeitpunkt im Jahr 2016 hatte Putins Krieg im Donbass erst 10 000 Menschenleben gekostet.

Dugins Masche war die Behauptung, die größten Gefahren für die westliche Zivilisation lägen im schwächenden Liberalismus und im islamistischen Extremismus. Andere sympathisierten mit dieser Ansicht, darunter auch Präsident Donald Trumps Chefstratege Steve Bannon. 2016 schienen Trump und Bannon die Herren des Universums zu sein. 2014 hatte Bannon, damals noch Chef des ultrarechten Nachrichtenportals Breitbart News, seine Ansichten bei einem rechtsgerichteten Treffen im Dunstkreis des Vatikans dargelegt und behauptet, der sogenannte Islamische Staat habe einen Twitter-Account darüber, wie er „die Vereinigten Staaten in ‚Ströme von Blut' verwandeln" wolle.

„Glauben Sie mir, das wird nach Europa kommen", fügte er hinzu. „Obendrein stehen wir heute meiner Meinung nach am Beginn eines globalen Krieges gegen den islamischen Faschismus."

Wenn man sich dem Kreml darin anschließt, wie er den „islamistischen Faschismus" in, sagen wir mal, Aleppo bekämpft, besteht die Gefahr, dass man letztendlich Partei für den russischen Faschismus ergreift. Über dieses Risiko schien Alexander Dugin nicht nachdenken zu wollen. Mein Interview mit ihm in Moskau nahm kein gutes Ende.

Als Erstes tat er die Wahrscheinlichkeit, dass die Russen anlässlich der Präsidentschaftswahl 2016 die amerikanische Demokratie hackten, als „gleich null" ab.

Sweeney: Die Leute fragen sich, wie es mit Wladimir Putins Verpflichtung zur Demokratie steht.

Dugin: Passen Sie auf. Ihr könnt uns keine Demokratie beibringen, denn ihr versucht, jedem Menschen, jedem Staat, jeder Gesellschaft das westliche amerikanische oder sogenannte amerikanische Wertesystem aufzudrängen, ohne zu fragen ... und das ist komplett rassistisch. Sie sind ein Rassist.

Sweeney: Es ist doch so: Wenn man Wladimir Putin gegenüber kritisch ist, kann man als Leiche enden.

Dugin: Auch wenn man mit Wikileaks zu tun hat, kann man ermordet werden.

Sweeney: Und ist Julian Assange tot?

Dugin: Nein.

Sweeney: Einen Moment, bitte berichten Sie mir doch von Boris Nemzow. Er ist hundert Meter vom Kreml entfernt ermordet worden.

Dugin: Von Putin? Sie glauben, Putin hat ihn ermordet?

Sweeney: Er war ein Putin-Kritiker. Können Sie mir sagen, wie viele amerikanische Journalisten unter Barack Obama gestorben sind? Das können Sie nicht, oder?

Dugin: Das ist eine vollkommen alberne Unterhaltung. Hat mich gefreut, Sie kennenzulernen, aber ich möchte nicht weitermachen.

Dann riss sich Dugin das Ansteckmikrofon ab und beendete das Interview.

Und wir hatten uns so gut verstanden ...

Später postete er auf seinem Blog einen Beitrag für seine 20 000 Follower, mit einem Foto von mir, und beschuldigte mich, ich würde „Fake News" erzeugen: „Ich habe einen BBC-Korrespondenten rausgeworfen, einen berüchtigten Mistkerl! Einen totalen Schwachkopf ... John Sweeney. Sein Name sagt schon alles: er ist ein ‚globalistisches Schwein'. Sie machen eine Fake-News-Dokumentation darüber, wie die Russen geholfen haben, dass

Trump Präsident wurde, und ihr einziger Beweis besteht darin, dass Putin beim KGB gearbeitet hat. Völlige Idioten. Keinerlei journalistische Fähigkeiten! Propagandisten im Nazi-Stil. Haltet euch von denen fern!"

Das ist die Sprache der neuen Weltordnung.

Wo immer ich von nun an in Russland hinging, war mir jemand auf den Fersen.

Kapitel dreizehn
„Taking On Putin"

Erschossen.
Erstochen.
Getasert.
Von stummen Schlägern geprügelt.
Mit Eisenstangen am Schädel traktiert.
Halb geblendet.

Diese Verben erzählen davon, was denen widerfährt, die Wladimir Putin den Kampf ansagen, also in Russland ihre Stimme für Demokratie erheben. Bewundernswert ist, dass diese Leute Stil und Verve und nicht zuletzt sehr viel Humor an den Tag legen. Sowie natürlich eine unglaubliche Courage.

Erschossen? Nemzow.

Erstochen? Getasert? Im Frühjahr 2018 kandidierte der Kreml-Herrscher wieder einmal für das Amt des Präsidenten der Russischen Föderation. Das Nawalny-Team tat sein Bestes, um aufzuzeigen, dass die Wahl eine grausame Farce war, was die Mitglieder des Teams – und letztlich auch ihren Anführer – einen hohen Preis kostete.

Selbst Possenreißen war gefährlich. Da gab es einen Straßenkehrer, der sich bei Demonstrationen der Opposition eine Wladimir-Putin-Maske überzog. Wladimir Iwanjutenko aus Sankt Petersburg erregte Aufsehen damit, dass er eine Putin-Maske und dazu ein T-Shirt mit einer derben Aufschrift spazieren trug, welch Letztere sich in gepflegter Diktion mit „Putin ist ein

Schwachkopf" übersetzen lässt. Im Dezember 2017 wurde er, als er um sechs Uhr morgens auf dem Weg zur Arbeit war, von zwei Männern überfallen. Der eine traktierte ihn mit einem Taser, der andere versetzte ihm zwei Messerstiche. Die Männer ließen ihn im Schnee liegen und suchten das Weite. Doch er überlebte. Iwanjutenko war und ist überzeugt, dass seine Angreifer vom russischen Staat gedungen waren. Wie er mir sagte: „Ich kann das nur mit meinen oppositionellen Aktivitäten in Verbindung bringen. Ich unterstütze die Kritiker des Putin-Regimes und halte ihn für einen Kleptokraten. Er ist kein legitimer Präsident."

Niemand ist wegen des Überfalls auf Iwanjutenko angeklagt worden. Natürlich nicht.

Von stummen Schlägern geprügelt? Im Januar 2018 übertrug Dinar Idrissow per Livestream das Einschreiten russischer Polizei gegen eine Kundgebung von Nawalny. Es war für die Staatsmacht ein Leichtes, sein Handy per Geo-Ortung zu lokalisieren, und prompt sah er sich von drei Männern attackiert. Sie schlugen ihn zu Boden und versetzten ihm Fußtritte ins Gesicht, gegen den Kopf und gegen den Oberkörper; dabei gaben sie keinen Ton von sich. Er trug einen Rippen-, einen Arm- und einen Jochbeinbruch davon, und sein Gesicht war zu Brei geschlagen. Nach Idrissows Überzeugung gehörten die Schläger einem der russischen Staatssicherheitsorgane an. „Normale" Schlägertypen beschimpfen ihr Opfer lautstark, während sie auf es eindreschen. „Diese Leute waren emotionslos."

Niemand ist wegen des Überfalls auf Idrissow angeklagt worden. Natürlich nicht.

Mit Eisenstangen am Schädel traktiert? Nikolai Ljaskin war ein enger Mitarbeiter Alexei Nawalnys. Im September 2017 stürzte er zu Boden. Irgendetwas hatte ihn getroffen. „Zuerst glaubte ich, es sei etwas vom Dach herabgefallen, oder dass vielleicht das Gebäude einstürzte. Ich drehte mich um und sah, dass ein Mann mir noch einmal eine Eisenstange auf den Kopf haute." Nach der Attacke erhielt Ljaskin eine schräge SMS: „Erledigt." Die russische Polizei beschuldigte ihn, die Hiebe mit der Eisenstange selbst inszeniert und den Angreifer dafür bezahlt zu haben. Ein paar Tage nach dem Vorfall durchsuchte die Polizei das Büro, in dem Ljaskin arbeitete – zufällig handelte es sich dabei um das Hauptquartier des Nawalny-Teams. „Es war einfach nur absurd. Jemand hatte mir mit einer Eisenstange zweimal den Schädel poliert, und die beschlagnahmten einfach mal alle unsere Flyer und Aufkleber, alle die Sachen in unserem Büro, auf denen Nawalnys Name stand."

Niemand ist für den Überfall auf Ljaskin angeklagt worden. Natürlich nicht.

Halb geblendet? Der Mann, der eine Zeit lang fürchtete, sein Augenlicht im rechten Auge zu verlieren, war Alexei Nawalny selbst. Meine erste Begegnung mit Nawalny fand 2016 statt und war eine Zoom-Konferenz. Mein Freund Roman Borisovich, ein im Londoner Exil lebender Russe, schaltete mich mit Mitarbeitern von Nawalnys Anti-Korruptions-Stiftung zusammen, die in Russland unter ihren Initialen FBK bekannt ist. Sie hatten ein witziges, aber zugleich auch düsteres 40-Minuten-Video über den damaligen russischen Generalstaatsanwalt Juri Tschaika und seine Söhne produziert. Das Fazit des Films lautete, der oberste Strafverfolger Russlands und seine Söhne seien Ganoven und steckten mit dem organisierten Verbrechen unter einer Decke. Wenn einfache russische Bürger gegen dieses mafiöse Netzwerk aufmuckten, liefen sie Gefahr, ihr Leben zu verlieren. Tschaika und seine Söhne wiesen die Vorwürfe der FBK zurück, indem Tschaika selbst im Film sagte, dass das Video ein „Verriss" sei und „die präsentierten Informationen bewusst verfälscht wurden". Nick Sturdee und ich drehten einen kurzen Film für BBC *Newsnight*, bei dem wir uns den Umstand zunutze machten, dass

Tschaika das russische Wort für Möwe ist. Die ersten Einstellungen unseres Filmchens zeigten eine schmutzige Eiswüste an einer Küste; ich hielt eine Pommes frites hoch, als Angebot an die umherflatternden Möwen, dazu lief die Stalin-Version der sowjetischen Nationalhymne. Ich sagte in die Kamera: „Willkommen am Baikalsee hier in Sibirien." Die Möwen kreischten, und ich korrigierte mich: „Na ja, in Wirklichkeit sind wir in Southend-on-Sea."

Über die Zoom-Schalte erklärte mir Nawalny, Wladimir Putin sei der Präsident eines Landes, das vom Kopf her verrottet: „Er ist der Zar der Korruption." Nawalny beeindruckte mich bei diesem Gespräch mit seinem Mut. Wenn wir vom sicheren London aus solche Vorwürfe erhoben, war das eine Sache, doch wenn Nawalny und sein Team das aus Russland heraus taten, zeugte es von unglaublicher Courage und Kühnheit.

Im Vorfeld der Präsidentschaftswahl von 2018 wusste alle Welt, wer als Sieger daraus hervorgehen würde. Von den Kandidaten, die eine Chance gehabt hätten, Putin zu schlagen, war keiner im Rennen. Nemzow hatten sie erschossen, Kasjanow mit einem Sexvideo kompromittiert, Nawalny ausgeschaltet durch eine Anklage und einen Prozess auf der Grundlage absurder, vom Staatsapparat vorgelegter „Beweise" und eines Urteils, bei dem ein höriger Richter aus dem Kreml vorgegebene Formulierungen nachmurmelte.

Immerhin, Nawalnys Team bereitete dem Kreml Ärger, kein Zweifel. Nawalnys Masche zeichnete sich durch eine bizarre Raffinesse aus: Er tat so, als sei Russland eine funktionierende Demokratie, und handelte dementsprechend.

Im April 2017 befand sich Nawalny gerade vor der Tür seines Moskauer Büros, als ein Angreifer ihm eine grüne Farblösung, die in Russland Seljonka genannt wird, ins Gesicht schüttete. Die Farblösung wird oft als Desinfektionsmittel verwendet, etwa bei der Behandlung von Hautabschürfungen, und ist normalerweise ungiftig. In diesem Fall war der Lösung jedoch eine Substanz beigemischt, eine aggressive Chemikalie, die Nawalnys rechtes Auge schwer verätzte. Er begab sich in ärztliche Behandlung in Spanien, und aus der Nähe wirkt sein geschädigtes Auge heute noch beeinträchtigt, weniger beweglich als das andere.

Die russische Polizei sah sich nicht in der Lage, den Angreifer zu identifizieren – was seltsam anmutet, denn das Team Nawalny konnte das. Auf Bildern einer Überwachungskamera war der vom Tatort weglaufende Mann zu sehen. Die Polizei gab an, jemand habe das Gesicht des Mannes verpixelt – nicht aber seine Kleidung und seinen Körper. Verpixelt worden war auch ein zweiter Mann, der langsam vom Ort des Geschehens wegging, um nicht aufzufallen. Man sieht, dass er sein Handy in der Hand hält. Einer von Nawalnys Unterstützern fand im Internet eine Fassung des Überwachungsvideos, bei der die Verpixelung des zweiten Mannes für eine Zehntelsekunde nicht geklappt hatte. Man konnte ihn identifizieren als Alexei Kulakow, ehemaliger Major bei der Moskauer Polizei und Aktivist einer zwielichtigen Pro-Kreml-Gruppierung namens SERB – das Akronym steht lustigerweise für einen englischen Ausdruck, nämlich für South East Regional Bloc. Die Mitglieder stammen aus dem besetzten Südosten der Ukraine und singen Putins Lied über den dort tobenden Krieg – dass sie selbst Freiheitskämpfer sind, die in Kyjiw Regierenden hingegen Nazis und Putschisten. Kulakow führte das Team Nawalny zu dem Mann, der nach ihrer Überzeugung Nawalny die ätzende Farbe ins Gesicht geschüttet hatte: Alexander Petrunko. Alle Beteiligten bestreiten, etwas Unrechtes getan zu haben. Sie wurden nicht belangt.

Das erklärte Ziel der SERB-Leute ist es, „den Glauben an traditionelle russische Familienwerte zu stärken und dem moralischen Verfall der Gesellschaft, wie er uns vom Westen und von

Amerika aufgezwungen wird, ein Ende zu setzen". Um diesen moralischen Verfall zu stoppen, bewerfen sie Oppositionelle mit grüner Farbe, Urin und Exkrementen, doch die Polizei scheint nie Lust zu haben, diese Übergriffe zu unterbinden. SERB hat offenbar vom russischen Staat einen Freibrief dafür erhalten, alle, die am Kreml etwas auszusetzen haben, ungestraft zu drangsalieren. Ich sollte das bald selbst zu spüren bekommen.

Wir verabredeten ein Treffen mit den SERB-Aktivisten am Denkmal des bedeutenden sowjetischen Weltkriegsgenerals Marschall Schukow unmittelbar nördlich vom Kreml. Ihr Anführer ist ein gescheiterter Schauspieler namens Igor Beketow, ein erstaunlich hochgewachsener Mann mit beachtlicher Bühnenpräsenz, der gerne eine Schildmütze mit der Aufschrift SERB (in weißen Lettern) trägt. Er redete Unsinn, den aber schnell und laut. Am Tag unseres Treffens fiel Schnee, und wir alle hatten dicke Mäntel und Pullover an, doch Beketow trug, wie jeder sehen konnte, auch noch eine Schutzweste. Sie waren nur zu viert: Beketow, ein schrulliger Kauz mit Filzhut, ein Mann mit Wollmütze, die an einen Teekannenwärmer erinnerte, und der ehemalige Polizeimajor Kulakow, derselbe, der auf dem Video der Überwachungskamera am Tatort des Seljonka-Attentats zu sehen ist, wie er ruhigen Schrittes davonspaziert. Er war schlank, durchtrainiert, schweigsam und schielte. Er filmte uns die ganze Zeit mit seinem auf so einer Teleskopstange befestigten Handy. Was wir zu dem Zeitpunkt nicht wussten, war, dass wir zusätzlich heimlich aus größerer Entfernung gefilmt wurden; das wurde uns erst klar, als von unserem Treffen mit den SERB-Leuten ein aus größerer Distanz aufgenommenes Video im Staatsfernsehen gezeigt wurde. Tolles B-Roll-Material.

Beketow führte uns zuerst an die Stelle auf der Brücke, auf der Nemzow niedergeschossen worden war, nur einen Steinwurf von der roten Kremlmauer entfernt. Trotz der bitteren Kälte hielt ein alter Mann Wache am Gedenkschrein für den ermordeten Politiker.

Wenn man Russland liebt, kommt immer wieder der Moment, an dem das Thema angesprochen wird, dass das Land nicht nur ein Problem mit dem Mann im Kreml hat. Manche Menschen sagen, es sei etwas oberfaul mit Russland als Ganzem. Das Problem sei der Sumpf, nicht das Ungeheuer. Um diesem Stereotyp etwas entgegenzusetzen, denke ich immer an die Hüter des Nemzow-Schreins, eines improvisierten Ensembles aus Kerzen, einem gerahmten Foto Nemzows, dessen Gesicht wie das eines Filmstars wirkt, einigen Blumen und einem Kranz. Der Kreml begann, eine Putzkolonne zu schicken, die den Schrein wegräumte, der aber jedes Mal wie von Zauberhand wiedererstand. Um dem Kreml wirklich einmal den Stinkefinger zu zeigen, organisierten die Nemzow-Anhänger eine Rund-um-die-Uhr-Mahnwache. Über den gesamten Jahreslauf, ob Sonne, Regen oder massenweise Schnee, sorgten die Wächter dafür, dass der Schrein nicht angetastet wurde.

Die SERB-Aktivisten tauchten auf und legten sich mit dem alten Mann an, der an diesem Tag Wache hielt. Er mag alt sein, ließ sich aber nichts gefallen: „Alle Politiker, denen ich meine Stimme geben wollte, wurden ermordet." Er nannte die Namen, beginnend mit Galina Starowoitowa, der liberalen Parlamentsabgeordneten, die für Jelzin den Beinamen „Boris der Blutige" prägte, nachdem er den ersten Tschetschenienkrieg begonnen hatte, erschossen 1998, und endend mit Nemzow, ermordet 2015.

Auf dem falschen Fuß erwischt, geriet Beketow in Rage und beschimpfte den alten Mann, wie er es wagen könne, von der Nemzow-Brücke zu sprechen, statt sie bei ihrem richtigen, amtlichen Namen zu nennen. Es sprengte jeden Rahmen, dass er Streit mit einem Mann anfing, der an einem Gedenkschrein für einen ermordeten Demokraten Wache hielt. Ich konfrontierte

Beketow mit dem Vorwurf, sein SERB-Verein werde maßgeblich vom „Zentrum E" finanziert, der Anti-Terror- oder Anti-Extremismus-Abteilung der russischen Polizei. Das bestritt er. Wir setzten unseren Spaziergang in südliche Richtung fort und gelangten nach einiger Zeit in das Stadtviertel, in dem Nemzow gewohnt hatte. Der Besitzer des Gebäudes, in dem sich Nemzows Wohnung befunden hatte, lehnte und lehnt die Anbringung einer Gedenktafel mit einem Foto Nemzows ab; hingegen erteilte der Eigentümer des Nachbarhauses ausdrücklich die Erlaubnis dafür. Somit findet sich heute keine zwei Meter von Nemzows Domizil entfernt ein kleiner Gedenkschrein an den Ermordeten, bestehend aus einem gerahmten Fotoporträt und einem daran aufgehängten Kranz. Beketow nahm Anstoß an der Anbringung des Schreins am falschen Gebäude, ging zu dem Schrein und riss das Foto und den Kranz herunter. Während er das Bild an sich nahm, entsorgte er den Kranz in einer in der Nähe stehenden Toilettenkabine. Während er das tat, sagte ich laut und deutlich auf Englisch: „Aren't you desecrating a shrine?" („Entweihen Sie da nicht gerade einen Schrein?") Jemand dolmetschte das dem ehemaligen Polizeimajor, der die ganze Episode mit seinem Handy aufzeichnete; er konnte also nicht im Zweifel darüber sein, was ich von seinem Vandalismus hielt.

Während unseres Russland-Aufenthalts wurde unser *Panorama*-Team sowohl in Moskau als auch in Sankt Petersburg auf Schritt und Tritt von Fremden in unauffälligen Autos verfolgt. Die extreme Winterkälte machte es uns lächerlich leicht, sie zu bemerken: Sie kauerten in ihren dunklen Autos, ohne je die Innenbeleuchtung an oder den Motor auszumachen.

Einen Tag nachdem die SERB-Leute den Nemzow-Schrein zerstört hatten, machten wir ein Interview mit Andrei Soldatow, einem Mann mit Expertenwissen über den FSB. Es fand in unserem Kleinbus mit seinen getönten Scheiben statt. Wie üblich wurden wir von einem nicht gekennzeichneten Auto verfolgt. Es hatte ein Kennzeichen, das mit „X369" begann. Ich bin in meinem ganzen Leben noch nie so ungeniert beschattet worden. Als wir die Lubjanka passierten, die Zentrale des FSB, die wie eine gelbgraue Kröte mitten im Zentrum Moskaus kauert, fragte ich Soldatow, wie viele Menschen in den Kellern der Lubjanka hingerichtet worden sind. „Tausende", antwortete er. „Wir sind in einem gewissen Sinne verdammt. Die Angst hat sich in deinem Gedächtnis festgesetzt. Man schafft es nicht, die Menschen für die Freiheit zu begeistern, weil da diese verhängnisvolle Vergangenheit präsent ist, über die niemand reden will. Wir leben immer noch in Angst vor Stalins Geheimpolizei."

Jon Coffey, unser Produzent von der BBC, steckte im Hotel fest, um von dort unsere „Rohdaten" - die schon gedrehten Videos - übers Internet an den Schnitt in London zu versenden. Er nutzte dafür ein verschlüsseltes Übertragungsverfahren. Er rief mich an und berichtete, im Hotel seien vier russische Polizeibeamte aufgetaucht, die mit mir und meinem Kameramann Seamus McCracken sprechen wollten. Wir hatten keine Ahnung, worum es ging. Seamus und ich ließen Soldatow aussteigen. Ich wollte keinesfalls das neu gedrehte Videomaterial ins Hotel mitnehmen, wo die Polizei auf uns wartete. Vielleicht würden sie uns filzen, uns die SD-Karten abnehmen und darauf dann unser ungeschnittenes Interview mit Soldatow finden. Wir fuhren also zum Moskauer Büro der BBC, in der Absicht, unsere SD-Karten dort zu deponieren und uns dann dem Rendezvous mit der Polizei zu stellen.

Im Moskauer BBC-Büro hatte man andere Ideen. Uns wurde gesagt: „Verlassen Sie unser Moskauer Büro und nehmen Sie Ihre Rohdaten mit." Das brachte nicht nur uns in Gefahr, sondern auch unseren Gewährsmann Andrei Soldatow. (Andrei und seine

Lebensgefährtin Irina Borogan leben inzwischen in London im Exil.)

Fassungslos suchten und fanden wir einen uns freundlich gesinnten Russen – kein Mitarbeiter des Moskauer BBC-Büros –, der unsere Rohdaten an sich nahm und sicher für uns verwahrte, sodass Seamus und ich unsere „Verabredung" mit den im Hotel wartenden Polizisten wahrnehmen konnten. Sie vernahmen zuerst unseren lokalen Helfer und meinen Kameramann Seamus, während ich alleine in einem Raum über meine Sünden nachdenken durfte. Es war ein nett eingerichteter Raum, jedenfalls für die Verhältnisse eines russischen Polizeireviers. Er hatte ein Fenster, das den Blick auf einen verschneiten Innenhof freigab, auf dem drei Polizisten eine Zigarettenpause machten. Die Freiheit, den Raum zu verlassen, hatte ich nicht.

Auf meinem Handy ploppte eine Eilmeldung auf: Ein dem FSB/KGB nahestehender russischer TV-Sender berichtete, es werde eine Anklage gegen mich wegen Schändung des Nemzow-Schreins vorbereitet. Ich fragte mich ratlos, was wohl als Nächstes passieren würde, und auch wenn ich mir alle Mühe gab, das ungute Gefühl zu unterdrücken, verspürte ich doch eine gewisse Angst. Hatte ich dieses Mal die Geheimpolizisten, die Russland regieren, ein bisschen zu sehr provoziert? Das Problem für mich war in diesem Wimpernschlag der Zeitgeschichte – und es ist auch ein großes Problem für die russische Opposition und die Demokratien –, dass diese Geheimpolizisten keine Grenzen kennen. Oder wenn doch, dass niemand weiß, wo diese Grenzen verlaufen.

Und das ist beängstigend.

Während unseres Aufenthalts im Polizeigewahrsam nahmen sie uns unsere Reisepässe weg, kopierten sie und gaben sie uns dann zurück. Noch bevor sie uns gehen ließen, veröffentlichte ein anonymer User des russischen Onlinedienstes Telegram die

Bilder unserer kopierten Reisepässe mit Seamus' und meinen persönlichen Daten: Name, Geburtsdatum, Passnummer, Foto. Wir mussten uns so schnell wie möglich neue Pässe besorgen.

Kaum dass wir das Polizeirevier verlassen hatten, wurden wir draußen im Schnee von einem wartenden russischen Fernsehteam aufgehalten, drehbereit mit Kameras, Licht und allem. Seamus, der kein Hasenfuß ist, klappte sein Handy auf und begann, die andere Seite zu filmen. Ich baute mich vor dem armen Tropf von Reporter auf und gab ihm eine Kostprobe meiner spitzen Zunge. „Seid ihr Teil des Polizeistaats?" Er machte Mundbewegungen wie ein Goldfisch im Glas. Ich sagte, an Seamus gewandt: „Diese Kollegen vom russischen Staatsfernsehen haben uns aufgelauert, aber sie haben sich dabei so dilettantisch angestellt, dass sie sich jetzt davonschleichen." Der Satz schaffte es in unseren *Panorama*-Beitrag *Taking On Putin*, der drei Millionen Zuschauer erreichte.

Unser *Panorama*-Team war von russischer Geheimpolizei kreuz und quer durch Moskau und Sankt Petersburg verfolgt worden; man hatte mir einen Akt des Vandalismus untergeschoben; wir hatten einen Nachmittag im Moskauer Polizeikittchen festgesessen; sie hatten unsere Reisepässe unbrauchbar gemacht und unseren lokalen Helfer zum Extremisten erklärt, mit der Folge, dass er Russland für immer verlassen musste. Nach meiner Rückkehr nach London beschwerte ich mich darüber, dass unser Team aus dem Moskauer BBC-Büro geworfen worden war – aber vergeblich. Ich hätte im Kaffeesatz lesen sollen. Die BBC wollte mich, ihren immer wieder aneckenden Reporter, loswerden.

Ich glaube nach wie vor an die noble Mission der BBC. Wenn sie angegriffen wird, verteidige ich sie. Aber Bürokraten den Vorrang vor Journalisten zu geben, ist keine gute Idee.

Eine Sache, die wir nicht eintüten konnten, war ein Interview mit Alexei Nawalny auf russischem Boden. In seinem Bemühen, dem Kreml so viel Ärger einzubrocken wie irgend möglich, macht Nawalny sich nicht viele Gedanken um sein Image im Westen. Seamus und ich waren ihm einmal persönlich begegnet, flüchtig in Strasbourg, wo er Ende 2017 an einer Verhandlung vor dem Europäischen Gerichtshof für Menschenrechte teilgenommen hatte. Das Urteil war zu seinen Gunsten ausgefallen, also gegen den russischen Staat - nicht, dass dieser sich darum geschert hätte. Nawalny hatte vor seinem Rückflug nach Moskau - wo vielleicht wieder eine Inhaftierung auf ihn wartete - gerade einmal zehn Minuten Zeit.

Wenn Nawalny vor einem steht, wirkt er groß, schlank, ausgestattet mit einer charismatischen Aura und einem durchdringenden Blick aus grauen Augen. Was ihn vor dem Status eines Messias - und den Schattenseiten, den dieser mit sich bringen kann - bewahrt, sind sein Humor und seine Vorliebe für das Absurde. Während Seamus das Mikrofon an Nawalnys Revers festklemmte, erwähnte ich Seamus' Herkunft aus Nordirland. Seamus hielt inne. Nawalny grinste mich an; er spürte wohl meine Nervosität, genoss aber andererseits die Komik des Augenblicks - die Aufgeregtheit eines BBC-Reporters, der unbedingt noch schnell ein Statement abgreifen will. Nawalny und ich spielten plötzlich nicht mehr Politiker und Reporter, sondern beschnüffelten einander wie zwei große Hunde von vorn und hinten. Mir entwischte ein schrilles Kichern, und dann erklärte ich Nawalny, dass Seamus „von der Insel Irland stammt und wir Briten noch immer lernen, mit dem Vermächtnis des Imperialismus umzugehen". Woraufhin Seamus seine Arbeit wieder aufnahm und Alexei sich kaputtlachte.

Nawalny hatte als Anwalt angefangen und dann seinen Anti-Korruptions-Blog gestartet, der Hunderttausende Follower anzog und zu einer gigantischen Erfolgsgeschichte wurde. Auf seinem Weg machte er ein paar Fehler. In den Jahren vor 2010 ließ er sich auf einen Flirt mit Russlands xenophoben rechtsextremen Randgruppen ein, ist seither aber wieder auf eine Position der Mitte eingeschwenkt. An der Yale University in Connecticut nahm er 2010 einige Monate lang an einem Kurs für Führungskräfte teil, zusammen mit Marvin Rees, der heute Bürgermeister von Bristol ist. Wie Rees mir erzählte, freundeten die beiden sich an; es ging damit los, dass Rees kein Auto hatte, Nawalny aber schon. Nawalny fuhr Rees immer wieder zum Supermarkt. Wenn ihre Frauen und Kinder zu Besuch in die USA kamen, gingen die beiden Familien gerne zusammen zum Apfelpflücken. „Zu keiner Zeit empfand ich gegenüber Alexei irgendetwas anderes als Hochachtung."

Sein Mut und seine Wortgewandtheit haben Nawalny weit vorangebracht. 2011 erfuhr die russische Zivilgesellschaft zu ihrer Empörung, dass Wladimir Putin und Dmitri Medwedew die Ämter tauschen würden – schon wieder. Putin hatte als Präsident zwei vierjährige Amtszeiten absolviert, 2000 bis 2008, durfte aber laut Verfassung nicht zu einer dritten antreten. Und siehe da! Sein damaliger Premierminister Medwedew – einer der ganz wenigen russischen Politiker, die noch kleiner sind als Putin, weshalb er so erfolgreich ist – gab seine Absicht bekannt, für das Präsidentenamt zu kandidieren. Zu seinem Premierminister würde er Putin ernennen. US-Präsident Obama und andere fielen auf den Taschenspielertrick herein und nahmen Medwedew ernst, der in Wirklichkeit nur ein Strohmann war. Professor Donald Rayfield fand die beste Formulierung für das Manöver, als ich ihn fragte, was er von Medwedew halte: „Al Capones Anwalt."

2011 verkündete Putin, er und der kleinere Mann würden ihre Ämter wieder tauschen, woraufhin wütende Russen auf die Straße gingen. Der vom Chaos der Jelzin-Jahre unbelastete

Nawalny wurde berühmt. Er nannte die Sammlungsbewegung *Einiges Russland*, die Putin und Medwedew als Lokomotive diente, eine „Partei der Gauner und Diebe", was gut ankam, weil es nach Wahrheit roch. Nach der Ermordung Nemzows 2015 und der Kompromittierung Kasjanows im Jahr darauf stieg Nawalny zur faktischen Führungsfigur der Opposition auf. Wie nicht anders zu erwarten, nutzte (oder missbrauchte) der Kreml alle rechtlichen Instrumente, um Nawalny aus dem Rennen um das Präsidentenamt auszuschließen. Als ich es endlich einmal schaffte, Nawalny in seinem Büro in Moskau zu erreichen, schoss er aus allen Rohren Giftpfeile auf den Kreml ab: „Das ist keine Wahl. Man kann sich daran nicht beteiligen, weil es einfach eine Schande ist: unmoralisch, schrecklich, hässlich. Wir können diesen Vorgang unmöglich eine Wahl nennen."

„Ist Russland ein Polizeistaat?", fragte ich ihn.

„Absolut, zu hundert Prozent."

Kapitel vierzehn
Der Blick vom Turm

Im März 2018 fiel, was im Süden Englands selten ist, Schnee und verwandelte sich – wie gewohnt – praktisch auf der Stelle in Matsch. Im fernen Moskau schien das zwei Sporternährungsberatern der ideale Zeitpunkt, sich mal den berühmten Turm der Kathedrale von Salisbury anzusehen. Also buchten sie einen Flug und kamen zwei Tage hintereinander von London aus mit dem Zug in die Stadt. Putins liebste Hofberichterstatterin, Pardon, die Journalistin Margarita Simonjan vom russischen TV-Kanal *Russia Today*, der wie alle Sender unter der Fuchtel des Kremls steht, interviewte die beiden Urlauber.

Margarita Simonjan: Was haben Sie denn in Salisbury gemacht?
Alexander Petrow: Freunde haben uns schon lange zu einem Besuch dieser schönen Stadt geraten.
Simonjan: Salisbury? Eine schöne Stadt? Und was macht sie so schön?
Boschirow: Es gibt da eine berühmte Kathedrale, die Kathedrale von Salisbury, die nicht nur in Europa berühmt ist, sondern auf der ganzen Welt – wegen ihres 123 Meter hohen Turms, das sind 404 Fuß nach dem alten System.

Das Schräge an dem Interview ist, dass die beiden Ernährungsfachleute so gar nicht nach Liebhabern mittelalterlicher Architektur aussehen. Beide sind sie untersetzte, finstere Typen mit eiskaltem Blick. Um ehrlich zu sein, auf mich wirken sie wie ganz gewöhnliche Mörder. Aber wie war das nun? Waren sie denn auch tatsächlich auf dem berühmten Turm? Gute Frage. Man kann da ja durchaus raufsteigen. Es sind 322 Stufen. Ich weiß das, weil ich oben war. Der Blick von ganz oben - oder so hoch man eben kommt, ohne fliegen zu können - ist außergewöhnlich. Bei blauem Himmel breitet sich der majestätische Flickenteppich der lieblichen grünen Landschaft Wiltshires vor einem aus. Nur waren die beiden Russen noch nicht einmal in der Nähe des Turms. Aufnahmen von Überwachungskameras in der Gegend zeigen, dass sie in die entgegengesetzte Richtung unterwegs waren, in Richtung von Sergei Skripals Haus.

Klingelt es bei dem Namen? Sergei Skripal war früher Oberst beim russischen Geheimdienst gewesen, genauer gesagt bei der Hauptverwaltung für Aufklärung GRU, den ganz harten Knochen. Es ist allgemein bekannt, dass die GRU das mordlüsternste Element von Russlands geheimem Staat ist. Skripal war für die GRU als Spion zuerst in Malta gewesen, dann in Spanien, aber irgendwann in den Neunzigern hatte ihm Großbritanniens Auslandsgeheimdienst MI6 ein Angebot gemacht. Er nahm es an, wurde aber dann in den frühen 2000er-Jahren nach Russland zurückberufen, jemand verriet ihn schließlich, und 2006 landete er als britischer Spion für 13 Jahre im Knast.

Im Juni 2010 schnappte sich das FBI neun amerikanische Bürger, die gar keine waren. Sie firmierten als Donald Heathfield und Ehefrau Tracey Lee Ann Foley, Richard und Cynthia Murphy, Juan Lazaro und Vicky Peláez, Michael Zottoli und Patricia Mills sowie Anna Chapman.

Ob sie nun in ihren Vorgärtchen in der Vorstadt das Sternenbanner hissten oder in einer Bar an der Upper East Side Cocktails süffelten, diese Leute lebten eine abgründige Lüge. Sie waren russische Sleeper, Agenten mit anderen Worten, die im

Ausland auf ihren Einsatz warteten. Die beeindruckendste von ihnen war Anna Chapman, die als Anna Kuschtschenko in Charkiw, in der heutigen freien Ukraine, zur Welt kam. Tochter eines ehemaligen sowjetischen KGB-Offiziers an der sowjetischen Botschaft in Kenia, zog Anna später nach London, wo die ausnehmend hübsche junge Frau sich auf einem Rave in den Docklands einen Briten namens Alex Chapman angelte, heiratete und seinen Namen annahm. Nachdem die Ehe in die Brüche gegangen war, zog sie nach New York und baute sich dort ein völlig neues Leben auf, bis eines Tages das FBI vor der Tür stand. Im Juli 2010 dann kam es auf dem Flughafen Wien-Schwechat zum womöglich größten Agentenaustausch seit dem Ende des Kalten Kriegs. Eine Maschine der CIA landete neben einer russischen, und ein schwarzer Van verbrachte die Spione zur jeweils anderen Seite, damit sich nicht fotografieren ließ, wer da nun was bekam. Tatsache ist, dass die neun russischen Sleeper gegen vier Russen ausgetauscht wurden, die Spione für die Amerikaner und Briten gewesen waren – einer von ihnen Sergei Skripal.

Den traditionellen Regeln des Spionagegeschäfts zufolge war Skripal damit kein Player mehr; hätte man Schach gespielt, er wäre ein geschlagener Springer gewesen und damit aus dem Spiel. MI6 kaufte ihm ein kleines, schmuckloses, aber modernes Häuschen in Salisbury, gab ihm eine kleine Rente und stellte ihm hin und wieder eine einschlägige Frage zu seiner Vergangenheit. Er lebte zurückgezogen, versteckte sich aber nicht. Skripal und der MI6 glaubten, er wäre sicher. Aber Russlands geheimer Staat spielt nun mal nicht nach den Regeln, schon gar nicht die GRU.

Skripal war alles andere als sicher; ebenso wenig wie seine Familie. Seine Frau starb 2012 an Krebs, sein Sohn an einer mysteriösen Krankheit während einer Reise nach Sankt Petersburg 2017; er war gerade mal 43 Jahre alt. Der aufmerksame Leser wird bestimmt hellhörig, wenn er unter solchen Umständen von einer mysteriösen Krankheit hört. Skripals Haus liegt einen knappen Kilometer von der Kathedrale von Salisbury entfernt; ich weiß das, weil ich die Route der Russen nachgegangen bin. Aufnahmen von Überwachungskameras vom 4. März zeigen, dass die beiden Männer um 11 Uhr 46 mit Matsch an den Stiefeln aus dem Bahnhof von Salisbury kommen; sie bleiben kurz stehen, um Fotos zu schießen, als sie den Avon überqueren. Um 11 Uhr 58 erwischt sie eine Kamera an der Shell-Tankstelle an der Wilton Road, gerade mal fünf Minuten zu Fuß von Skripals Haus.

Auf den Aufnahmen der Überwachungskamera ist die Tankstelle nicht zu sehen, da die Kamera auswärts gerichtet ist, aber sie zeigen ein markantes Abflussgitter und einen gelben Doppelstreifen. Die Russen gehen daran vorbei, aber nicht in Richtung Kathedrale, sondern in Richtung von Skripals Haus.

Die Russen schmieren das Gift an den Knauf von Skripals Haustür. Es ist nicht ganz flüssig, eher eine Art Gel; man kann es weder sehen noch riechen. Es handelt sich dabei um Nowitschok, ein Nervengift, ein chemischer Kampfstoff. Entwickelt und hergestellt wurde es nur in Russland vom russischen geheimen Staat. Die beiden russischen Fachleute für Sportlernahrung sind in Wirklichkeit Giftmörder und arbeiten für Russlands militärische Abwehr, die GRU.

Der Anschlag schlug fehl.

Sergei und seine Tochter Julia, die zu Besuch aus Russland bei ihm weilte, aßen an dem Tag Lunch in einer Filiale der Restaurantkette Zizzi. Nach Pizza und Bier gingen sie in einen kleinen Park mit Blick auf den Fluss. Sie hatten von ihrer Mahlzeit noch etwas Brot übrig, das sie drei kleinen Jungs zum Entenfüttern gaben. Dann setzten sie sich auf eine Parkbank und verloren das Bewusstsein. Eine NHS-Krankenschwester, die ihren freien Tag hatte, war die Erste, der Julia auffiel. Sie sah das Weiße in ihren Augen und dass ihr Schaum vor dem Mund stand. Sie rief den Rettungsdienst, und die Skripals bekamen die denkbar beste medizinische Versorgung: einen Schuss Atropin, ein ursprünglich aus der Tollkirsche (*Atropa belladonna* gewonnenes Gift, das hemmend auf das vegetative Nervensystem wirkt und es so vor dem Crash schützen kann. Man verabreicht es in Notfällen unter anderem Junkies. Darüber hinaus konnten die Skripals sich beim guten alten britischen Wetter bedanken: Es war ausgesprochen feucht, und obendrein herrschte dichter Nebel, eine Kombination, die Nervengiften nicht eben zustattenkommt.

Als es in den Nachrichten hieß, die Skripals seien mit einem chemischen Kampfstoff vergiftet worden, meldete sich die Familie mit den drei Jungs aus dem Park. Man brachte sie sofort ins Krankenhaus, checkte sie durch, stellte aber fest, dass ihnen nichts fehlte. Was natürlich nichts daran ändert, dass anderer Leute Leben Wladimir Putin und Russlands geheimem Staat völlig schnuppe sind.

Die Skripals waren nicht die einzigen Opfer. Detective Sergeant Nick Bailey von der Wiltshire Police musste zur Spurensicherung in Sergei Skripals Haus. Der Beamte kontaminierte sich dabei ebenfalls mit dem Nowitschok, erholte sich zwar nach langem Kampf wieder, musste jedoch letztlich den Dienst quittieren.

Nach der Vergiftung der Skripals sperrte man das Zentrum von Salisbury; Fachleute in Schutzanzügen suchten es Zentimeter für Zentimeter ab. Alles, was irgendwie mit Nowitschok kontaminiert war, wurde vernichtet. Aber die Mörder hatten denn doch noch eine böse Überraschung für die Grafschaft parat. Näheres mag bei der gerichtlichen Untersuchung des Mordfalls Dawn Sturgess herauskommen, die für Ende 2022 angesetzt ist, aber alles deutet schon jetzt darauf hin, dass die beiden Russen das Nervengift in einem gefälschten Nina-Ricci-Flakon transportiert und diesen dann in einem Park der Stadt weggeworfen hatten. Vier Monate später fand Charlie Rowley einen Flakon, in dem er Parfum wähnte, in einem Spendensammelbehälter und dachte, das wäre doch ein nettes Präsent für seine Freundin Dawn Sturgess. Er hatte keine Ahnung von der wahren Herkunft des Geschenks.

Es kam aus Moskau, war aber alles andere als ein Liebesgruß. Dawn Sturgess rieb sich das vermeintliche Parfum auf die Handgelenke und verlor kurz darauf das Bewusstsein. Die Rettungssanitäter hatten keine Ahnung, womit sie es da zu tun hatten, und der lebensrettende Schuss Atropin blieb aus. Die Dosis war tödlich, und Dawn verstarb im Krankenhaus, auch sie ein Opfer der Giftküche von Russlands geheimem Staat.

Um auch die letzten Zweifel auszuräumen: Der Organisation für das Verbot chemischer Waffen (OPCW) in Den Haag zufolge, die eigens eingerichtet wurde, ein Auge auf Gifte wie Nowitschok zu haben, war der in Salisbury eingesetzte Stoff von „hoher Reinheit". Noch im selben Jahr ließ der Schweizer Geheimdienst NDB verlauten, zwei russische Spione hätten versucht, das Spiezer Labor zu hacken, das im Auftrag der OPCW bestätigen sollte, dass es sich beim Gift von Salisbury auch tatsächlich um Nowitschok handelte. Die beiden Spione, die von den Niederlanden aus operierten, wies man dort aus.

Zeigte Russlands Präsident auch nur die Spur von Reue? Als Putin sechs Monate nach den ersten Vergiftungen bei einer Pressekonferenz in Moskau darauf angesprochen wurde, sagte er: „Wie ich sehe, verbreiten einige Ihrer Kollegen die Theorie, Mr. Skripal sei so eine Art Menschenrechtsaktivist gewesen. Er war ein Spion, weiter nichts. Ein Verräter am Mutterland. So etwas gibt es – Verräter am Mutterland. Er war einer."

Die Folgefrage, die sich aufdrängte – „War auch Dawn Sturgess eine Verräterin am Mutterland, Herr Präsident?" –, wurde nie gestellt, da es bei Wladimir Putin so etwas wie Folgefragen nicht gibt.

Kirill Kleimjonow, Nachrichtenchef beim Ersten Kanal, warnte alle Verräter: „Ziehen Sie nicht nach England. Es stimmt dort was nicht. Vielleicht ist es das Klima, aber in den letzten Jahren kam es dort zu vielen sonderbaren Vorfällen mit gravierenden Auswirkungen. Menschen werden erhängt, vergiftet, kommen bei Hubschrauberabstürzen um und fallen aus Fenstern, und das en gros."

Der Nachrichtensprecher bezog sich dabei auf die Liste mysteriöser Todesfälle, die Buzzfeed gebracht hatte. Das „erhängt" bezieht sich auf Boris Beresowski (2013), das „vergiftet" auf Alexander Litwinenko (2006); der „Hubschrauberabsturz" ist eine Anspielung auf den Tod von Stephen Curtis (2004), dem britischen Multimillionär, der sich um das Geld des russischen Ölkonzerns Yukos gekümmert hatte, dessen Besitzer Michail Chodorkowski es gewagt hatte, sich mit Putin anzulegen, und dafür zu zehn Jahren Haft verurteilt wurde; dass in England Leute aus „Fenstern fallen", bezieht sich auf Scot Young, einen britischen Geschäftspartner Beresowskis (2014). Er könnte in den Tod gesprungen sein. Wenn man ihn nicht aus dem Fenster gestoßen hat. Schlicht gesagt, für die Hofberichterstatter des Kremls war das Ganze ein Jux.

Wie bei allen aufwendigeren Operationen russischer Geheimdienste schossen auch in diesem Fall die Verschwörungstheorien ins Kraut. Dr. Gordon Ramsay und Dr. Sam Robertshaw, zwei Akademiker vom Londoner King's College, gingen zwanzig dieser Räuberpistolen aus der russischen Desinformationsfabrik nach:

1. Das in Salisbury eingesetzte Nowitschok stammte (möglicherweise) aus der britischen Anlage für chemische Kampfstoffforschung im nahe gelegenen Porton Down.

2. Das eingesetzte Nowitschok wurde nicht in Russland hergestellt.

3. Das eingesetzte Nowitschok mochte zwar russischer Herkunft sein, wurde aber nicht vom Staat produziert.

4. Sämtliche russischen Bestände an Nowitschok waren vor dem Attentat vernichtet worden.

5. Das Nowitschok könnte aus einer anderen ehemaligen Sowjetrepublik stammen.

6. Es gebe keinen Beweis dafür, dass es sich bei dem Nervengift tatsächlich um Nowitschok handelte.

7. Man könnte das Nowitschok gestohlen haben.

8. Das Nowitschok könnte aus einem westlichen Land gekommen sein.

9. Bei dem eingesetzten Nervengift handelte es sich definitiv nicht um Nowitschok.

10. Das Nowitschok könnte Sergei Skripal selbst gehört haben.

11. Ein Nowitschok-Programm hat es nie gegeben.

12. Jedes beliebige Labor könnte Nowitschok produzieren.

13. Porton Down kann das eingesetzte Nervengift weder als Nowitschok noch als russisch identifizieren.

14. Das Nowitschok wurde speziell im Vereinigten Königreich und in den USA entwickelt, nicht in Russland.

15. Das Vereinigte Königreich verfügt nicht über Nowitschok, kann es also auch nicht als solches identifizieren.

16. Porton Down hat der britischen Regierung gegenüber bestätigt, es gebe keinen Hinweis für die russische Provenienz des Nowitschok.

17. Das Nowitschok könnte aus dem Iran gekommen sein.

18. Das Vereinigte Königreich halte Nowitschok-Proben ganz bewusst zurück.

19. Porton Down versucht, seine eigenen Bestände an Nowitschok zu vernichten.

20. Das Nowitschok wurde definitiv in den USA entwickelt.

Nicht eine dieser Behauptungen ist je belegt worden; allesamt sind sie barer Unsinn. Um selbst der einen oder anderen davon nachzugehen, unterhielt ich mich mit Dan Kaszeta, einem Amerikaner, der beim amerikanischen Secret Service gewesen war und George W. Bush vor Vergiftungen zu schützen hatte. Kaszeta lebt heute in England, wo er beim Impfen gegen Covid mithilft; außerdem ist er im Kirchenvorstand von St Martin-in-the-Fields, der prachtvollen Kirche direkt am Londoner Trafalgar Square. Kaszeta begann mit einem Abriss über seine

Vergangenheit beim US Secret Service: „Wir bekamen unser Geld hauptsächlich dafür, uns einen Kopf um den chemischen Terrorismus zu machen, nicht etwa darum, dass dem Präsidenten jemand was in Speisen oder Getränke geben könnte. Ich werde hier keine Einzelheiten über den Schutz des Präsidenten der Vereinigten Staaten preisgeben. Aber ich machte mir in der Hauptsache Sorgen darüber, dass irgendwo eine chemische Bombe hochgehen könnte, dass jemand eine mysteriöse Flüssigkeit auf die Limousine des Präsidenten wirft – oder um einen Hauch von Gasgeruch im Raum und dass die Leute der Reihe nach umkippen. Das war die Art von Szenarien, um die ich mir Gedanken zu machen hatte. Ich arbeitete innerhalb der Schnittmenge eines Venn-Diagramms, in der chemische Kriegsführung, Terrorismus und Attentate zusammenfallen."

Kaszetas Buch *Toxic: A History of Nerve Agents from Nazi Germany to Putin's Russia* ist eine so finstere wie faszinierende Lektüre. Der Gedanke, Nowitschok könnte aus Porton Down kommen, ist Quatsch. Hier und da war zu hören, es könnte über den Äther gekommen sein, der Wind könnte es irgendwie schnurstracks die acht Kilometer ausgerechnet auf den Türknauf eines ehemaligen Obersten der GRU getragen haben – anstatt auf den Türknauf eines der anderen 120 000 Menschen, die in der Gegend leben, aber nicht direkt als Verräter an Russlands geheimem Staat zu betrachten sind.

Kaszetas Ansicht nach funktioniert ein staatlich sanktionierter Liquidierungs- oder Einschüchterungsversuch gegen Leute wie Skripal oder Nawalny auf mehreren Ebenen. Um das nachvollziehen zu können, muss man sich in die Köpfe der Leute im engsten Kreis des Kremls versetzen: „Stirbt die Zielperson, kann das durchaus okay sein. So etwas ist nicht weiter tragisch. Überlebt sie aber und hat Angst vor uns, haben auch andere Angst vor uns, was möglicherweise von größerem Wert für uns ist, als wenn der Betreffende stirbt. Nehmen Sie die Vergiftung von Skripal. Dass er und seine Tochter überlebt haben, war reine Glückssache. Wären sie zu Hause geblieben, hätten ferngesehen, eine Flasche Wein getrunken, anstatt rauszugehen, dann wären sie wahrscheinlich beide auf dem Sofa gestorben." Und bis man sie gefunden hätte, wäre womöglich jede Spur von dem Nowitschok dahin gewesen: „Es hätten Tage vergehen können, bevor das jemand mitbekam. Zwei Tote auf dem Sofa statt nur einer, das wäre verdächtig gewesen, sicher, aber man wäre damit davongekommen."

Der Kreml tat sein Bestes, sich da allen Beweisen zum Trotz herauszuwinden, aber der Vergiftungsversuch verriet – wie das Gift selbst – mehr über die Quelle, als man gemeinhin annehmen würde. Als die Überwachungsaufnahmen der beiden russischen Turm-Freunde auftauchten, interviewte Margarita Simonjan sie für den russischen Sender *Russia Today*. Das Spektakel war ein Höhepunkt im makabren absurden Theater des Kremls. Was man da zu sehen bekommt, gibt einen kleinen Einblick in die Grausamkeit des Machtspiels an der Spitze des Kremls. Unterläuft einem kleinen Mitspieler ein Fehler, geht das für den Betreffenden nie gut aus. So werden denn auch die beiden GRU-Offiziere öffentlich gedemütigt. Simonjan entlockt ihnen, dass sie sich ein Bett geteilt hätten, was die Implikation in den Raum stellt, die beiden könnten schwul sein. In London würde man sich einen Dreck drum scheren, aber die beiden sind keine Londoner; sie sind, auch wenn davon in den russischen Medien nie was zu hören war, Offiziere eines der russischen Geheimdienste. Und Russlands geheimer Staat hat ein Problem mit Schwulen. Offen gesagt, seine Haltung gegenüber Homosexuellen und ihrer Kultur ist steinzeitlich. Wird also impliziert, dass die beiden schwul sind, kann ein Kenner von Russlands geheimem Staat durchaus zu dem Schluss kommen, die beiden können unmöglich Spione sein.

Radio Free Europe/Radio Liberty (RFE/RL) brachte auf seiner Website einen Artikel mit dem Titel „Nowitschok-Verdächtige: Schwul oder nicht schwul? Das ist die Frage der russischen Staatsmedien". Der Artikel erklärte die Bedeutung von Simonjans vielsagendem Lächeln bei der Frage: „Was, wenn Sie so wollen, verbindet Sie beide denn?" Nachdem die beiden darum gebeten hatten, ihr Privatleben außen vor zu lassen, schob Margarita Simonjan nach: „Sie müssen sich nicht rechtfertigen. Ob Sie Einzelbetten oder ein Doppelbett hatten, ist das Letzte, was die Welt im Augenblick beschäftigt." RFE/RL zufolge war das die Flamme an der Lunte, und die „staatlich kontrollierten russischen Medien überschlugen sich schier mit Gerüchten über die sexuelle Ausrichtung der beiden Männer – ein offensichtlicher Konter gegen den Gedanken, die beiden könnten GRU-Offiziere sein". So berichtete etwa der Alexander Dugin und dem russischen Staat nahestehende Nachrichtensender Life News: „Die LGBT-Community kam Petrow und Boschirow zu Hilfe." Und ein Kolumnist der nationalistischen russischen Online-Zeitung *Sawtra* schrieb: „Statt gefährlicher Killer – verhuschte Schwule." Am selben Abend brachte die Flaggschiff-Sendung *Russia 24* einen sarkastischen Bericht über den Geist „moderner europäischer Toleranz", der in Salisbury herrsche, und suggerierte eine Stadt voll Schwulenparaden und einschlägiger Clubs. Simonjan hakte denn auch noch auf Twitter nach, die beiden hätten sie „nicht angemacht ... Ich weiß nicht, ob sie schwul sind oder nicht. Sie sind stylish, soweit ich das sagen kann – kleine Bärtchen und nette Frisuren, enge Hosen und Pullis, die sich um ihre beeindruckenden Muskeln spannen."

Was umso komischer ist, als es durchaus Hinweise darauf gibt, dass sie überhaupt nicht schwul sind.

So titelte *The Sun*: „Nutten für die Killer: Russische Killer rauchten Drogen und hatten Sex mit Prostituierten". Dem britischen Boulevardblatt zufolge stiegen die beiden Russen im City Stay Hotel, einer Zwei-Sterne-Herberge im Londoner East End, ab. Ein Hotelgast, der einen der beiden erkannt hatte, sagte dem Blatt: „Ich roch Gras aus ihrem Zimmer. Später war noch eine Frau mit drin. Eine Prostituierte, denke ich mal. Sie hatten Sex. Definitiv. Ich hörte, dass sie lauten Sex hatten, lange und richtig laut. Es war definitiv eine Frau. Ich glaube nicht, dass die Männer miteinander Sex hatten. Ich roch noch das Gras."

Gemeinsam mit unabhängigen russischen Journalisten aus Litauen von der Website The Insider machte sich Bellingcat, die großartige investigative Open-Source-Website mit Sitz in Großbritannien, ans Werk. Das Team grub denn tatsächlich die wahre Identität des Duos aus. Der eine, der sich so begeistert über Salisburys 123-Meter-Turm ausgelassen hatte, war Oberst Anatoli Tschepiga von der GRU. Sein Kamerad, Dr. Alexander Mischkin, ebenfalls von der GRU, hatte offensichtlich als Arzt darauf zu achten, dass Tschepiga, der vermutlich für den eigentlichen Anschlag zuständig war, sich nicht versehentlich umbrachte. Bellingcat identifizierte darüber hinaus noch einen dritten GRU-Offizier, einen gewissen „Sergei Fedotow", ein Deckname für Generalmajor Denis Sergejew, der sich zur selben Zeit wie die beiden anderen in England aufhielt. Bellingcat verfolgte Sergejews Bewegungen zurück und stellte eine Verbindung zu einem fehlgeschlagenen Giftanschlag auf einen Feind des Kremls von 2015 her. Bei der damaligen Zielperson handelte es sich um Emilian Gebrew, einen bulgarischen Waffenhändler, dessen Firma in die Ukraine exportiert.

Außergewöhnlich bleibt bis heute die scheinbare Dummheit des Unterfangens. Warum? Nun, wie Polonium 210 ist Nowitschok ein ausgesprochen kostspieliges Gift. Und dann schickte man die beiden Mörder mit ihrem Giftfläschchen nach Salisbury, ohne an die sechs Millionen Überwachungskameras zu denken, die das Land verunzieren – das sind, mit Ausnahme von China, mehr pro Nase als irgendwo sonst auf der Welt. Wer immer die GRU-Offiziere geschickt haben mag, ist ein Trottel. Wenn ich mir recht überlege, wie absurd es ist, ein sündhaft teures geheimes Gift vor laufender Kamera zu verabreichen, komme ich zu einem harten und vielleicht neuen Schluss über Russlands geheimen Staat im 21. Jahrhundert.

Kim Philby hatte sich, von 1933 an, dem Jahr von Stalins Holodomor, dem Hungermord an Millionen Ukrainern, durchs britische Establishment bis an die Spitze des Geheimdienstes Ihrer Majestät gegraben. Sowjetische Spione wie Philby stahlen die atomaren Geheimnisse des Westens und verrieten Hunderte, vielleicht sogar Tausende westlicher Agenten. Ich habe John le Carré mal für den *Observer* interviewt und wusste durch diese Begegnung wie auch aus außerordentlichen Romanen wie *Der Spion, der aus der Kälte kam* und *Dame, König, As, Spion*, dass er großen professionellen Respekt sowohl für „Karla", ein Produkt seiner Fantasie, hatte als auch für den real existierenden KGB.

Der Westen hat die Wahrheit in eine Zelle gesperrt und den Schlüssel weggeworfen. Ich erinnere mich noch an eine diesbezügliche Auseinandersetzung mit dem großen, mittlerweile verstorbenen Philip Knightley, Autor der definitiven Monografie über Großbritanniens größten Verräter *Kim Philby, Geheimagent*. Aber die Wahrheit ist nun mal, dass die Welt sich verändert hat. Die ideologische Anziehungskraft des Kommunismus auf Leute wie Philby ist so tot wie Hitler, sein finsterster Feind; und das gilt auch für den Staat, der den KGB hervorgebracht hatte. An seiner Stelle haben wir die Russische Föderation, eine ethnonationalistische Kleptokratie unter der Leitung eines Raffkes mit einem zu langen Tisch. Entsprechend sollte der Westen sich nicht groß wundern über die eher lausige Qualität der Agenten von Russlands geheimem Staat im 21. Jahrhundert.

Wladimir Putin hat den großen Krieg gegen die Ukraine von Anfang an bis ins kleinste Detail selbst geleitet. So hat er seinen Verteidigungsminister angewiesen, das Stahlwerk von Mariupol Mitte April „abzuriegeln", nur um der Welt im Mai zu zeigen, wie die russische Armee es einnimmt. Er hält es einfach nicht aus, seine neugierige Nase nicht in alles zu stecken – egal was. Was mich zu meiner Arbeitshypothese bringt, dass Putin im Falle der kühnsten, ach was, der widerwärtigsten Verbrechen von Russlands geheimem Staat eben nicht nur der beiläufige Beobachter war. Ich würde sagen, dass die Anschläge auf Moskauer Wohnblocks 1999 ebenso seine Handschrift tragen wie die Geiselnahme im Moskauer Dubrowka-Theater 2002, das Geiseldrama von Beslan 2004 – mit Sicherheit aber die Vergiftungen von Schtschekotschichin, Zepow und Litwinenko. Sie erinnern sich, was Jim Fallon, der Professor für Psychiatrie von der University of California über die Neigung von Psychopathen zur Externalisierung von Schuld gesagt hat: „Sie sind immer schnell bei der Hand, anderen die Schuld für das zu geben, was sie selbst tun." Tschetschenische Terroristen haben also in Moskau Häuser in die Luft gejagt, das Theater besetzt, die Schule besetzt; MI6 hat Litwinenko vergiftet. Einer weiteren Mär des Kremls zufolge steckte MI6 denn auch hinter dem Attentat auf die Skripals.

Und dann bringt *Russia Today*, aller Beweislage und dem gesunden Menschenverstand zum Trotz, ein Interview mit den Giftmördern von Salisbury, in dem man ihnen Homosexualität unterstellt. Ich war hin- und hergerissen, ob ich die nun folgende Geschichte überhaupt hier ansprechen soll, da ihre Erwähnung gegen die erste Regel des investigativen Journalismus verstößt, der zufolge man mindestens zwei Quellen für jede Story braucht.

Ich habe nur eine, und selbst die ist aus zweiter Hand. Aber urteilen Sie selbst: Quelle X sagt, Quelle Y habe ihr gegenüber behauptet, ein Paar in Moskau kennengelernt zu haben, das Putin Anfang der 1990er-Jahre kennengelernt haben wollte, in der Zeit also, in der er sich noch um Bürgermeister Sobtschaks Schmiergelder kümmerte. Putin habe die Frau angemacht, aber dem Paar sei rasch klar geworden, dass es sich dabei nur um eine Finte handelte; Putin habe sich für den Mann interessiert. Es ist einer meiner Grundsätze, mich einen Dreck drum zu scheren, was andere Erwachsene im Bett treiben. Ich bin kein Puritaner. Aber wenn an der Geschichte was dran ist, dann wäre Putin bisexuell, aber verdrängt seine Sexualität. Was mich dazu veranlasst, meine Arbeitshypothese dahingehend auszuweiten, dass der Herr des Kremls nicht nur die spektakulären Geheimoperationen gegen das russische Volk geplant, sondern auch das Skript für Simonjans Interview geliefert hat, das die Homosexualität der - heterosexuellen - Killer von Salisbury impliziert.

Ich sage ganz klar, es handelt sich hier nicht um einen erwiesenen Fakt. Aber man braucht auch hier nur der Fußspur im Schnee nachzugehen: Jemanden vor laufenden Kameras zu vergiften, mit einem über alle Maßen teuren Stoff? Nur Wladimir Putin selbst konnte diesen Stoff geordert haben; nur Putin selbst konnte dessen Anwendung wider besseres Wissen der russischen Geheimdienstler erzwungen haben - schließlich haben die Offiziere des russischen Auslandsgeheimdienstes SWR Augen im Kopf, lesen Zeitung und wissen, dass in England an jeder Ecke eine Kamera hängt. Nur Putin ist so allmächtig, dass nicht ein einziger untergeordneter Entscheidungsträger in Russlands geheimem Staat es wagt, auf die Dummheit eines solchen Plans hinzuweisen.

Niemand legt sich in Russlands geheimem Staat mit dem Boss an.

Aber die Geschichte ist noch nicht zu Ende. Im Gefolge der Vergiftungen von Salisbury wies die britische Regierung dreiundzwanzig russische Diplomaten aus, und unsere Verbündeten rund um die Welt zogen mit weiteren hundert nach. Das dürfte es Wlad dem Giftmischer ja wohl gezeigt haben. Oder etwa nicht?

Bill Browder verdiente sich zur Zeit des Wilden Ostens eine goldene Nase, nachdem er dahintergekommen war, dass er für 100 Millionen Dollar die gesamte arktische Fischereiflotte der ehemaligen Sowjetunion kaufen konnte, obwohl sie eine Milliarde wert war. 2009 jedoch wurde sein Moskauer Anwalt Sergei Magnitski vom russischen Staat zu Tode geprügelt. Magnitski hatte einen riesigen Betrug durch korrupte russische Staatsdiener untersucht. Seither überschlägt Browder sich schier, die Wahrheit über die Machthaber im Kreml auszuposaunen. Und er hat mittlerweile fünfunddreißig Länder zur Verabschiedung von Gesetzen bekommen, in den USA unter der Bezeichnung Magnitsky Act bekannt, die es bereits vor dem Angriff auf die Ukraine einigen von Putins Ganoven – wenn auch keineswegs allen – erschwerten, ihre Jachten in Saint-Tropez oder ihr Geld in London zu parken. Schon seit Jahren steht Browder auf der Fahndungsliste des Kremls. Noch vor dem Krieg habe ich ihn gefragt, ob der Westen tatsächlich die Absicht habe, Putin zu sagen, dass er „mit dem Scheiß aufhören" solle.

Browder sagte mir: „Das möchte ich stark bezweifeln. Das dramatischste und krasseste Beispiel sind die Vergiftungen von Salisbury. Da kommen Agenten des russischen Staats, im Auftrag von Wladimir Putin, mit einem militärischen Nervengift und sorgen für eine massive Bedrohung der öffentlichen Gesundheit in einer englischen Stadt. Es kommt eine völlig unschuldige Außenstehende ums Leben, das Leben eines Polizeibeamten wird ruiniert. Und die Konsequenzen? Man weist ein paar Diplomaten aus. Die stumme Übereinkunft bei der Ausweisung von Diplomaten ist, dass sie durch andere ersetzt werden. Es gab also keine Konsequenzen. Warum? Weil die britische wie viele andere Regierungen auch im tiefsten Innern Angst vor Putin haben. Sie wollen sich nicht mit ihm anlegen. Es soll also aussehen, als würden sie sich anständig verhalten, das Richtige tun, aber im Grunde liegt ihnen das fern. Und so sehen wir uns in einer Welt, in der man Putin ein ums andere Mal Mord und Totschlag durchgehen lässt, buchstäblich, und das rund um die Welt."

Die Ausweisung der Diplomaten dürfte die für Spione zuständige russische Personalabteilung zwei Wochen lang Überstunden gekostet haben. Das gleicht einer Pokerrunde, in der einer englische Pfund Sterling setzt, während der andere mit Monopoly-Geld spielt. In diesem Fall könnte man sagen, England setzt das Leben seiner Bürger, Wladimir Putin wirft eine Handvoll Diplomatenpässe in den Pott.

Kapitel fünfzehn
Ein Krieg, von dem wir nicht wissen, dass wir ihn führen

Einer der bedeutendsten britischen Diplomaten, der ehemalige Botschafter in Moskau und Historiker Sir Roddy Braithwaite, erzählt folgende Anekdote über Chris Donnelly, den hochrangigen Militärexperten, der vier Natogeneralsekretäre in Sachen russische bzw. sowjetische Sicherheitsfragen beraten hat und ein hochrangiger Angestellter im Verteidigungsministerium war: „Das letzte Mal, als ich Chris gesehen habe, saß er an einem Eisloch auf einem sibirischen Fluss und fischte, umgeben von russischen Generälen, die alle Wodka tranken. Dieser Mann versteht sein Handwerk."

Mit seiner ruppigen Art ist Chris ein typischer Lancashirerianer; er hat an der Manchester University Russisch studiert, kann die sowjetische Nationalhymne singen – die Version, in der Stalin noch vorkommt – und besitzt ein kleines einzigartiges Privatmuseum für russischen Alkohol. Chris hat sich wie kein anderer, den ich kenne, mit Haut und Haar dem Ziel verschrieben zu ergründen, was im Kreml und in Russlands geheimem Staat vorgeht, der Ersteren kontrolliert. Nicht wenige Menschen wachen mitten in der Nacht auf, weil sie Angst vor der Bedrohung durch russische Atomwaffen haben. Chris lebt mitten in diesem Albtraum; er lauscht dem Herzschlag der russischen imperialistischen Psychose; er spaziert durch die widerhallenden Flure der kremlschen Paranoia. Inzwischen formal im Ruhestand, hat er 2009 eine Denkfabrik ins Leben gerufen, das Institute for Statecraft („Institut für Staatskunst"), um zu überwachen und zu erklären, was im inneren Machtzirkel Moskaus vor sich geht. Sie wurde von Russlands geheimem Staat gehackt, was ihm und seinen Mit-Analysten einen Haufen Ärger bescherte. Aber seine Arbeit geht weiter und wirft, wie es Astolphe de Custine im 19. Jahrhundert formulierte, ein Licht auf die Regierung, die „im Schatten arbeitet".

Vor dem großen Krieg, der Invasion der Ukraine im Februar 2022, fragte ich ihn, wie er das, was sich da zwischen dem Westen und Russland abspielt, beschreiben würde.

Seine Antwort fiel düster aus: „Wir sind im Krieg mit Russland, und die Russen haben das verstanden. Vom russischen Standpunkt aus sind wir also im Krieg mit ihnen. Von einem britischen oder westlichen Standpunkt aus sind wir das ganz bestimmt nicht. Und genau darin liegt die Diskrepanz zwischen den verschiedenen Haltungen und in den Beziehungen beider Seiten."

„Wie gut stehen wir in diesem Krieg, den wir nicht führen, da?", ist meine Frage.

„Wir sind dabei, ihn zu verlieren."

„Warum?"

„Erstens, weil uns nicht bewusst ist, dass er stattfindet. Und wenn man nicht weiß, dass man Krieg führt, ist man von Anfang an im Nachteil. Zweitens braucht man, wenn man Krieg führt, auch eine entsprechende Kriegsmentalität. Man braucht eine Haltung, andere Vorgehensweisen, andere Prioritäten. Wenn wir also Krieg mit einer Friedensmentalität führen, werden wir nicht sonderlich gut darin sein. Wenn wir gegen einen Gegner mit einer ausgeprägten Kriegsmentalität kämpfen, kann dieser seine Waffen sehr viel effektiver einsetzen als wir. Es geht nicht nur um Dinger, die knallen – Panzer, Schiffe, Flugzeuge, Bomben und Kugeln –, sondern buchstäblich um das gesamte Arsenal eines Staates – Information, Wirtschaft, Internet, Bestechung, Korruption, Politik, einfach alles."

„Sie haben Mord ausgelassen."

„Ja, die russische Bezeichnung dafür lautet ‚aktive Maßnahmen', und dazu gehören die Mordanschläge durch Geheimagenten und dazu wiederum die *mokrije dela* – die Drecksarbeit." Immer wieder aufs Neue verblüfft, dass Putin und seine Bande so aggressiv sind, so rücksichtslos, wenn es um die Vergiftung ihrer Zielpersonen geht, frage ich Chris, warum sie ein so hohes Risiko eingehen.

„Zunächst einmal, wenn sich der Feind ... oder sagen wir der Gegner, nicht bewusst ist, dass er angegriffen wird, ist das Risiko nicht besonders hoch, weil die Menschen in der Regel nur das sehen, wonach sie Ausschau halten. Und wenn man nicht nach einem Angriff Ausschau hält, wenn man glaubt, dass es sich nicht um einen Angriff handelt oder es politisch höchst unangebracht ist zuzugeben, dass es sich um einen Angriff auf einen handelt, ist das Risiko überhaupt nicht hoch. Um den Mord an Litwinenko und den Mordversuch an Skripal zu verstehen, darf man nicht den Fehler machen, sie als Verbrechen zu betrachten. Es sind keine Verbrechen, es sind Kriegshandlungen. Sie ergeben nur Sinn, wenn man sie im Zusammenhang mit einem stattfindenden Krieg begreift, weil man in einem Krieg eben Risiken eingehen muss. Und die Russen verstehen nichts von der Art von Risikomanagement, wie es momentan gerade flächendeckend in Großbritannien grassiert. Sie wägen Risiko und Vorteil gegeneinander ab. Und das muss man auch, wenn man im Krieg ist. Ein Krieg fordert nun einmal Opfer, und man kann nur hoffen, sie gering zu halten. Es geht immer wieder etwas schief. Menschen machen Fehler. Nichts läuft perfekt. ‚Kollateralschäden' wird man immer wieder haben, wie zum Beispiel im Fall von Dawn Sturgess."

Die Vorstellung, dass wir in einem Krieg sind, von dem wir nichts wussten - schon vor Februar 2022 -, ist ein so gewaltiger, kontraintuitiver Gedankensprung, dass es mir schwerfällt, ihn nachzuvollziehen. Ich frage Chris, ob es nicht ein Irrsinn von der GRU, dem militärischen Geheimdienst Russlands, war, Nowitschok gegen Skripal einzusetzen, weil sie damit doch ganz klar auffliegen würden. Richtig?

„Nicht unbedingt. Wenn man sich die Tradition des russischen Geheimdienstes ansieht, ist vieles dessen, was sie tun, effizient, weil es einschüchternd ist. Wenn es, wie in diesem Fall, nicht nur dazu gedacht ist, ein Individuum zu bestrafen, sondern auch anderen eine Lektion zu erteilen, muss es gut sichtbar sein. Die Öffentlichkeit muss es mitbekommen. Die Leute müssen wissen, dass man es getan hat. Auf merkwürdige, bizarre Weise haben sich die Russen schon immer für obskure, dramatische, öffentlichkeitswirksame Arten des Tötens entschieden. Nowitschok ist ein Beispiel dafür, Vergiftung mit Polonium ein anderes. Das passt ins Schema. Die Welt soll wissen, dass sie es getan haben. Nicht, dass sie auf frischer Tat ertappt und damit bloßgestellt werden wollen, das nicht. Sie wollen nicht erwischt werden, sie wollen lediglich einen gewissen Grad an Geheimnistuerei, bis klar ist, dass die Operation an sich erfolgreich war. Um beim Fall Skripal zu bleiben, ist es nicht einmal nötig, dass dieser stirbt. Die Hauptsache, sie haben ihrem wichtigsten Publikum dem eigenen Volk, dem zweitwichtigsten Publikum, ihren Geheimdienstagenten, und dem drittwichtigsten, der russischen Diaspora im Ausland, demonstriert: Wo immer du auch bist, wir kriegen dich, wenn wir es wollen."

„Sie wollen, dass man Angst hat?"

„Ja. Wie heißt noch mal dieses lateinische Sprichwort? *Oderint dum metuant.* Mögen sie hassen, solange sie fürchten. Auf die Russen trifft das ganz gut zu."

Ich zähle in meinem Gespräch mit Chris kurz ein paar Namen auf, die mir gerade so einfallen, von für Wladimir Putin, sein Regime oder seine Leute gefährliche oder ihnen gegenüber kritisch eingestellten Personen, die im Weg waren und die jetzt tot oder gerade noch einmal mit dem Leben davongekommen sind. Für dieses Buch habe ich die Liste dann verfeinert und neu kategorisiert. Zuerst ist da jene mit Leuten, die möglicherweise oder tatsächlich in Russland, Großbritannien oder anderswo vergiftet wurden. Einige überlebten, die meisten starben: Anatoli Sobtschak, Juri Schtschekotschichin, Lecha Islamow, Roman Zepow, Anna Politkowskaja, Alexander Litwinenko, Arkadi „Badri" Patarkizischwili, Wladimir Kara-Mursa, Emilian Gebrew, Sergei Skripal, Julia Skripal, Detective Sergeant Nick Bailey, Dawn Sturgess, Charlie Rowley, Alexei Nawalny, Roman Abramowitsch.

Die zweite Liste umfasst Kritiker Putins, die erschossen wurden: Sergei Juschenkow, Anna Politkowskaja, Natalja Estemirowa, Stanislaw Markelow; Anastasia Baburowa; Boris Nemzow. Aufmerksame Leser werden bemerkt haben, dass Anna Politkowskaja zuerst vergiftet und dann später erschossen wurde.

Autos, Helikopter und Flugzeuge sind gefährliche Verkehrsmittel. Daher führt eine dritte Liste Kritiker Putins auf, denen mysteriöse Autounfälle oder Flugzeugabstürze widerfuhren: Artjom Borowik war ein russischer Reporter, der diese Geschichte recherchierte, dass Putin unehelich geboren wurde und seine frühe Kindheit in Georgien verbracht hatte oder dass Putin ein Pädophiler war. Kurz vor der Präsidentschaftswahl im März 2000 stürzte der Privatjet, mit dem er in Moskau losgeflogen war, ab und riss alle neun Flugzeuginsassen in den Tod. General Alexander Lebed war ein Held aus dem Afghanistan-Krieg und potenzieller Rivale Putins, bis sein Helikopter 2002 in

Sibirien vom Himmel fiel. Chanpasch Terkibajew, der tschetschenische Terrorist, der der Geiselnahme im Moskauer Dubrowka-Theater glücklich entkommen war, wurde unglücklicherweise bei einem „Autounfall" in Tschetschenien getötet, nachdem er von Anna Politkowskaja als Agent Provocateur entlarvt worden war. Stephen Curtis war der Anwalt des Ölkonzerns Yukos, dessen nagelneuer, als äußerst sicher geltender Helikopter beim Landeanflug auf den Flughafen Bournemouth 2004 abstürzte.

Die vierte Liste versammelt alle Kritiker von Wladimir Putin und dessen Kumpanen, die unter dubiosen Umständen ums Leben kamen: 2000 wurde Antonio Russo, ein italienischer Journalist, der ebenfalls der Geschichte von Putins unehelicher Abstammung auf der Spur war und unabhängig davon Kriegsverbrechen der russischen Armee in Tschetschenien dokumentierte, auf einer Straße unweit eines russischen Militärstützpunkts tot aufgefunden. Er war gefoltert worden, und einige seiner Videobänder waren verschwunden. Boris Beresowski soll sich 2013 angeblich in seinem Haus bei Ascot in Berkshire erhängt haben, aber niemand, der ihn gut kannte, glaubt das. 2017 erlag der Reporter Nikolai Andruschenko seinen Verletzungen, nachdem er von unbekannten Angreifern in Sankt Petersburg brutal zusammengeschlagen worden war. Er war ein langjähriger Kritiker des Herrn im Kreml, seit der Zeit, als er, Andruschenko, Lokalpolitiker in der zweitgrößten Stadt Russlands und Putin Vizebürgermeister dort war. Er hatte gesagt, Putins Politik drehe sich nur um Geld und sonst nichts. 2018 wurden drei russische Journalisten, die über die Söldnergruppe Wagner in der Zentralafrikanischen Republik recherchierten - Kirill Radtschenko, Alexander Rastorgujew und Orchan Dschemal - bei einem angeblichen Raubüberfall ermordet. Nur, dass aus ihrem Wagen nichts Wertvolles entwendet wurde. Im selben Jahr starb General Igor Korobow, der Leiter der GRU und Boss der beiden Giftmörder von

Salisbury, im Alter von zweiundsechzig Jahren nach langer Krankheit. In Moskau sagt man, nach dem böse gescheiterten Einsatz in Salisbury habe er Putins Zorn auf sich gezogen.

Eine fünfte Liste umfasst jene Menschen, die aus Fenstern stürzten: Der russische Journalist Iwan Sawronow, 51, fiel 2007 aus einem Fenster seiner im fünften Stock liegenden Moskauer Wohnung. Er hatte über verdeckte russische Waffenverkäufe an den Iran und Syrien via Belarus recherchiert. Der Herausgeber der russischen Wirtschaftszeitung *Kommersant*, für die er gearbeitet hatte, sagte: „Ich möchte keine Gerüchte in die Welt setzen, aber eines kann ich mit Sicherheit sagen: Ich habe ihn gut gekannt, und er war bestimmt nicht selbstmordgefährdet." Die russische Journalistin Olga Kotowskaja stürzte 2009 aus ihrer Wohnung im vierzehnten Stock eines Hochhauses in Kaliningrad. Scot Young, der britische Helfer vor Ort von Beresowski, stürzte 2014 aus seiner Wohnung im vierten Stock im Londoner Viertel Marylebone. 2018 fiel der russische Journalist Max Borodin in Jekaterinenburg aus einem Fenster seiner Wohnung im fünften Stock. Im nächsten Kapitel lege ich die Geschichte hinter der Geschichte von Borodins Fenstersturz dar.

Natürlich könnten alle diese Todesfälle reiner Zufall sein. Vielleicht aber auch nicht.

Sehen wir uns zum Beispiel nur die Giftopfer, die einen britischen Pass hatten, an: Alexander Litwinenko, Sergei Skripal, Detective Sergeant Nick Bailey, Dawn Sturgess und Charlie Rowley. Wie kommt es, frage ich Chris Donnelly, dass die britischen Behörden keinen Zusammenhang zwischen all diesen Zufällen hergestellt haben?

„Keine Ahnung, wirklich. Ein Grund könnte sein, dass, wenn sie es täten, sie das Problem eingestehen müssten. Und das wäre peinlich und unangenehm und würde der Stadt London womöglich finanziell schaden, die großen Einfluss auf die

Regierung hat und der große Summen russischen Geldes zufließen."

Nun, da Russland die Ukraine überfallen und versucht hat, Kyjiw einzunehmen, müsste jedem klar sein, dass der Westen mit dem Kreml im Krieg ist. Aber ich glaube, Chris Donnelly hatte tatsächlich recht damit, dass wir schon seit fast zwanzig Jahren im Krieg mit Russland sind, ohne es zu wissen. Oder, schlimmer noch, unsere politischen Führer wussten es, aber sie sahen weg, weil Wladimir Putin sie mit etwas Kaltem, Glänzendem, Dunklem versorgt.

Moskauer Gold.

Ein paar Tage nachdem Theresa May den russischen Geheimdienst der Giftanschläge von Salisbury beschuldigt hatte, platzierte der Gasriese Gazprom erfolgreich eine Anleihe an der Londoner Börse. Die russische Botschaft in London mokierte sich in einem Tweet über Großbritannien, indem sie verkündete, die Nachfrage nach den Anleihen sei „dreimal höher gewesen als die Ausgabe [750 Millionen Euro]. Business as usual?"

Ein äußerst seltener Moment von Ehrlichkeit der Kreml-Gesandten in London.

Und absolut auf den Punkt gebracht.

Kapitel sechzehn
Der Kreml-Kandidat?

*T**ake it away, Fats.*

„I found my thrill
On Blueberry Hill
On Blueberry Hill
When I found you."

Nein, das ist nicht Fats Domino. Der Schnulzensänger, der sich da im musikalischen Sinne an „Blueberry Hill" vergeht, ist Wladimir Wladimirowitsch Putin.

Es ist kurz vor Weihnachten 2010, bei einem Charity-Event in Sankt Petersburg. Man findet den Clip, eine Aufzeichnung des US National Public Radio, wenn man in eine Suchmaschine „Putin singt Blueberry Hill" eingibt. Wer allerdings erwartet, dass Putin nach der grausamen Quälerei eines hübschen Liedes ausgebuht wurde, hat sich getäuscht. Ein paar von Hollywoods größten Stars sitzen da und klatschen wie die Seelöwen im Zoo zur Fütterungszeit: Sharon Stone, Kevin Costner, Mickey Rourke, Goldie Hawn, Kurt Russell, Gérard Depardieu, Vincent Cassel und Monica Bellucci.

Und leider sind Sharon Stone & Co. nicht die einzigen nützlichen Idioten in dieser Geschichte.

In den Vereinigten Staaten gaben sich sowohl George W. Bush als auch Barack Obama alle erdenkliche Mühe mit Wladimir Putin. Bush II. hatte seinem Gegenüber in Russland den

Spitznamen „Pooty-Poots" verpasst, aber er hatte ihn falsch interpretiert. Obama bemühte sich zu sehr um Putins obersten Strohmann Dmitri Medwedew, ohne die Wahrheit über diesen Mann zu sehen, am besten beschrieben (in Kapitel 13) von Professor Donald Rayfield als „Al Capones Anwalt". Chris Donnelly beobachtete verzweifelt, wie westliche Politiker mit dem Killer im Kreml auf Kuschelkurs fuhren: „Sie neigen sehr oft zur Naivität und sehen nur das Beste im Menschen. Oft glauben sie, dass Leute wie ich übertreiben, wenn ich ihnen sage, dass sie in Wirklichkeit unter Beschuss stehen. Aber die Leute, mit denen sie es da zu tun haben, treiben ihre Spielchen mit ihnen. Sie werden zum Narren gehalten."

Ich habe Chris herausgefordert und ihm gesagt, seine Vorstellung, der Westen stehe mit Russland im Krieg, sei verrückt. Er hat mir erwidert: „Viele Leute denken so, weil sie nicht verstehen, was Krieg ist. Sie verwechseln Krieg und Schlacht. Es ist erstaunlich, wie viele westliche Politiker, aber vor allem US-Präsidenten mit Putin immer wieder das Gleiche wiederholen. Sie werden sich hinsetzen und ihm in die Augen sehen. Und werden sie dann nicht wieder den gleichen Fehler machen? Sie haben keine Ahnung, mit wem sie es zu tun haben. Sie verstehen die Situation ganz einfach nicht."

Donald Trump ist der bei Weitem dickste Fisch im Netz des Kremls. Ich bin ihm dreimal begegnet, und jedes Mal hassten wir uns danach noch ein bisschen mehr. Das erste Mal war 2012, als ich einen Film über Mitt Romneys Präsidentschaftskandidatur drehte.

Um den Film ein bisschen aufzupeppen, beschlossen Kameramann/Produzent James Jones und ich, Trump im Trump Tower zu Romney zu interviewen. Der Trump Tower war unglaublich kitschig, ungefähr so, wie sich arme Leute das Zuhause eines reichen Mannes vorstellen. Der Glitter der Achtziger hatte sich abgenutzt. Trump selbst war aalglatt und beflissen, und was er über Romney zu sagen hatte, war so langweilig, dass wir das Interview am Ende gar nicht verwendeten.

Ein Jahr später war ich wieder da, diesmal wegen der wunderbaren Dokumentation *You've Been Trumped* von dem britischen Filmemacher Anthony Baxter. Er berichtete darüber, wie Trump ein naturschönes Gelände in Schottland gekauft hatte, um einen grässlichen Golfplatz dort zu bauen, darüber, wie Trump den damaligen SNP-Vorsitzenden Alex Salmond für sich gewann, und über die Verachtung des New Yorkers für seine schottischen Nachbarn. Während der Aufnahmen über die Schikanen gegen die Einheimischen wurde Baxter von der Polizei festgenommen. Star der Sendung war ein Kleinbauer mit bissigem Humor, der eine sehr unhöfliche Nachricht an Trump auf das Dach seiner Scheune geschrieben hatte. Auf Baxters Spuren interviewten wir diesen Mann für *Panorama*.

Da ich mich nie wohl damit fühle, die journalistische Arbeit anderer Leute zu kopieren, begann ich, mir Trumps Kontakte mit der New Yorker Mafia genauer anzusehen. Besonders faszinierend fand ich den legendären *Village Voice*-Reporter Wayne Barrett, der die Verbindungen zwischen dem Team Trump und einem Genueser Gangsterclan dokumentiert hatte. Der Clanchef Anthony „Fat Tony" Salerno, so Wayne Barrett, hatte für den Bau des Trump Tower Beton aus Mafia-Geschäften verkauft. Mehr noch: Es gab Beweise, dass Trump und Salerno denselben Anwalt beschäftigten, nämlich Roy Cohn, einen glattzüngigen Schurken, der bereits in den Fünfzigerjahren Senator Joseph McCarthy beraten hatte, den obersten Hexenjäger gegen die Roten. Über dieses dunkle Kapitel der amerikanischen Geschichte hat Arthur Miller seine große dramatische Allegorie *The Crucible* (1953; deutsch *Hexenjagd*) geschrieben.

Als es mir 2016 endlich gelang, Wayne Barrett für BBC *Newsnight* zu interviewen, befragte ich die Reporter-Legende über „Fat Tony". Und der große New Yorker Geschichtenerzähler haute die perfekte Antwort raus: „Fat Tony war feeeeett." Das ist meine Lieblingsstelle in allen Interviews, die ich je geführt habe – Sie finden sie auf YouTube, wenn Sie „Donald Trump's business links to the mob" eingeben.

Ich fand Wayne Barrett wunderbar. Im Frühjahr 2016 hatte er schon Krebs im Endstadium, aber er blieb bis zu seinem Ende – er starb im Januar 2017 – ein großartiger Reporter und konnte die bevorstehende Katastrophe bereits riechen: Hillary Clinton fiel bei den Wählern aus der Arbeiterschicht durch, während genau diese Leute Trump für ihren Helden hielten. Wayne kannte das erste Gebot der Politik: Um zu gewinnen, musst du die Kleider des anderen stehlen. Und er ahnte, was passieren würde.

Ich fragte ihn, ob er befürchtete, dass Trump gewinnen würde.

„Ich bin von Furcht erfüllt", erwiderte er.

Im Frühjahr 2013 war es wieder an der Zeit, Trump zu treffen. Mit der üblichen Aufmerksamkeit den Medien gegenüber, mit denen ihn eine lebenslange Hassliebe verbindet, lud er uns auf sein Golfgelände in Bedminster, New Jersey, ein. Wir filmten ihn, wie er mit seinem Cart über den Platz fährt, mit mir als Beifahrer. Dabei ging die Fahrt auch über die Kante eines Bunkers, und kaum noch in Reichweite des Mikrofons hört man mich quietschen: „Ich bin ein bisschen besorgt über den Fahrer."

Außerdem arrangierte Trump einen Flug in seinem Hubschrauber. Und natürlich, Kaufmann bis in die Knochen, war er der Meinung, für die Fahrt über den Golfplatz und den Flug schuldete ich ihm etwas. Allerdings bin ich nicht käuflich, und wenn doch, dann liegt der Preis etwas höher. Golf mag ich nicht, und ich bin in meinem Leben in ziemlich vielen Hubschraubern mitgeflogen.

Trump und ich hatten einen kleinen Schlagabtausch wegen seiner Schikanen gegen die schottischen Nachbarn, aber wir waren beide nicht mit dem Herzen dabei. Ich empfand ihn als Narzissten mit psychopathischer Neigung: gerissen, bauernschlau und bösartig. Je böser er wird, desto sanfter spricht er. Ich hatte mit meiner Produzentin Judith Ahearne abgesprochen, dass ich ihn erst zu der Schottlandgeschichte befragen würde und dann zu seinen Verbindungen mit dem organisierten Verbrechen.

Ich konfrontierte ihn also mit seinen Geschäftsbeziehungen zu Felix Sater, Geschäftsführer der Bayrock Group LLC und leitender Berater für Trump und die Trump Organization, als Bayrock und Team Trump 2006 für 450 Millionen Dollar den 46-stöckigen Apartmentkomplex Trump SoHo bauten. Investoren, die sich durch den Namen Trump hatten anlocken lassen, mussten zu ihrer Irritation 2008 in der *New York Times* lesen, dass sein Geschäftspartner ein in Russland geborener Sohn eines Gangsters war. Sater ist der Sohn von Michail Scheferowski, nach Auskunft des FBI ein führendes Mitglied der russischen Mafia unter dem großen Boss Semjon Mogilewitsch. Im Alter von acht Jahren verließ Sater zusammen mit seiner Familie Russland und landete in den Vereinigten Staaten. 1991 zerschnitt er, inzwischen Broker an der Wall Street, einem anderen Broker mit dem abgebrochenen Stiel eines Margarita-Glases das Gesicht. Das Opfer musste mit 110 Stichen genäht werden. Sater wurde wegen Körperverletzung verurteilt und verbrachte fünfzehn Monate im Gefängnis. Ende der Neunzigerjahre wurde er wegen seiner Teilnahme an einem 40-Millionen-Dollar-Betrug unter Beteiligung von vier Mafia-Familien – darunter die Gambinos – ein weiteres Mal verhaftet. Sater wurde zum Polizeispitzel, sagte gegen die Mafia aus, bekannte sich schuldig, und das FBI hielt seine Rolle geheim, bis die *New York Times* die Geschichte 2008 an die Öffentlichkeit brachte. Doch auch nach dieser Sache steckten Trump und Sater immer noch unter einer Decke. 2010 jedenfalls verteilte Sater Visitenkarten, auf denen er sich als „Senior Advisor to Donald Trump" bezeichnete, inklusive einer Mailadresse bei TrumpOrg.com. Der ehemalige Gangster und Donald Trump hielten zusammen wie Pech und Schwefel.

Trumps tollste Nummer, bevor er im Januar 2017 Präsident wurde, war seine Rolle als Gastgeber der Fernsehshow *The Apprentice*, wo er jede Menge Bewerber mit dem berüchtigten Satz „You're fired!" rauswarf. Seinen Markenspruch gegen ihn zu verwenden, bereitete mir keine Freude.

Sweeney: Hätten Sie nicht sagen müssen: ‚Felix Sater, Sie haben Verbindungen zur Mafia, Sie sind gefeuert'?

Trump: Also, zunächst einmal waren wir hier nicht die Baufirma, es handelte sich [bei Trump SoHo] um ein Lizenzgeschäft.

Sweeney: Aber Sie blieben, wenn ich so sagen darf, unter einer Decke mit Felix Sater, obwohl er Verbindungen zur Mafia hatte.

Trump faucht: Noch einmal, John, vielleicht sind Sie ja dumm, aber in diesem Land kann man einen unterschriebenen Vertrag nicht einfach so brechen. (Unter meinen Kollegen bei *Panorama* blieb dieser Satz – „John, vielleicht bist du ja dumm" – noch monatelang ein Hit, wenn wir unseren Feierabenddrink nahmen.)

Trump gab sich weiterhin Mühe, seine Verbindung zu Sater kleinzureden. „Ich weiß, wer er ist, aber er spielte keine große Rolle." Dann hatte er auf einmal einen dringenden Anschlusstermin. „Es tut mir wirklich leid, John, aber oben warten jede Menge Leute auf mich." Er stand auf und streckte mir die Hand hin, um sich zu verabschieden. Stattdessen hob ich die Hand und sagte: „Eine Frage noch, Mr. Trump. Warum haben Sie Ihren Beton bei Fat Tony Salerno gekauft?"

Meine Produzentin Judith Ahearne vergrub das Gesicht in den Händen und sagte: „O nein, John!"

Trumps Leute, die das ganze Interview ihrerseits aufgenommen und auf einen solchen Moment nur gewartet hatten, veröffentlichten ein Video, auf dem Judith zu sehen war, und versprühten jede Menge Gift über mich. Doch ein paar Jahre später bereitete ebendieses Video Trump einigen Ärger. Sater hatte nämlich wirklich sehr gute Verbindungen sowohl zu Trump als auch zum russischen Geheimdienst. Er war ein alter Freund von Trumps Kampfhund-Anwalt Michael Cohen. 2018 berichtete die *New York Times*, Sater habe in einer Mail an Cohen geschrieben, wie er Donald junior und Ivanka in Moskau herumgeführt und sogar dafür gesorgt habe, dass Trumps Tochter im Kreml auf Putins Stuhl habe sitzen dürfen.

Im Herbst 2015 gab es einen Mailwechsel zwischen Sater und Cohen über ein neues Projekt, den Trump Tower Moscow, der von einem der Kreml-Sparschweine, der VTB-Bank, finanziert werden sollte. Hinter der ganzen Geschichte steckte kein Geringerer als der Kreml-Herr persönlich. Im November prahlte Sater in einer Mail an Cohen damit, dass er Zugang zu Wladimir Putin habe: „Mein Freund, unser Junge [Trump] kann US-Präsident werden, das kriegen wir hin. Ich bekomme aus Putins [sic] Team jede Unterstützung dafür und werde die Sache regeln."

Sater kontaktierte etwa hundert Personen in Russland, um den Trump Tower Moscow zu pushen. Eine dieser Personen war ganz zufällig General a. D. Jewgeni Schmykow von der GRU. Schmykow hat die russische Agentenschule besucht und in den späten Neunziger- und frühen Nullerjahren im Auftrag der GRU mit Anti-Taliban-Kämpfern in Afghanistan gearbeitet.

Im Herbst 2015 unterschrieb Trump einen „letter of intent" zum Bau des Trump Tower Moscow, der ihn aber zu nichts verpflichtete. Im Dezember des gleichen Jahres schrieb Sater in einer Mail an Cohen, er habe General Schmykow am Telefon und brauche die Passdaten von Cohen und Trump, damit die beiden Visa für die Einreise nach Russland bekämen. Er erklärte, nicht der Kreml, sondern die VTB-Bank bezahle die Reise, denn es handele sich um ein „geschäftliches und kein politisches Treffen".

Die VTB-Bank bestreitet jede Beteiligung an dem Projekt Trump Tower Moscow, das später abgeblasen wurde. Und die Untersuchungen durch den ehemaligen FBI-Direktor Robert Mueller konnten keinen schlagenden Beweis finden, dass Donald Trump mit dem russischen Geheimdienst gemeinsame Sache machte. Trump schreibt keine Mails, dem ist er technisch nicht gewachsen. Vielleicht ist das sein Glück. Aber wir wissen, dass die Russen mehrere Verbindungen zu Trumps Mannschaft hatten. Sater war nur einer unter vielen.

Die zweite Verbindung zum Kreml stellte George Papadopoulos her, ein eher kleiner Trabant am Rande des Trump-Sonnensystems. Im April 2016, als der Präsidentschafts-Wahlkampf in den USA allmählich in die heiße Phase kam, traf Papadopoulos in London Professor Joseph Mifsud, genannt der „Ambassador". Mifsud war allerdings kein Diplomat, sondern ein zwielichtiger Akademiker/Hochstapler aus Malta, der sich zu dieser Zeit an der schottischen University of Stirling herumtrieb. Mifsud erklärte Papadopoulos, die Russen hätten belastendes Material über die Kandidatin der Demokraten, Hillary Clinton. Er versicherte dem Mitarbeiter von Trump, die Russen hätten „E-Mails von Clinton, Tausende von E-Mails".

Und siehe da, ein paar Monate später tauchten ebendiese E-Mails wie durch Zauberei im Internet auf. Es hatte fast den

Anschein, als hätte das Team Trump das Angebot geprüft und dann höflich abgelehnt, vielleicht verbunden mit dem Vorschlag, wenn die Mails irgendwo anders an die Öffentlichkeit gerieten, täte man sich leichter. Aber das ist natürlich nur so ein Gedankenspiel von mir.

Mifsud ist ein faszinierend heruntergekommener Typ, der wirkt wie aus einem Thriller von Graham Greene entsprungen. Für BBC *Newsnight* habe ich ihn gemeinsam mit meinem Kollegen Innes Bowen gründlich durchleuchtet. Mifsud gab 2007 aus unbekannten Gründen einen Job an der Universität von Malta auf und leitete dann eine neu gegründete Universität in Slowenien. Auch dort verschwand er bald, wobei er Vorwürfe bestritt, er habe Kosten von rund 40 000 Euro falsch abgerechnet. Seine nächste Etappe war 2013 die London Academy of Diplomacy, eine seltsame Einrichtung, die inzwischen aufgelöst wurde. Ganz früher war sie zuerst an die University of East Anglia, später dann an die University of Stirling angeschlossen gewesen.

Bei einer Konferenz wurde er als „Botschafter Mifsud" tituliert, doch auch wenn er ein halbes Jahr lang im Privatbüro des maltesischen Außenministers gearbeitet hat, ein Diplomat war er nie. Stattdessen wurde er zum Selfie-König der diplomatischen Kreise. Der damalige Außenminister Boris Johnson und sein Staatssekretär Tobias Ellwood ließen sich ebenso mit Mifsud fotografieren wie der damalige russische Botschafter in London. Irgendwann zwischendurch zeugte Mifsud, so heißt es, eine Tochter mit einer ukrainischen Geliebten.

Der Dummkopf Papadopoulos konnte den Mund nicht halten, was Mifsuds Angebot anging, „belastendes Material" über Hillary Clinton zu liefern. Er berichtete zwei australischen Diplomaten in London davon, und wenig später strengte das FBI Untersuchungen über mögliche russische Einmischungen in die Präsidentschaftswahl 2016 an. Eine Quelle aus Geheimdienstkreisen sagte uns: „Es ist klar, dass Mifsud etwas wusste, bevor es die Welt wusste. Und das wirft schon Fragen auf."

Im April 2016 hatte Mifsud Papadopoulos per E-Mail mit Iwan Timofejew bekannt gemacht, der für eine Denkfabrik im Umfeld des russischen Außenministeriums arbeitet. Im selben Monat nahm Mifsud an einer Podiumsdiskussion des Kremlnahen Waldai-Club teil, gemeinsam mit Timofejew und als Drittem im Bunde Dr. Stephan Roh, einem deutschen Rechtsanwalt und Multimillionär. Mifsud und Roh kannten sich bereits: 2014 war Roh Gastdozent an der London Academy of Diplomacy gewesen. Er hatte Link Campus University gekauft, eine private Institution in Rom, wo Mifsud leitend tätig war, und Mifsud wurde Berater für Rohs Kanzlei. Roh und seine in Russland geborene Frau Olga besaßen Häuser in der Schweiz, in Monaco, London und Hongkong. Außerdem gibt es da noch ein verfallenes Schloss in Schottland, durch dessen Kauf Stephan und Olga zu Baron und Baroness of Inchdrewer wurden. Olga Roh war auch mal Stargast in der Fox-Realityshow *Meet the Russians*, wo sie, umgeben von Requisiten extremen Reichtums, schnurrte: „Meine Familie war schon immer leistungsorientiert."

Die Baroness war außerordentlich gut vernetzt, unter anderem durch eine Luxus-Modefirma im Londoner Stadtteil Mayfair. Zu ihren Kundinnen gehörte die damalige britische Premierministerin Theresa May. Auf einem Foto von Theresa May bei einem Treffen mit der Queen trägt sie einen Mantel von Olga Roh.

Baron Inchdrewer - also Stephan Roh - hat freilich eine recht spezielle geschäftliche Vorgeschichte. Im Jahr 2005 kaufte er die Firma Severndale Nuclear Services Ltd. von ihrem bisherigen Alleineigentümer, dem britischen Atomforscher Dr. John Harbottle, und stellte diesen an. Anschließend lud er Dr. Harbottle auf eine All-inclusive-Reise zu einer Konferenz in Moskau ein. Doch der Atomforscher war sich der Gefahr bewusst, dass Moskau-Besucher jederzeit in kompromittierende Situationen kommen können. *Kompromat* ist das russische Wort für das Arrangement solcher Situationen. Später berichtete er: „Wir hatten den Eindruck, da sei etwas faul. Die Sache wirkte nicht ganz echt, und ich beschloss, nicht zu diesem Treffen zu fahren."

Wenig später wurde er entlassen. Unter seiner Leitung hatte die Firma umgerechnet etwa 50 000 Euro Umsatz im Jahr gemacht. Drei Jahre später betrug der Umsatz von Severndale Nuclear unter der Leitung von Dr. Roh und mit nur zwei Angestellten etwa 43 Millionen Euro. Wiederholte Versuche der BBC, ihn zu der Umstrukturierung der Firma zu befragen, lehnte Dr. Roh ab. Auch Professor Mifsud reagierte nicht auf die Kontaktaufnahme von *Newsnight*. Auf Fragen der italienischen Tageszeitung *La Repubblica* erklärte der mysteriöse Professor: „Geheimagent? Ich habe nie einen Penny von den Russen bekommen, mein Gewissen ist rein."

Dann verschwand er wie vom Erdboden verschluckt, gab seine Karriere als Pseudo-Diplomat auf, seine Tochter von seiner ukrainischen Geliebten, seine alten Zirkel, in denen er mit Boris Johnson und so weiter gekuschelt hatte. Meine Arbeitshypothese dazu lautet, dass er in Russland untergetaucht ist. Anlässlich des Erscheinens dieses Buches lobe ich eine Belohnung von 1000 britischen Pfund für ein aktuelles, aus dem Jahr 2022 stammendes Foto des zwielichtigen Professor Mifsud aus. Wer über ein solches Foto verfügt, möge mich über meine Website kontaktieren, ich zahle in gebrauchten Fünf-Pfund-Noten, Übergabe im Hinterhof einer Kneipe in Soho. Ich will das Foto wirklich haben.

Eine dritte Verbindungslinie vom russischen Geheimdienst zum Team Trump bildete Trumps einstiger Wahlmanager Paul Manafort. Der Geheimdienst-Ausschuss des US-Senats erklärte im August 2020, Manaforts Verbindungen zu Strohleuten des russischen Geheimdienstes – und zwar während seiner Tätigkeit als Wahlkampfmanager – „repräsentierten eine ernsthafte Bedrohung", weil sie „den russischen Geheimdiensten" Gelegenheit verschafften, „Einfluss auf den Trump-Wahlkampf zu nehmen und Informationen darüber zu erlangen". Manafort wurde zu einer Haftstrafe verurteilt, weil er bei der Befragung durchs FBI Falschaussagen gemacht hatte. Trump begnadigte ihn kurz vor Ende seiner Amtszeit. Aber da gibt es natürlich keinerlei Zusammenhänge und so weiter und so fort.

War Trump der Kandidat des Kremls? Im Januar 2017 habe ich eine BBC-*Panorama*-Sendung zu dem Thema gemacht, die genau diese Frage im Titel trug. Unsere Dokumentation warf einen Blick auf den vertraulichen Bericht des ehemaligen MI6-Beamten Chris Steele, in dem behauptet wurde, der Kreml sei im Besitz eines kompromittierenden Videos von Trump aus dem Jahr 2013, wie er sich in einer Hotelsuite des Moskauer Ritz Carlton eine Sex-Show von Prostituierten ansieht, die aufeinander urinieren – das Hotelbett besudelnd, in dem Barack und Michelle Obama angeblich einst schliefen. Trump war aus Anlass der Wahl zur Miss Universe zum behaupteten Zeitpunkt tatsächlich in der russischen Hauptstadt gewesen.

Trump stritt alles ab, aber Chris Steele, der frühere Leiter des Russia House im MI6, kennt Moskau besser als die meisten anderen. Später klagte das FBI einen seiner Informanten wegen Falschaussage an, aber das ändert nichts an der Glaubwürdigkeit von Steeles Bericht, jedenfalls nicht in meinen Augen. Der russische Geheimdienst hat Methoden, Menschen Angst einzujagen, die weit über die Möglichkeiten des FBI hinausgehen. Das FBI hat sicher seine Fehler, aber letztlich ist es eine Strafverfolgungsbehörde, die sich innerhalb des gesetzlichen Rahmens bewegen muss. Der frühere britische Botschafter in Moskau, Sir Andrew Wood, war so besorgt über Steeles Dossier, dass er es Senator John McCain persönlich überreichte. Gegenüber der BBC sagte er: „Trump ist sexsüchtig." Andere – gute Leute, die sich auskennen – fürchten, dass der Steele-Report auf Fehlinformationen beruhte. Trumps späterer Umgang mit Putin lässt mich vermuten, dass der russische Geheimdienst durchaus etwas gegen ihn in der Hand hatte. Mag sein, dass Steele das falsche Ende der Geschichte erwischt hat, aber es gab auf jeden Fall eine Geschichte.

In unserer *Panorama*-Doku *Trump: The Kremlin Candidate?* sagte Michael D'Antonio, Autor der unautorisierten Biografie *Never Enough: Donald Trump and the Pursuit of Success* (2015) zu mir: „Trump hat gesagt: ‚Ich bin der Star meines eigenen Comichefts.' Er hält sich für Superman oder Batman. Vielleicht ist er auch der Bösewicht. Er glaubt an ‚Wahrheit, Gerechtigkeit und die amerikanische Lebensweise', aber das ist ein Bezugsrahmen aus den Fünfzigerjahren. Damals waren immer die alten weißen Männer am Ruder, und die bösen Buben hatte weder ein scharf gemeißeltes Kinn noch schönes Haar. Sie waren so hässlich, dass man das Böse sofort erkannte. Ich glaube, er identifiziert andere Menschen gern als erkennbare Feinde und verfolgt sie dann, nur weil sie gegen ihn sind. Die amerikanische Lebensweise ist also gleichbedeutend mit Donald Trump, und der Feind ist derjenige, den er dazu erklärt."

Unheimlich daran ist, dass D'Antonio genau dasselbe über Putin dachte. „Auch er ist eine Gestalt aus dem Comic. Er ist das Staatsoberhaupt eines Landes, dessen Wirtschaftskraft etwa halb so hoch ist wie die Kaliforniens, und trotzdem beherrscht er die Weltbühne, weil er sich so sehr aufgeblasen hat. Aber auch er ist ein starker Mann, und Trump bewundert nun mal starke Männer. Er bewundert die Ausübung von Macht und die Tatsache, dass Putin in dieser Hinsicht offenbar keinerlei Hemmungen hat."

Der unautorisierte Biograf trieb einen anderen New Yorker Immobilienentwickler auf, der das Folgende über den 45. Präsidenten der Vereinigten Staaten sagte: „Trump schließt keinen Deal ab, wenn darin nicht ein kleines Extra – irgendein moralischer Diebstahl – enthalten ist." Das stimmte sowohl mit dem überein, was ich über Trumps dunkle Geschäfte wusste, als auch mit Putins Modus Operandi. Die beiden sind sich auf gruselige Weise ähnlich. Ein Beobachter Trumps hat erklärt, die Familie, vor allem Donald junior und die Tochter Ivanka, würden ihren Vater von unbedachten Handlungen abhalten. Als ich diese Aussage D'Antonio vorlegte, sagte er: „Ich habe seine Kinder interviewt. Sie sitzen alle in den Büros eine Etage unter ihm, und wenn sie von ihm sprachen, sagten sie automatisch ,Unser Vater' und blickten nach oben, als wäre er im Himmel. Ivanka verehrt ihn am meisten. Diese Kinder sind kleine Götter, aber Donald ist der Sitz allen Wissens, in ihm sind alle Macht und alles Gute vereint. Die Trump-Organisation hat Anklänge an eine Religionsgemeinschaft."

Im Übrigen zweifle ich keinen Moment daran, dass Wladimir Putin sich Trump als Wahlsieger wünschte. Der russische Geheimdienst nahm eine ganze Reihe von Bauern der Demokratischen Partei vom Schachbrett, um seinem Champion den Sieg zu sichern. Als unsere *Panorama*-Dokumentation gesendet wurde, schrieb ich einen Artikel für die *Radio Times*, der folgendermaßen endete: „Angesichts der Tatsache, dass die beiden mächtigsten Männer der Erde zwei Comicschurken sind, würde ich mich an Ihrer Stelle unter dem Bett verstecken. Aber legen Sie eine Bleidecke darüber und stellen Sie das Bett in ein 30 Meter tiefes Loch. Hoffentlich irre ich mich."

Die russische Botschaft in London postete einen ganzen Blog, der nur damit beschäftigt war, unsere Dokumentation und unsere Auffassung von Journalismus zu verurteilen. Die Tirade begann mit den Worten: „Die BBC hat einen neuen Tiefpunkt der offensichtlichen postfaktischen Propaganda zur Verteidigung des unerträglichen Status quo in Großbritannien, den USA und weltweit erreicht. In dieser Dokumentation gibt es kein einziges Beweisstück und kein ernsthaftes Thema. John Sweeneys Lob für Christopher Steeles *Kompromat*-Report, ‚selbst wenn das alles ein Haufen Lügen ist', spricht Bände."

Natürlich habe ich nie gesagt, dass ich Steeles Bericht für einen Haufen Lügen halte. Im Gegenteil, ich vermute, dass der Bericht der Wahrheit entspricht. Aber der Post der russischen Botschaft machte eins ganz klar:

Jetzt hatten sie mich im Fadenkreuz.

Sobald er an der Macht war, tat Trump so ziemlich alles, was sich der Kreml von ihm wünschen konnte: Spaltung in der NATO säen, die EU schwächen, Katzbuckeln vor Putin.

Dafür gibt es jede Menge Beweismaterial. Im Jahr 2018 trafen sich Trump und Putin in Helsinki und sprachen zwei Stunden lang unter vier Augen miteinander. Inzwischen wusste die ganze Welt, dass der russische Geheimdienst den Mailverkehr von Hillary Clintons Wahlkampfmannschaft gehackt hatte, dass Paul Manafort Schulden bei einem Strohmann des Kremls hatte, dass der in Russland geborene Sater im Trump Tower gearbeitet hatte. Und dass sich Russland in die US-Präsidentschaftswahl 2016 eingemischt hatte. Letzteres ist eine Feststellung der amerikanischen Geheimdienste.

Bei der gemeinsamen Pressekonferenz nach ihrem Privatgespräch erklärte Putin, es habe nie kompromittierendes Material über Trump gegeben. Natürlich sagte er das. Putin sagte, er habe „nicht einmal gewusst, dass Trump anlässlich der Wahl zu Miss

Universe 2013 in Russland" gewesen sei, also zu der Zeit, als er nach Aussage des Steele-Dossiers heimlich gefilmt worden war, um ihn zu erpressen. Ein Reporter forderte Trump auf, die russische Einmischung in die amerikanische Demokratie klar zu verurteilen. Trump antwortete ausweichend und kam zu dem Schluss: „Meine Leute kamen zu mir ... Sie sagten, sie glauben, es sei Russland. Ich habe Präsident Putin gefragt, und er sagt, es war nicht Russland. Ich will dazu Folgendes sagen: Ich sehe keinen Grund, warum das so sein sollte ... Ich habe großes Vertrauen in meine Geheimdienstleute, aber ich kann Ihnen sagen, dass Präsident Putin diesen Punkt extrem stark und kraftvoll abgestritten hat."

Der demokratische Senator Chuck Schumer griff Trump an: „Millionen von Amerikanern werden sich weiterhin fragen, ob die einzige mögliche Erklärung für dieses gefährliche und rätselhafte Verhalten die Möglichkeit ist - die sehr reale Möglichkeit -, dass Präsident Putin schädliche Informationen über Präsident Trump besitzt." Aus US-Geheimdienstkreisen heiße es, Trump sei ein „russischer Agent", ein „nützlicher Idiot" oder auch „Putins Marionette".

James Clapper, ehemaliger Direktor der nationalen Nachrichtendienste, fragte, „ob die Russen etwas über Trump in der Hand haben", und der ehemalige CIA-Direktor John Brennan beschuldigte Trump des „Verrats". In einem Tweet hieß es: „Putin hat ihn komplett in der Tasche." Senator John McCain erklärte, es sei ein „schändlicher Auftritt" gewesen. „Kein Präsident hat sich je zuvor unterwürfiger vor einem Tyrannen erniedrigt."

Ein Jahr später traf Präsident Trump den ukrainischen Präsidenten Selenskyj im Hauptquartier der Vereinten Nationen in New York und sagte zu ihm: „Ich hoffe wirklich, dass Sie und Präsident Putin sich einigen und Ihre Probleme lösen können." Das Problem der Ukraine bestand darin, dass Russland 2014 ins

Land einmarschiert war und die Krim, Donezk und Luhansk annektiert hatte. Selenskyj sah wütend aus.

Betrachtet man Trumps Verhalten beim Gipfel in Helsinki und seinen Rat an Selenskyj in New York, liegt der Schluss nahe: Donald Trump war Moskaus Mann.

Kapitel siebzehn
Nützliche Idioten

Maxim Borodin war ein brillanter Investigativ-Journalist, zweiunddreißig Jahre alt, leicht dandyhaft mit Fliege und Kammgarnsakko, der eigentlich in Jekaterinburg im Ural wohnte, aber eben erst seinen Traumjob in Moskau bekommen hatte. Er hatte sich durch seine Arbeit für den Pressedienst *Nowi Den* einen Namen gemacht und sich dabei den Zorn der rechtsextremen Monarchisten zugezogen, die sich über seine Berichterstattung rund um den heftig umstrittenen Film *Mathilde* empörten, der von der außerehelichen Beziehung des – im Juli 1918 zusammen mit seiner Familie von den Bolschewiken ermordeten – Zaren Nikolaus II. zu der Primaballerina Matilda Kschessinskaja handelt. Max erzählte, dass er 2017 von einem Rechtsaußen-Aktivisten eins mit einer Eisenstange übergezogen bekommen hatte.

Im April 2018 rief er eines Morgens um fünf Uhr in der Früh bei seinem Freund Wjatscheslaw Baschkow an und sagte: „Auf meinem Balkon stand gerade jemand mit einem Gewehr, und auf dem Treppenabsatz sind maskierte Männer in Tarnkleidung." Maxim wohnte im fünften und obersten Stockwerk seines Apartmenthauses. Für einen gut trainierten Scharfschützen wäre es ein Kinderspiel, sich vom Dach auf seinen Balkon abzuseilen. Als Maxim seinen Freund Baschkow ein paar Stunden später ein zweites Mal anrief, klang die Geschichte plötzlich ganz anders: Es waren nur ein paar Sicherheitsleute bei einer Übung gewesen. Einen Tag später wurde Maxims lebloser Körper auf dem Boden vor seinem Wohnhaus entdeckt. Die Polizei nahm die

Ermittlungen auf und kam zu dem Schluss, dass er betrunken aus dem Fenster gefallen war und dass es sich um Selbstmord handelte. Zumindest ist das das offizielle Märchen.

Eine andere Version von Maxims Tod geht wie folgt: Im Februar 2018 erhielten die russischen Söldner der sogenannten Gruppe Wagner den Befehl, ein Gebiet mit reichen Ölvorkommen in Syrien einzunehmen, das von der Freien Syrischen Armee (FSA), den Gegnern Assads und Russlands, kontrolliert wurde. Die Söldner der Gruppe Wagner sind zu Recht als brutale Mörder, Vergewaltiger, Räuber und Folterknechte mit engen Verbindungen zum Kreml verrufen. Doch das ist nur die halbe Wahrheit. Tatsächlich ist die Gruppe Wagner Putins Schattenarmee, gesteuert von einem seiner Günstlinge, Jewgeni Prigoschin, der im Jahr 1981 wegen Diebstahl, Betrug und Prostitution Minderjähriger zu zwölf Jahren Haft verurteilt wurde. Heute ist er ein Milliardär. Sein Spitzname ist „Putins Koch", weil er eines von Putins Lieblingsrestaurants in Sankt Petersburg leitete. Offiziell verdient er sein Geld damit, dass sein Unternehmen für die Verpflegung der russischen Streitkräfte sorgt, wenn auch manche Ration seit Jahren abgelaufen ist. Im Verborgenen jedoch finanziert Prigoschin mutmaßlich Trollfabriken und Hackerlabore, die sich im Vorfeld der US-Präsidentschaftswahl 2016 Zugang zu den E-Mails der US-Demokraten verschafften und so nicht unwesentlich zu Donald Trumps Sieg beitrugen. Und Prigoschin wird eben auch verdächtigt, Hintermann der Gruppe Wagner zu sein, einem Sammelbecken für russische Ex-Soldaten, die für Geld erst im Donbass im Osten der Ukraine und dann in Syrien, Libyen, der Zentralafrikanischen Republik und in Mali morden. Benannt ist die Gruppe nach Hitlers Lieblingskomponisten; ihr Scheinanführer Dmitri Utkin trägt die Doppelrune der Nazi-SS als Tätowierung und wurde 2016 in

Putins Gesellschaft fotografiert. Wenn es dem Kreml tatsächlich ernst mit der „Entnazifizierung der Ukraine" wäre, sollte er zuerst einmal seine eigene Privatarmee hinter Schloss und Riegel bringen.

Die Wagner-Operation in Syrien endete in einem Desaster, weil die Freie Syrische Armee Unterstützung von den US-Streitkräften bekam. Als die Amerikaner die Wagner-Söldner auf die von der FSA kontrollierten Ölfelder vorrücken sahen, kontaktierten sie ihre Verbindungsmänner in der russischen Armee und forderten sie auf, ihre Leute zu stoppen. Die Warnung wurde nie weitergegeben, die Amerikaner eröffneten das Feuer, und ungefähr zweihundert russische Söldner kamen ums Leben. Ein Teil der getöteten Wagner-Männer kam aus Asbest, nicht weit von Jekaterinburg entfernt. Maxim Borodin interviewte Verwandte der Verstorbenen, die wütend und verzweifelt über den Tod ihrer Liebsten waren. Elena Matwejewa, Witwe von Stanislaw Matwejew, rief im Beisein des Journalisten den Kommandanten ihres Mannes an. Der nahm während des Gesprächs kein Blatt vor den Mund, nicht ahnend, dass Maxim zuhörte und den Anruf per Video aufzeichnete. „In einem Bataillon", erzählte er ihr, „wurden auf einen Schlag zweihundert Mann getötet. Wir hatten nur AK47, nicht eine einzige Flugabwehrrakete. Sie haben uns plattgemacht, haben uns mächtig eingeheizt. Die Yankees haben gesagt, ‚Achtung, Russen, wir kommen'."

Ich drehte für die BBC-Spätnachrichtensendung *Newsnight* einen kurzen Film über Maxims rätselhaften Tod, in dem Wjatscheslaw Baschkow sagt: „Maxim war freundlich, lustig, ich würde ihn niemals als selbstmordgefährdet einschätzen."

Was Maxim tatsächlich widerfahren ist, wird sich wohl nie abschließend klären lassen, aber meine Arbeitshypothese lautet wie folgt: Das von den Amerikanern unter den Wagner-Männern angerichtete Blutbad war eine Demütigung für Prigoschin und seinen tätowierten Befehlshaber Utkin, aber sie arbeiteten hart daran, die Geschichte aus den russischen Schlagzeilen herauszuhalten; Maxims Bericht, untermauert durch das Video des gesprächigen Kommandanten, war ein weiterer Schlag ins Gesicht; Maxim besaß, weil er gerade erst als Reporter anfing, noch nicht das richtige Gespür für das extreme Risiko, das er einging; Als Maxim seinem Freund Baschkow morgens um fünf erzählte, dass ein Mann mit einem Gewehr bei ihm auf dem Balkon stehe, stand wirklich ein Mann mit einem Gewehr bei ihm auf dem Balkon; dasselbe gilt für die Männer in Tarnkleidung; die spätere Geschichte von der Übung der Sicherheitsmänner war eine durch Folter erpresste Lüge; die Wagner-Leute ermordeten Maxim, indem sie ihn aus dem Fenster warfen; die örtliche Polizei wollte nicht in ein Wespennest stechen.

Kurz darauf kamen in der Zentralafrikanischen Republik drei russische Investigativ-Journalisten unter rätselhaften Umständen ums Leben, die Nachforschungen zu mutmaßlichen Menschenrechtsverletzungen der Gruppe Wagner angestellt hatten. Die Botschaft war mehr als deutlich: Du bist ein Investigativ-Journalist mit dem Wunsch, früh zu sterben? Dann stell einfach die falschen Fragen zur Wagner-Gruppe.

Maxims Ermordung beunruhigte mich zutiefst. Parallel zu meinem *Newsnight*-Beitrag hatte ich für die Website der BBC einen Online-Artikel verfassen wollen, bekam aber zu hören, dass das nicht ging. Wieder einmal merkte ich, dass die BBC-Kollegen dem System aus Stellvertreter-Mördern des Kremls zu viel Zweifel zugutekommen ließen. Und ich war nicht allein mit meiner Befürchtung, denn auch die Kollegen des ukrainischen Nachrichtendiensts der BBC kamen offen auf mich zu, besorgt darüber, dass der russische Nachrichtendienst der BBC und die BBC Moskau den Kreml in ihren Berichten mit Samthandschuhen anfassten. Ein Kollege sagte zu mir: „John, du bist der einzige Reporter, der dem Kreml richtig was anhängt, der einzige." Professor Donald Rayfield hat mir erzählt, dass der russische Nachrichtendienst der BBC zu Sowjet-Zeiten exzellent gewesen war, sich jedoch in den letzten Jahren gewandelt hatte: „Ich glaube, er wurde kompromittiert und infiltriert."

Dieses Gefühl hatte auch ich. Ich hatte zudem das Gefühl, unter Druck gesetzt zu werden. Doch noch hielt mein Glück.

Als ich meinen Thriller *The Useful Idiot* über den Holodomor schrieb, widmete ich ihn Maxim Borodin und machte den Journalisten zu einer der Hauptfiguren. In meinem Roman stellt Stalins Geheimpolizei es so dar, als wäre die fiktive Figur Maxim Borodin aus dem Fenster im fünften Stock gesprungen. Was natürlich gelogen war. Ihre Männer hatten ihn kaltblütig ermordet.

Doch wer mit den Wölfen, alias dem Kreml, heult, dem bietet sich ein Kaleidoskop von Möglichkeiten. Man kann mit Fug und Recht behaupten, dass es Russlands geheimem Staat gelungen ist, führenden Köpfen in den Vereinigten Staaten, in Großbritannien, Deutschland, Frankreich und Italien besorgniserregend nahe zu kommen. Wieder und wieder hat der Kreml westliche Demokratien in eine Art Matrjoschka-Spiel verwandelt. Öffne die Donald-Trump-Puppe und/oder die von Nigel Farage oder Jeremy Corbyn oder Matteo Salvini oder Marine Le Pen, und jedes Mal grinst dir Wladimir Putin entgegen.

Ein ganz klarer Fall von „nützlichem Idioten" des Kremls ist Gerhard Schröder. Nach der verlorenen Bundestagswahl im Herbst 2005 legte er am 24. November sein Bundestagsmandat nieder und erklärte seinen Rückzug aus der Politik. Kurz danach wurde bekannt, dass er den Posten des Aufsichtsratsvorsitzenden der Betreibergesellschaft der Erdgas-Pipeline von Russland nach Deutschland durch die Ostsee übernehmen würde. Durch die neue Pipeline sollte russisches Gas zukünftig auf direktem Weg über die Ostsee nach Deutschland befördert werden. Die schwarze Magie des Kremls besteht darin, das Gas an den Transit-Ländern vorbeizuleiten und sie dadurch so sehr zu schwächen, dass sie dem russischen Bären nicht mehr die Stirn bieten können.

An dem privatwirtschaftlichen Konsortium, das heute als Nord Stream AG bekannt ist, hält der russische Staatskonzern Gazprom mit 51 Prozent die Mehrheit, weitere Gesellschafter sind deutsche, niederländische und ein französisches Energieversorgungsunternehmen. Schröders Aufgabe als Vorsitzender des Aufsichtsrats war, die Interessen der Aktionäre zu vertreten. Die Vereinbarung zum Bau der Ostsee-Pipeline war von den Aktionären erst im September desselben Jahres in Anwesenheit des damals noch amtierenden Bundeskanzlers Schröder und des russischen Präsidenten Putin in Berlin unterzeichnet worden. Dieser enge zeitliche Zusammenhang wurde in der deutschen Öffentlichkeit von Beginn an stark kritisiert Der US-amerikanische Demokrat Tom Lantos, ehemaliger Vorsitzender des Auswärtigen Ausschusses im Kongress, sagte, er hätte Schröder gern einen „politischen Prostituierten" genannt, „jetzt, da er von Putin dicke Schecks kassiert. Aber die Prostituierten in meinem Wahlbezirk fühlen sich beleidigt."

Schröder bestritt stets, bereits im September 2005 etwas davon geahnt zu haben, dass ihm kurz danach ein privatwirtschaftliches Amt angetragen werden würde. In seinem Buch *Entscheidungen: Mein Leben in der Politik* legt er deshalb großen Wert auf die Feststellung, dass er erst im November 2005 und damit nach seinem Ausscheiden aus der Politik vom Vorstandsvorsitzenden der Gazprom gebeten worden war, den Aufsichtsratsposten zu übernehmen. Er habe das Angebot zunächst abgelehnt, weil er keine festen beruflichen Bindungen eingehen wollte. Erst als im

Dezember 2005 Präsident Putin höchstpersönlich bei ihm anrief und ihn von der Bedeutung des europäischen Energieprojekts überzeugte, so Schröder, habe er sich bereit erklärt, den Vorsitz des Gremiums zu übernehmen. Die öffentliche Debatte über die zeitliche Koinzidenz kommentierte Schröder dahingehend, dass er über die Unterstellungen „entsetzt" sei. Spekulationen über einen Interessenkonflikt zwischen seiner politischen Entscheidung einer Unterstützung des Pipeline-Projektes als Bundeskanzler und seinem späteren Amt seien „in der Sache falsch und außerdem ehrenrührig". Vielmehr legte er Wert auf die Feststellung, dass seine Unterstützung der Ostsee-Pipeline ausschließlich mit Interessen Deutschlands und Europas zu tun habe.

Seitdem häuften sich die Ämter Schröders. Bei Drucklegung dieses Buches war Gerhard Schröder Vorsitzender des acht Mitglieder umfassenden Aktionärsausschusses der Nord Stream AG, als einer von vier von Gazprom entsandten Vertretern. Daneben ist er Präsident des Verwaltungsrates der Nord Stream 2 AG. Diese Gesellschaft sollte eigentlich die mittlerweile fertiggestellte, aber wegen Putins Überfall auf die Ukraine Stand heute gestoppte und vielleicht nie in Betrieb gehende Parallel-Pipeline durch die Ostsee betreiben. Alle rund 140 Mitarbeiter des Unternehmens sind Presseberichten zufolge mittlerweile gekündigt.

Längere Zeit war Schröder auch Verwaltungsratsvorsitzender beim mehrheitlich staatlichen russischen Energiekonzern Rosneft. Igor Setschin, der CEO des Unternehmens, ist ein enger Vertrauter Wladimir Putins und war bis 2008 stellvertretender Leiter der russischen Präsidialverwaltung. In dieser Funktion war er verantwortlich für die Auflösung des staatlichen Ölkonzerns Yukos und dessen Übernahme durch Rosneft. Bis 2012 war er zudem stellvertretender Ministerpräsident der Regierung der Russischen Föderation. Bekannt wurde er zuletzt im März 2022 dadurch, dass seine von einer deutschen Werft gebaute 135-Meter-Luxusjacht *Crescent*, Wert ungefähr 600 Millionen Dollar, ausfahrbarer Helikopter-Hangar inklusive, von den spanischen Behörden festgesetzt wurde.

Von seinem Posten bei Rosneft trat Schröder erst im Mai 2022 zurück. Kurz zuvor wurde bekannt, dass sich das EU-Parlament dafür ausgesprochen hatte, Schröder wegen seiner diversen Verbindungen zu Russland auf die EU-Sanktionsliste gegen Russland zu setzen. Gleichzeitig wurde mitgeteilt, dass der ehemalige Bundeskanzler im Februar als einer von elf Aufsichtsräten für den Aufsichtsrat des russischen Staatskonzerns Gazprom nominiert worden sei, er aber auf jenen Posten bereits verzichtet habe, bevor er bei der Aktionärshauptversammlung am 30. Juni bestätigt werden konnte.

Die deutschen Medien haben über die Jahre unzählige Fotos von Schröder gemacht, wie er es auf Kosten des Kremls oder dessen Kumpane krachen lässt. Es besteht – ohne dass es bei Schröder diesbezüglich bisher Anhaltspunkte gibt – die Gefahr, dass solche Feiern in eine Falle führen können, in der kompromittierendes Material geschaffen wird. Hierüber sprach ich mit Chris Donnelly, der mir erklärte: „Das Ganze hat zwei Seiten. Einerseits lassen sich in den oberen Führungsetagen der Politik auf informeller Ebene viele Vereinbarungen und Übereinkünfte aushandeln. Man kann der Meinung sein, und das ist durchaus keine dumme Meinung, dass erfahrene Leute auf informeller Ebene sehr nützliche Übereinkünfte treffen und Beziehungen aufbauen können. In meiner Zeit bei der NATO waren die Meetings im Hauptquartier oft wahnsinnig formell und steif und äußerst unangenehm. Aber wenn ich dieselbe Gruppe von Russen abends zu mir nach Hause einlud und Jill [Chris' Ehefrau] für uns kochte und wir ein paar Drinks nahmen, kamen Vereinbarungen zustande, die unter formelleren Umständen undenkbar gewesen wären. Das ist die eine Seite. Wenn man so etwas jedoch mit einem Land wie Russland machen will, muss man unbedingt wissen, dass die Leute, mit denen man verhandelt, professionell geschult sind und eine klare Strategie verfolgen. Bei dieser Art von Diplomatie also muss man ständig auf der Hut sein und sehr gut in dem, was man tut. Ansonsten wird man schnell über den Tisch gezogen."

„Die gegnerische Seite, die Leute vom KGB, sind Profis darin, die Schwächen der Menschen zu erkennen?", frage ich Chris.

„Jawohl. Sie sind ziemlich ausgebufft. Sie nutzen fröhlich Dinge wie Sex, Alkohol, Drogen, Macht. Und Stolz und Schmeicheleien und so weiter. Es geht nicht nur um Sex. *Kompromat* kann sehr viel raffinierter sein. Denken Sie an Kanzler Schröder und seine im Lauf der Jahre offensichtlich immer enger gewordene Freundschaft mit Putin. Er war viermal verheiratet, und alle vier Ehen sind kinderlos geblieben. Und dann hat ihm Putin geholfen, zwei Kinder aus einem Waisenhaus in Sankt Petersburg zu adoptieren."

„Putin wusste also genau, was Schröder wollte?"

„Es muss nicht immer nur Sex oder Drogen oder Geld sein. Es kann etwas sehr, sehr Raffiniertes sein. Man muss den Hut ziehen vor so viel Professionalität."

Tom Tugendhat, britischer Abgeordneter der Konservativen Partei und Vorsitzender des Auswärtigen Ausschusses im Unterhaus, glaubt, dass man Putins Russland am besten als ein von seinem Geheimdienst gekapertes Land versteht. Alles wird durch das Prisma des Spionageapparats betrachtet. Kein Wunder also, dass die Agenten des Kremls - geschult darin, menschliche Schwächen zu erkennen, und mit Unsummen an Geld ausgestattet - in der Lage waren, so viele Politiker des Westens zu umgarnen und einzuwickeln, die meisten davon, aber bei Weitem nicht alle, am äußersten rechten Rand des rechten politischen Spektrums.

Die am äußeren rechten Rand stehende französische Politikerin Marine Le Pen musste während der Debatte vor der französischen Präsidentschaftswahl 2022 Präsident Macrons Spott über sich ergehen lassen, als er Putin als ihren „Banker" bezeichnete. Ihre Partei, der euphemistisch benannte Rassemblement National (ehemals Front National), zahlt gerade ein Darlehen in Höhe von zwölf Millionen Dollar eines russischen Unternehmens zurück, gegen das die USA inzwischen Sanktionen verhängt haben. Wie viel Moskauer Gold genau in die Taschen der französischen rechtsextremen Bewegung geflossen ist, lässt sich, während ich das hier schreibe, nicht genau sagen. Aber es dürfte sich um eine beträchtliche Summe handeln.

Dasselbe gilt für den Italiener Matteo Salvini, Rechtsaußen-Wunderkind und Anführer der Partei Lega Nord. 2018 wurden drei Russen und drei Italiener, einer davon ein enger Berater Salvinis, im Moskauer Metropol Hotel - nur einen Goldbarrenwurf vom Kreml entfernt - heimlich bei einem Gespräch darüber aufgenommen, wie die Partei des damaligen stellvertretenden italienischen Premierministers und zugleich Innenministers von der russischen Großzügigkeit profitieren konnte. Eine solch finanzielle Zuwendung wäre ein eklatanter Rechtsbruch gewesen, da das italienische Wahlgesetz den Parteien verbietet, große Parteispenden von ausländischen Quellen anzunehmen. Gianluca Savoini, der langjährige Berater Salvinis, war am Tag zuvor mit meinem alten Freund Alexander Dugin, Putins Rasputin, fotografiert worden. Tags darauf wurde Savoini mitgeschnitten, wie er sagte: „Wir wollen Europa verändern. Ein neues Europa muss wieder so nahe an Russland heranrücken wie früher, denn wir wollen unsere Souveränität wiederhaben." Salvini war zwar nicht bei diesem Treffen dabei, doch er war zu diesem Zeitpunkt in Moskau. Vordergründig ging es bei den Verhandlungen der sechs Männer um ein mögliches Geschäft, bei dem ein großes russisches Petrochemie-Unternehmen Treibstoff für 1,5 Milliarden Dollar an den italienischen Energiekonzern Eni verkaufen sollte. Im Verborgenen sollten dabei über geheime Mittelsmänner fünfundsechzig Millionen Dollar Schmiergelder für die Lega abgezweigt werden.

Als Alberto Nardelli von *BuzzFeed News* Savoini mit dem Mitschnitt konfrontierte, antwortete der: „Entschuldigung, aber dafür ist mir meine Zeit zu schade." Aufgedeckt durch großartigen italienischen Journalismus, kam dieses Geschäft nie zustande. Doch es bleibt der Verdacht, dass der Kreml das „russische Dolce Vita" seiner rechtsradikalen Busenfreunde finanziert hat.

Im Jahr 2000, nachdem ich aus Tschetschenien zurückgekehrt war und Wladimir Putin als Kriegsverbrecher titulierte, gab es in London zwei Personen des öffentlichen Lebens, die sich offen gegen diesen brutalen Krieg aussprachen, und ich bewunderte beide: Die eine war die Schauspielerin Vanessa Redgrave, der andere war der Labour-Abgeordnete Jeremy Corbyn.

Vanessa war ein Wunderwerk, sie verdammte Putins Handeln mit der puren Kraft ihrer Stimme. Sie stolzierte in das hölzerne Rund des Globe Theatre, einen Schlapphut auf dem rotblonden Haar, mit wehendem langem Mantel, einen schweren Stock in der Hand. Kaum stand sie vor uns, richtete sie den Stock auf uns, indem sie ihn in die Höhe schwang und langsam wieder sinken ließ, dann ein prüfender Stupser. Es war eine Herausforderung, eine Mutprobe, ein „Los, zeig, was du draufhast". Der *Observer*-Fotograf Jon Reardon stand seinen Mann, ich hingegen nahm Reißaus und versteckte mich hinter dem Pressemenschen des Theaters.

Es gibt große Auftritte. Und es gibt Vanessa Redgrave, die einen Stock auf dich richtet.

Damals war sie zweiundsechzig, ein Alter, in dem man jedes Recht auf eine Gehhilfe und Stricknadeln hat, aber sie machte nicht den Eindruck, als wäre sie weich oder langsam geworden. Sie stieg zu den Göttern auf, um einen letzten Strahl von Aprilsonne zu erhaschen, und die Jahre fielen von ihr ab. Sie sah erstaunlich jung und lebendig aus, eine nicht zu unterschätzende lebendige Kraft.

Der Stock und der Schlapphut rührten daher, dass sie gerade die Rolle des Prospero in *Der Sturm* probte. Nach den Pressebildern bot sie mir an, mich im Auto zu ihrer Wohnung in Chiswick mitzunehmen. Es wurde eine regelrechte Achterbahnfahrt, als der kleine VW Polo abrupt anfuhr, mit einem Ruck wieder zum Stehen kann, nur um gleich darauf wieder loszusausen, während sie über das London Eye schimpfte, das wie ein „Raumschiff von Außerirdischen" über dem Shell Building schwebte, und dann auf Tschetschenien zu sprechen kam.

Es gibt Autofahrten durch London. Und es gibt Autofahrten mit Vanessa Redgrave am Steuer.

In ihrer Wohnung zeigte sie mir einen offenen Brief, den die Initiatoren der Internationalen Kampagne für Frieden und Menschenrechte für Tschetschenien unterschrieben hatten, darunter auch Jelena Bonner, die Witwe des sowjetischen Dissidenten Andrei Sacharow, und sie selbst. Und dann begann sie zu reden, mit leiser Stimme, den Blick ins Leere gerichtet, eingehüllt in den Rauch ihrer *Silk Cut*: „Thomas Mann hat das Münchner Abkommen in einem Aufsatz heftig attackiert. Er sagte klipp und klar, dass Chamberlain die deutsche Opposition zerstört hat, die Hitler hätte aufhalten können. Ich fürchte, im Falle Russlands ist es nicht anders. Indem Putin das tschetschenische Volk in einem Genozid zerstört, sendet er uns eine Botschaft: ‚Seht genau hin, was wir mit Tschetschenien gemacht haben. Und, falls ihr Russen seid, seht genau hin, was wir mit Babitzki gemacht haben.'" Andrei Babitzki war ein Reporter, der für Radio Free Europe arbeitete und die Welt darüber informierte, was wirklich in

Tschetschenien vor sich ging. Er wurde verhaftet, gefoltert und, schlimmer noch, Zeuge der Schreie anderer Gefolterter, darunter auch eine Frau im Todeskampf. Danach wurde er tschetschenischen Kollaborateuren übergeben, die Adam Denijew Treue geschworen hatten, dem Mann, den die tschetschenischen Exil-Regierung für die Ermordung von sechs Mitarbeiterinnen des Roten Kreuzes im Jahr 1996 verantwortlich macht. Babitzki wurde erst auf massiven internationalen Druck hin freigelassen.

„Babitzki", fuhr Vanessa fort, „ist ein leuchtendes Beispiel für das, was noch gut ist in Russland." Die Zerstörung Tschetscheniens, die Verhaftung von Babitzki ... „das alles sind Taten eines Faschisten. Für mich ist Putins Regime das eines Hitlers."

Sie ärgerte sich darüber, dass Robin Cook, damals britischer Außenminister, und Tony Blair einen Kniefall vor Putin gemacht hatten: „Ich habe Mr. Blair getroffen. Er ist ein sehr attraktiver, einnehmender Mann. Ich fand die Verhaftung von Pinochet großartig und habe den Krieg gegen die Unterdrückung im Kosovo unterstützt. Cook und Blair glauben, sie könnten Putin im Zaum halten. Und sie machen denselben Fehler wie Franz von Papen, der glaubte, er könnte Hitler im Zaum halten."

Bereits damals, im Jahr 2000, prophezeite Vanessa Redgrave, die bekanntermaßen zeitlebens eng mit der revolutionären Arbeiterpartei verbunden war, dass Putin in Zukunft Ärger machen würde: „Um die einfachen Russen dazu zu bringen, die tschetschenischen ‚Untermenschen' zu hassen, zeigte das Staatsfernsehen ‚tschetschenische Banditen', die russischen Soldaten die Kehle durchschnitten. Dass diese Bilder wieder und wieder vom russischen Fernsehen wiederholt wurden, ist der schlagende Beweis für eine Maschinerie des Hasses, die auf Hochtouren läuft."

Lange wurden die Tschetschenen beschuldigt, die Mitarbeiterinnen des Roten Kreuzes ermordet und vier britische Ingenieure

einer Telekommunikationsfirma geköpft zu haben: „Die Frage ist: Wer profitiert davon? Die Tschetschenen? Nein. Der Kreml? Ja."
Sie machte eine kurze Pause, um sich eine weitere Zigarette anzustecken: „Ich habe mich wieder und wieder mit dem Holocaust beschäftigt, um herauszufinden, wie man ihn hätte stoppen können ..."

Ein paar Leute begriffen haargenau, wer Wladimir Putin war, und zwar schon sehr früh. Auch Jeremy Corbyn war ein solch hellsichtiger Kritiker. Im Dezember 1999 unterstützte er einen Antrag des Parlaments, Putins Krieg in Tschetschenien zu verurteilen: „Dieses Haus verurteilt die russische Militäraktion in Tschetschenien und fordert den sofortigen Abzug der Truppen sowie eine politische, das Recht auf Selbstbestimmung anerkennende Lösung; es ist außerdem beunruhigt, dass das russische Verhalten teilweise von der Forderung nach Kontrolle der Öl- und Gaspipelines, die durch Tschetschenien verlaufen, motiviert ist; und es ist beunruhigt, dass sich die Kritik an Russland nicht ausreichend darauf fokussiert hat, Friedens- und Antikriegsgruppen in Russland zu unterstützen."

Das macht Jeremy Corbyns späteren Verrat an der Anti-Putin-Koalition noch schändlicher. Im Jahr 2014 saß der *Guardian*-Journalist Seumas Milne einer Versammlung von Kremlkriechern im Waldai-Club in Sotschi vor, bei der Wladimir Putin als Hauptredner auftrat.

Nicht jeder beim *Guardian* hielt die Sache mit dem Waldai-Club für eine gute Idee. Luke Harding, der frühere Moskau-Korrespondent der Zeitung, schrieb, nach Waldai zu gehen, heiße, „eine Puppe im Marionettentheater des Kremls zu sein, mit dem einzigen Zweck, Putin gut dastehen zu lassen". Milne und Harding gerieten während der Redaktionskonferenz heftig aneinander. Der Streit war in vollem Gang, als plötzlich Milnes Handy klingelte und Harding sagte: „Das muss der Kreml sein."

Ein Jahr später wurde Corbyn zum Vorsitzenden der Labour-Partei gewählt und machte Milne zu seinem PR-Mann. Im Jahr 2018, nach dem Giftanschlag auf die Skripals im März, fragte Corbyn die damals amtierende Premierministerin Theresa May im Unterhaus: „Was haben Sie der russischen Regierung geantwortet, als sie um eine Probe des bei dem Anschlag in Salisbury verwendeten Wirkstoffes gebeten hat, um eigene Tests durchzuführen?"
Es war, als würde man verlangen, dass der Axtmörder seine Axt zurückbekommt. Eine Reihe von Hinterbänklern begehrte gegen die kriecherische und beschwichtigende Kreml-Politik ihres Vorsitzenden auf. Yvette Cooper verlangte, die von der UK-Regierung festgestellte Einmischung des russischen Staates müsse „unmissverständlich verurteilt werden". Mehrere Labour-Abgeordnete unterschrieben einen Antrag, der besagte: „Dieses Haus sieht es als erwiesen an, dass der russische Staat die Schuld an der Vergiftung von Julia und Sergei Skripal trägt."
Hinter den Kulissen schaufelte Milne seinem Chef ein noch tieferes Grab, indem er den Westminster-Journalisten in seiner Rolle als Sprecher des Oppositionsführers sagte: „Ich denke, die Regierung hat ganz klar Zugang zu Informationen aus geheimdienstlichen Quellen in dieser Angelegenheit, den andere nicht haben; wir alle kennen aber auch eine Geschichte bezüglich Massenvernichtungswaffen und Geheimdienstinformationen, die, freundlich ausgedrückt, problematisch ist. Der richtige Weg wäre also, wie ich meine, die Suche nach Beweisen; und die Einhaltung von internationalen Verträgen, vor allem in Bezug auf verbotene chemische Waffen, denn das war ein Chemiewaffenangriff, ausgeführt auf britischem Boden. Es gibt Prozesse, die es diesbezüglich einzuhalten gilt."
Was Milne tat, war extrem schlau und zugleich extrem dumm. Sein Verweis auf Massenvernichtungswaffen war ein Seitenhieb

auf den großen Irrglauben der Blair-Regierung, dass Saddam Hussein noch immer im Besitz der chemischen Waffen wäre, die er gegen die irakischen Kurden eingesetzt hatte. Aber Blair war längst Geschichte. Theresa May mag vielleicht sterbenslangweilig gewesen sein, aber sie war keine Lügnerin. Und, noch einmal, die Wahrscheinlichkeit, dass ein Nervengift von jemand anderem als von Russlands geheimem Staat – Inhaber: Wladimir Putin – an den Griff der Eingangstür zum Wohnhaus eines ehemaligen Offiziers des russischen Militärgeheimdiensts GRU geschmiert wurde, geht gegen null. Ein Großteil der britischen Öffentlichkeit sah Milnes Beschwichtigung als das, was sie war, und die Wähler, vor allem die traditionellen Labour-Anhänger aus der Arbeiterklasse, begannen, Corbyn den Rücken zu kehren und zwar in großem Stil. Ich halte Corbyn zugute, dass er im Jahr 2000 klar Stellung bezog, aber später hat er es sich mit mir verscherzt, vor allem, als er einen Kremlkriecher wie Milne zu seinem Pressesprecher ernannte, und dann endgültig, als er bei den Giftanschlägen von Salisbury vor dem Kreml buckelte. Corbyns Tragödie ist, dass seine Politik in den frühen 1970er-Jahren in eine Sackgasse geriet, als Kernanliegen der Linken wie das eines freien Palästina von der Macht der USA pulverisiert wurden. Als anfangs eitel Sonnenschein zwischen dem amerikanischen und britischen Establishment und Putin herrschte, war er gegen Putin. Als amerikanische und britische Politiker Putin als das zu sehen begannen, was er wirklich war, beschloss Corbyn, wenngleich mit zögerlicher schwacher Stimme, die eine oder andere Botschaft des Kremls nachzubeten. Allein deshalb, weil sein Kurs einfach nur darin bestand, sich stets in Opposition zu den Amerikanern zu befinden. Dadurch machte er sich jedoch zu einem weiteren nützlichen Idioten des Kremls. George Osborne und Peter Mandelson kuschelten aus reinem Eigennutz mit den Statthaltern des Kremls; Corbyn verlor seinen inneren

Kompass wegen seiner politischen Ideologie, die so stark war, dass sie die Realität verzerrte.

Boris Johnsons Freundschaft mit Evgeny Lebedev – heute Baron von Hampton und Sibirien – und dessen Vater Alexander hat nichts mit politischer Ideologie zu tun. Die Bunga-Bunga-Partys, die die Lebedevs im Palazzo Terranova nahe Perugia in Mittelitalien schmissen, waren legendär: Unter den Gästen waren Peter Mandelson, Sarah Sands, damals Redakteurin der BBC-Radioshow *Today*, Amol Rajan, ehemaliger Herausgeber des *Independent* (dessen Eigentümer die Lebedevs sind) und nun ein aufgehender Stern am Himmel der BBC, Elton John, Shirley Bassey, Stephen Fry, Michael Gambon, Elizabeth Hurley, Rupert Everett, Ralph Fiennes – der in den James-Bond-Filmen *M* spielt –, Boris Johnson und sogar Nacktmodel Katie Price, wie James Cusick in einem hervorragend recherchierten Artikel für *Open Democracy* aus dem Jahr 2016 berichtete.

Sarah Sands und Amol Rajan sind zwei der wichtigsten Cheerleader von Evgeny Lebedev. Sands war Evgenys Redakteurin beim *Evening Standard*, bevor sie die Kontrolle bei der Nachrichtenshow *Today*, dem Aushängeschild von *BBC Radio 4*, übernahm, wo sie inzwischen allerdings nicht mehr ist. Rajan arbeitet nach wie vor als Medienredakteur des Unternehmens und moderiert *Today* regelmäßig. Während Sands beim *Standard* sagte, Lebedev „hat einen exquisiten Geschmack", sagte Rajan, als er noch beim *Independent* war, „er hat ein erschreckend gutes Gedächtnis und kann erschreckend scharfsinnig sein".

Evgeny Lebedev. schrieb in der *Mail on Sunday*: „Verschiedene Zeitungen haben stalinistische Listen von ‚Volksfeinden' aufgestellt; einflussreiche Russen in Großbritannien, die, so wird impliziert, die Agenda des Kremls vorantreiben ... Ich bin stolz darauf, mit Boris Johnson befreundet zu sein, der mich wie die meisten meiner Freunde in Umbrien besucht hat. Und so ungern ich es tue, ich muss Sie doch enttäuschen: Dort geschieht nichts, das *Kompromat* produziert."

Wir haben das Wort des Sohnes eines ehemaligen KGB-Obersts. In den Straßen von Perugia hingegen kursiert das Gerücht, dass auf diesen Partys alles erlaubt ist. Evgeny Lebedev ist ein Libertin, wie er im Buche steht, er spielt gern den Gesetzlosen und macht keinen Hehl daraus. Im Jahr 2012 führte Evgeny, der kurz zuvor den *Independent* gekauft hatte, für die BBC ein Interview mit dem Kremlkriecher und Präsidenten – sorry, Diktator – von Belarus, Alexander Lukaschenko. Der Sender schickte meine langjährige Kollegin Natalia Antelava mit, um Lebedev im Auge zu behalten, aber sein Thema irritierte sowohl sie als auch den Tyrannen aus Minsk.

„Was also halten Sie von Gruppensex?", fragte Lebedev junior den Diktator. Der wich der Frage aus, während Natalia schwante, dass Evgeny Lebedev nicht „erschreckend scharfsinnig", sondern vielmehr ein Narzisst und Dummkopf war. In seinem Palazzo gibt es eine Verkleidungskiste, aus der die Gäste blind ein Kostüm herausgreifen und tragen müssen, was dazu führte, dass ein äußerst prominenter Partygänger in einem Bondage-Anzug endete. Auch ein Analplug mit Wladimir-Putin-Gesicht wurde gesichtet. Attraktive Männer und Frauen in Hülle und Fülle, die jederzeit zu Diensten stehen. Katie Price, berichtete Jim Cusick, sprach dem Champagner etwas zu viel zu und holte ihre Titten für den damaligen Außenminister Boris Johnson heraus. Es gibt natürlich nicht die Spur eines Hinweises, dass Johnson den Bondage-Anzug trug oder gar den Analplug, und selbstredend gibt es auch keinen Hinweis, dass er beides gleichzeitig tat.

Dennoch ist es nicht völlig abwegig, dass die Lebedev-Partys unter der Hand ein gefundenes Fressen für den Nachrichtendienst von Russlands geheimem Staat waren. Erinnern wir uns,

Alexander Lebedew war KGB-Agent in London, er verhalf Wladimir Putin zum Schlüssel für den Kreml, indem er Juri Skuratow ausspionieren ließ, dann entzweite er sich mit Putin wegen eines Zeitungsberichts über dessen Geliebte Alina Kabajewa, und inzwischen ist es ihm irgendwie gelungen, sich erneut die Zuneigung des Kremls zu erwerben. Denken wir nur an den Bericht des italienischen parlamentarischen Kontrollgremiums für die Nachrichtendienste, in dem gewarnt wird, dass Alexander Lebedew seinen Kontakt zu Russlands geheimem Staat womöglich nicht abgebrochen hat. Alexander Lebedew hat noch immer aktive Geschäfte – das heißt Geld – in Russland und, Berichten zufolge, auf der von Russland besetzten Krim. 2017 gab er in seinem Hotelkomplex in Aluschta, Krim, eine Gala für die Presse, um „ein Bild von der Krim zu korrigieren, das von voreingenommenen westlichen Medien verbreitet wird".

Das Bild der russischen Invasion bedarf keiner Korrektur.

Während ich dies schreibe, Mitte Mai 2022, hat Alexander Lebedew noch keinen einzigen Kommentar zur aktuell stattfindenden russischen Invasion der Ukraine seit Februar getweetet.

Würde Russlands geheimer Staat es wagen, die Privatsphäre eines, sagen wir, britischen Außenministers zu verletzen, der gerade auf einer Bunga-Bunga-Party im Anwesen eines ehemaligen KGB-Obersts einen draufmacht? Ein ehemaliger MI6-Offizier meinte zu der seltsamen Freundschaft zwischen Johnson und den Lebedevs, Vater und Sohn: „Wenn Boris zu Besuch im Palazzo der Lebedevs ist und mit jemandem vögelt, ist es mehr als wahrscheinlich, dass irgendwer das filmt ... Stellen Sie sich vor, Putin würde in der Moskauer Wohnung eines britischen Geschäftsmanns eine Frau flachlegen, und ich wäre noch in meinem alten Job: Ich würde mich sofort wie eine Zecke auf diese Geschichte stürzen und mich festbeißen."

Zwei Jahre nach der Katie-Price-Sache war Boris Johnson

erneut zu Gast im Anwesen der Lebedevs, pikanterweise direkt nach einer anlässlich des Skripal-Giftanschlags anberaumten NATO-Versammlung. Sowohl 2016 als auch 2018 gelang es Johnson, der damals noch Außenminister war, seine Leibwächter von der Metropolitan Police abzuschütteln. Die Beamten sind stets an seiner Seite, um ihn vor Terroranschlägen zu beschützen, doch sie haben noch eine zweite, diskretere Aufgabe: den britischen Staat davor zu schützen, von einem seiner Diener verraten zu werden. Wenn sie in London zurückbleiben, während der Außenminister unter einem russischen Dach weilt, können die Personenschützer von der Metropolitan Police ihrer Aufgabe nicht mehr richtig nachkommen. Die Insider-Journalisten Adam Boulton von Sky News und Gordon Carera von der BBC berichteten beide, dass Boris Johnson wegen seines fragwürdigen Verhaltens die Kontrolle über den MI6 verloren habe. Das Außenministerium veröffentlichte ein dubioses Dementi.

Das wahre Ausmaß der Freundschaft zwischen den Lebedevs und Boris Johnson bleibt im Dunkeln. Im Jahr 2020 jedoch machte Johnson, inzwischen Premierminister, den Vorschlag, Evgeny zu einem Mitglied des House of Lords, dem Oberhaus des britischen Parlaments, zu ernennen. Das für die Überprüfung der Kandidaten zuständige Komitee lehnte die Nominierung auf Anraten der Sicherheitsbehörden ab. Dieser Rat wurde später zurückgenommen, und Evgeny „Gruppensex?" Lebedev wurde Baron von Hampton und Sibirien. Wie ich in meinem Artikel für die *Byline Times* schrieb, war die Berufungskommission für das House of Lords hochgradig alarmiert wegen dieses dramatischen Sinneswandels und wartete sehnlichst auf den Russlandbericht des Geheimdienst- und Sicherheitsausschusses, der erst mit deutlicher Verzögerung veröffentlicht wurde. Sein Inhalt trug nicht gerade zur Beruhigung der Berufungskommission bei. Der Bericht stellte fest: „Das Ausmaß, in dem russische

Auswanderer ihre Kontakte zu Geschäftsleuten und Politikern des Vereinigten Königreichs nutzen, um Einfluss in UK zu nehmen, ist ***: Es wird als weitgehend erwiesen angesehen, dass der Geheimdienst und die Wirtschaft Russlands untrennbar miteinander verflochten sind. Die Regierung muss *** die notwendigen Maßnahmen ergreifen, um dieser Bedrohung zu begegnen und der Straffreiheit der Putin-nahen Eliten entgegenzuwirken."

Die Sternchen sind Platzhalter für sicherheitsrelevante Details. Somit tappen wir, anders als vielleicht der Kreml, weiter im Dunkeln.

Kaum in den Adelsstand erhoben, würgte der Baron von Sibirien seinen Kritikern in der *Mail on Sunday* eins rein: „Zu all denen, die sich über meinen russischen Hintergrund das Maul zerreißen, sage ich: Ist es nicht erstaunlich, dass der Sohn eines KGB-Agenten und Einwanderers der ersten Generation in diesem Land zu einem vollständig integrierten und leistungsstarken Mitglied der britischen Gesellschaft geworden ist? Was für ein Erfolg für unser System. Finden Sie nicht?"

Manch einer würde antworten: „Njet, Baron, njet."

Professor Donald Rayfield sagte mir: „Ist Evgeny Lebedev ein potenzielles Sicherheitsrisiko? Ja. Vor allem wegen der Rolle seines Vaters, der ständig in Russland ist. Sie dürfen nicht vergessen, es ist schwierig, sich aus dem KGB zu verabschieden. Sie haben dafür kein Prozedere." Evgeny Lebedev legt großen Wert darauf zu betonen, dass er Putin nicht getroffen hat, doch laut Rayfield ist das Problem damit nicht aus der Welt. „Man muss Putin nicht getroffen haben, um sich in seinem Griff zu befinden. Vor zwanzig Jahren hätten die britischen Behörden Evgeny Lebedev niemals einen ständigen Wohnsitz zugestanden, geschweige denn einen Platz im House of Lords. Evgeny bildet sich viel darauf ein, Eigentümer des *Independent* zu sein, der allerdings immer wieder auf die Linie von *Russia Today* einschwenkt und suggeriert, dass Putin nicht unser Feind ist."

Ist es denkbar, dass Johnson ein Opfer von kompromittierendem Sex-Material war? Ja, durchaus. Der ehemalige MI6-Offizier sagt dazu: „Boris Johnson kann sich durchaus kompromittiert haben. Niemand glaubt, dass er im Palazzo nur zu Gast war, um Orangensaft zu schlürfen."

Für *openDemocracy* schrieb Jim Cusick, dass Evgeny Lebedevs Hund – ein weißer Barsoi namens Wladimir – im November 2018 unter mysteriösen Umständen starb.

„Lebedev", so Cusick, „hat Freunden erzählt, er glaube, dass der Hund vergiftet worden sei und dass ihm Moskau damit eine Botschaft schicke."

Wer Evgenys Hund umbrachte und warum, ist ebenfalls eine hochinteressante Frage. Ist es denkbar, dass Russlands geheimer Staat Evgeny eine Botschaft schicken wollte? Ja, ist es.

Für *Byline Times* kontaktierte ich die Lebedevs und Downing Street 10, bekam aber nie eine zitierfähige Antwort.

Das Auseinanderbrechen der Europäischen Union ist eines der großen Ziele des Kremls, und aus dieser Sicht war der Brexit ein großer Erfolg für Russland. Der frühere russische Botschafter in London, Alexander Jakowenko, brüstete sich, Russland habe die Briten „zermalmt", nachdem bei der Volksabstimmung im Jahr 2016 die Befürworter des Austritts aus der EU gewonnen hatten. In seinem Buch *Shadow State* berichtete Luke Harding, dass Jakowenko in einem Gespräch mit einem Diplomatenkollegen sagte: „Wir haben die Briten zermalmt. Sie liegen am Boden und werden für lange Zeit nicht mehr aufstehen."

Diese Bemerkung führt unmittelbar zu der Frage, ob Russlands geheimer Staat finanziell seine Finger im Spiel hatte, um den Brexit durchzusetzen. Eine Frage, der ich während meiner letzten Jahre bei der BBC mehrfach nachgegangen bin, wobei mir meine Hartnäckigkeit leider auch zu neuen „Freunden" verholfen hat, allen voran Nigel Farage und Arron Banks. Farage war dermaßen erbost über meine Berichterstattung, dass er persönlich einen Brief beim Sender vorbeibrachte, in dem er forderte, interne Ermittlungen gegen mich einzuleiten. Für den *Daily Telegraph* schrieb er, meine Berichterstattung bereite ihm „mehr Leid als jede andere in fünfundzwanzig Jahren Politik".

Ihren Anfang nahm die Geschichte mit dem gewaltsamen Tod von Arkadiusz Jozwik, einem vierzigjährigen polnischen Arbeiter in Harlow, Essex, im August 2016, kurz nach der Brexit-Abstimmung. Ich drehte direkt nach dem Verbrechen einen Beitrag für BBC *Newsnight* – der Film ist auf YouTube unter dem Titel *Harlow: A town in shock over killing* abrufbar. Darin wird berichtet, dass sich Jozwik mit ein paar Freunden auf einem öffentlichen Platz der Stadt befand, um etwas zu trinken, als sein Telefon klingelte und er auf Polnisch zu sprechen begann. Das weckte die Aufmerksamkeit einer englischen Jugend-Gang, jemand rief „Scheiß Pole", und Arkadiusz wurde von einem Fünfzehnjährigen mit einem Faustschlag niedergestreckt. Beim Sturz kam er mit dem Kopf auf einem niedrigen Stein auf, zog sich eine Schädelverletzung zu und starb. Natürlich war es Totschlag, aber kurz nach der Brexit-Entscheidung war die Atmosphäre zwischen Einheimischen und Ausländern derart vergiftet, dass die Polizei von Essex im Fall von Arkadiusz' Tod auch in Richtung Hasskriminalität ermittelte. Ich interviewte einen polnischen Freund des Verstorbenen, der sagte, Farage habe „Blut an den Händen". Mein Kommentar lautete, dass Nigel Farage sich gegen eine solche Behauptung heftig verwehre. Mein Bericht zeigte zudem die ungeschönte Realität des Stadtplatzes, das rowdyhafte Verhalten und die Angst der Bürger vor den jugendlichen Banden.

Auf dem Platz gab es zwar Überwachungskameras, aber die

Audioqualität der Aufnahmen war so schlecht, dass die Kriminalbeamten den Vorwurf der Hasskriminalität fallen lassen mussten und den Jugendlichen wegen Totschlags anklagten. Das Gericht befand ihn für schuldig. Bei Urteilsverkündung wurde eine Erklärung von Arkadiusz' Mutter Ava verlesen: „Ich vermisse ihn jeden Tag. Es gibt Momente, in denen ich nicht mehr weiterleben möchte. [...] In solchen Momenten kann ich meine Tränen nicht zurückhalten."

In der Revisionsbegründung, mit der die Verteidigung eine mildere Strafe für ihren fünfzehnjährigen Mandanten zu erwirken suchte, war zu lesen, dass Arkadiusz während des Kampfs vor dem tödlichen Faustschlag einen rassistischen Ausdruck verwendet habe. Diese Behauptung war niemals vor Gericht zur Sprache gekommen, sondern eine Behauptung, die erst nach der Verhandlung verstärkt aufkam. Gleichwohl ergriff Nigel Farage die Gelegenheit beim Schopf und ging zum Angriff über, indem er meine Berichterstattung als Verleumdung bezeichnete. In seiner Talkshow bei LBC Radio sagte Farage: „Ich erwarte eine Entschuldigung, und sollte ich keine bekommen, werde ich nächstes Jahr wohl ernsthaft ins Grübeln kommen, ob mir weiterhin danach ist, Rundfunkgebühren zu bezahlen." Die *Daily Mail* sekundierte mit einem Artikel mit der Überschrift *Die große Hasskriminalität-Lüge*.

Ein BBC-Sprecher sagte: „Die Berichterstattung der BBC zeigte, wie andere Medien auch, dass die polizeilichen Ermittlungen auch in Richtung einer rassistisch motivierten Tat gingen, und unser Bericht ließ auch Stimmen aus der Bevölkerung zu Wort kommen, die unterschiedliche Meinungen äußerten, darunter unsoziales Verhalten als mögliche Erklärung."

Farage bekam weder eine Entschuldigung von der BBC noch von mir.

Ekaterina „Katya" Paderina, geboren in Russland, war bei ihrer Ankunft in Portsmouth so arm, dass sie, wenn sie sich am Southsea Beach – der nicht gerade Saint-Tropez ist – sonnte, mit Butter anstatt mit Sonnenmilch eincremte. Einmal bat sie einen vorbeikommenden Handels-Matrosen, Eric Butler, der doppelt so alt war wie sie, ihr mit der Butter zu helfen, und schon bald waren sie verheiratet. Als das glückliche Paar auf den Stufen des Standesamts in Portsmouth stand, trat Butler ihr, wie er mir später erzählte, versehentlich auf den Saum ihres Kleides und sagte: „Entschuldige, Liebes." Sie erwiderte: „Ich liebe dich nicht, und in Russland bin ich auch nicht mit dir verheiratet. Wenn du mir was tust, bekommst du die ganze Macht Russlands zu spüren."

Kurz darauf stattete, so Butler weiter, ihnen die Special Branch, ein Sonderkommando der Metropolitan Police, einen Besuch in ihrer Wohnung in der Nähe der Marinebasis Portsmouth ab, hob den Teppich an und fand einen großen Vorrat an Dollar. Dann hatte Katya eine Affäre mit dem Parlamentsabgeordneten von Portsmouth, Mike Hancock. Einmal schlug sie Butler so heftig mit einem Lampenschirm, dass die Polizei Anklage gegen sie erhob. Sie ließen sich scheiden. Bald schon heiratete sie Arron Banks, der später acht Millionen Pfund, die größte politische Einzelspende aller Zeiten in Großbritannien, an die Leave.EU-Kampagne der Brexit-Befürworter überwies.

Ein Schelm, wer Böses dabei denkt.

Im Jahr 2014 stand Arron Banks neben Nigel Farage auf dem Rasen vor seinem Anwesen, das er neckisch „Downtown Abbey" nennt, und erklärte, er werde die EU-Austrittspartei UKIP mit einer Million Pfund unterstützen. Auch danach floss und floss das Geld, der Brexit-Entscheid kam, und die Briten taten genau das, was der Kreml wollte, und stimmten für den Austritt aus der EU. Hat der Kreml die Wahl beeinflusst? Niemand kann das mit Sicherheit sagen. Aber es gibt unzählige Ungereimtheiten.

Bei mir läuteten die Alarmglocken, als ich Banks' James-Bond-artiges Versteck in der Catbrain Lane in Bristol aufsuchte. „Catbrain" ist die örtliche Bezeichnung für die lehmige Erde der Region, der Begriff passt aber auch sinnbildlich auf die ganze Arron-Banks-Nummer. Im Jahr 2017 saß er in einem unfassbar geschmacklosen Headquarter direkt neben einem zweispurigen Kreisverkehr und leitete mehrere Versicherungen mit niedrigen Prämien und teuren Zusatzpaketen, von denen die vielleicht bekannteste „Go Skippy" war. Banks vergleicht sich fröhlich mit David Brent, dem unsympathischen Boss aus der BBC-Comedyserie *The Office*.

Alles, was Arron Banks macht, ist so undurchsichtig und klebrig wie Catbrain-Lehm. Aus dem Handelsregister geht hervor, dass Banks 37 verschiedene Firmen gegründet hat, wobei er jedes Mal seinen Namen leicht variierte: Aron Fraser Andrew Banks, Arron Andrew Fraser Banks, Arron Fraser Andrew Banks und Arron Banks. 2013 legte die Wirtschaftsprüfungsgesellschaft von Baker Tilly, einer seiner Firmen, ihr Mandat nieder, und zwar mit der Begründung, dass „die Geschäftsbeziehung zerbrochen ist, weil die Firma es versäumt hat, uns detaillierte Informationen zur Verfügung zu stellen, sodass wir unserer Aufgabe nicht mehr nachkommen können". Banks behauptet, die Wirtschaftsprüfungsgesellschaft habe wegen eines Interessenkonflikts die Zusammenarbeit beendet.

Einige der anderen Firmen von Banks gerieten in unruhige Gewässer. Banks war Geschäftsführer von African Compass Trading, die das Potenzmittel Star 150 verkaufte, eine Art pflanzliches Viagra. Ihr Slogan lautete: „Es ist ganz natürlich, dass jeder Mann im Bett ein Superman sein möchte." Die MHRA, die medizinische Aufsichtsbehörde Großbritanniens, konfiszierte laut eigenem Bekunden 2014 im Rahmen eines Ermittlungsverfahrens bei einer Adresse in Bristol Star-150-Pillen im Wert von

50 000 Pfund. Anschließend stellte sie die Ermittlungen ein und verzichtete auf eine Strafanzeige. Banks sagte gegenüber unserem Investigativ-Team von der BBC – dessen Leiterin Innes Bowen ist, während Phil Kemp die Lauferei erledigt und ich ein nettes Gesicht mache –, er habe 100 000 Pfund in das Business investiert, aber die Geschäftstätigkeit sei wegen zu „harter" Konkurrenz eingestellt worden.

Ein Kalauer, der typisch für Banks ist. Katya Banks fuhr eine Zeit lang einen Wagen mit dem Nummernschild „XMI5 SPY". Zuerst lacht man, dann wird einem mulmig zumute, dann lacht man wieder. Er ist ein lustiges altes Ekel, doch nicht wenige, die politisch ganz anders ticken als er, mögen ihn als Mensch irgendwie. Das trifft auf die brillante Journalistin Carole Cadwalladr zu, gegen die er gerade eine Verleumdungsklage laufen hat. Oder auf Martin Fletcher, der wegen eines Artikels für den *New Statesman* vier Stunden bei ihm zubrachte. „Als glühender Remainer", schrieb Fletcher, „habe ich erwartet, eine tiefe Abneigung gegen diesen Mann zu empfinden, aber nein, ich finde, er ist entwaffnend humorvoll und offen. Wir haben fast vier Stunden verplaudert. Ob er einfach nur großzügig mit seiner Zeit umgeht oder es genießt, wenn man ihm Aufmerksamkeit schenkt, kann ich nicht sagen."

Banks' Anti-Establishment-Einstellung wurzelt in der Zeit, als er eine Reihe von zwielichtigen, drittklassigen Privatschulen durchlief und immer wieder flog – einmal wegen einer Kneipentour und ein andermal, weil er die Bleiverkleidung vom Dach gerissen hatte oder so was in der Art.

Und was Arron Banks, der dem Brexit acht Millionen gespendet hat, radikal von seinesgleichen unterscheidet, ist die Tatsache, dass es, wenn man einen näheren Blick auf sein Firmenimperium wirft, nicht nach Big Money riecht. Weit gefehlt. Seine erste große Pressekonferenz hielt er in besagtem „Downtown

Abbey" ab - dem Old Down Manor -, einem Herrenhaus über dem Bristolkanal, das er von dem Musiker Mike „Tubular Bells" Oldfield gekauft hatte. Doch als wir 2017 im Rahmen unserer BBC-*Newsnight*-Nachforschungen seine Bücher unter die Lupe nahmen, fanden wir heraus, dass es mit einer beachtlichen Hypothek belastet ist. Damals wohnte er tatsächlich in einem sehr viel kleineren Haus weiter unten an der Straße, das ebenfalls mit einer beachtlichen Hypothek belastet war. Seine Versicherungsfirmen waren, wie gesagt, nicht gerade erstklassig, schwammen weder in Geld, noch erzielten sie ein hohes Prämienaufkommen. Er besaß ein paar Diamantenminen in Afrika, aber auch bei denen lief es nicht rund. Weder förderten sie viele noch große Diamanten zutage. Wie also konnte es sich Banks leisten, so großzügig zu Leave.EU sein?

Und dann gab es da noch die „Männer mit Schnee auf ihren Stiefeln". (Ein Bezug auf den Mythos aus dem Ersten Weltkrieg, als die Geschichte kursierte, dass in Schottland Männer angekommen seien, am Schnee auf ihren Stiefeln als Russen erkennbar, um die Briten im Kampf gegen die Deutschen zu unterstützen - eine Art säkulare Wundererscheinung.) Im September 2015 kam bei der UKIP-Jahrestagung „ein dubioser Typ namens Oleg" von der russischen Botschaft auf Banks zu, wie er in seinem von einem Ghostautor verfassten Buch *The Bad Boys of Brexit* beschreibt. Oleg „wurde uns als Erster Botschaftssekretär vorgestellt - mit anderen Worten: der Mann des KGB in London", schreibt Banks. Das führte zu einem Lunch mit dem russischen Botschafter Alexander Jakowenko, bei dem der Alkohol in Strömen floss.

„Unser Gastgeber wollte Insider-Informationen zur Brexit-Kampagne und quetschte uns über die möglichen Auswirkungen eines Pro-Brexit-Ausgangs des Referendums für Europa aus. Die diplomatischen Beziehungen verbesserten sich erst, als unser neuer Freund eine ganz besondere Überraschung aus dem Hut zauberte. Es war eine Flasche Wodka, die, wie er behauptete, ‚eine von dreien war, die für Stalin persönlich produziert worden waren'."

„Von den ‚Männern mit Schnee auf ihren Stiefeln' gab es kein Geld", sagte Banks zu *Newsnight*. Allerdings spielte er die Anzahl der Treffen zwischen seiner Gruppe, Leave.EU, und der russischen Botschaft herunter: Es waren insgesamt elf.

Im Gespräch mit unseren *Newsnight*-Team hatte er immer wieder eine lustige Antwort parat. Als wir ihn auf seine politischen Spenden und die afrikanische Viagra-Geschichte ansprachen, wich er der Frage aus und konterte: „Seit dem Referendums-Ausgang und meiner Unterstützung von Donald Trump bin ich unzählige Male aus politischen Gründen von den ‚Mainstream'-Medien und Institutionen, die gegen den Brexit sind, angegriffen worden. Also überrascht es mich kein bisschen, dass *Newsnight* mit seinem ganz eigenen abgeschmackten ‚News of the World'-Journalismus zu guter Letzt ins gleiche Horn stößt."

Es überrasche ihn nur, meinte er abschließend, dass *Newsnight*, nachdem einige ihn beschuldigt hätten, „ein russischer Spion zu sein ... und Teil einer weltweiten Verschwörung, um die Demokratie zu untergraben, so lange gebraucht hat, ebenfalls auf mich loszugehen! BBC Fake News, wie es leibt und lebt!"

Allmählich fragten sich die Menschen, woher die acht Millionen Pfund kamen. Nach britischem Gesetz müssen Spendengelder an politische Parteien oder Organisationen aus Quellen im Land stammen, nicht aus dem Ausland. Die Wahlkommission belegte Leave.EU mit einer Geldstrafe und forderte die National Crime Agency auf, Ermittlungen einzuleiten. Später entlastete die Strafverfolgungsbehörde Banks, und die Wahlkommission ging mit ihm einen Vergleich ein, woraufhin Banks behauptete, er sei „vollkommen rehabilitiert".

2018, lange bevor er durch die NCA entlastet wurde, gab Banks Andrew Marr ein Interview, der damals noch bei der BBC war. Um zu beweisen, dass die acht Millionen von seinen eigenen Firmen stammten, nicht aus dem Ausland, nicht aus Russland, schickte er dem Team der *Andrew Marr Show* einen ganzen Stapel E-Mails. Da sie keine Zeit hatten, ihn durchzuackern, leiteten sie die E-Mails an mich weiter. In einer Mail von Banks an einen Handlanger stand: „Bitte sämtliche Hinweise auf Ural Properties und vertrauliche Informationen, z. B. die Kontonummern, von denen das Geld überwiesen wurde, herausstreichen."

Fasziniert stellten wir weitere Nachforschungen an. Was hatte es bitte schön mit diesen ominösen Ural Properties auf sich? Und wer besaß sie? Und was umfassten sie? War das etwas, woran die Männer mit dem Schnee auf den Stiefeln interessiert sein könnten? Der Ural ist ein Gebirgszug, der grob gesagt das Ende des europäischen Russland und den Beginn Sibiriens markiert. Wir nahmen die Dienste einer Website in Anspruch, SourceMaterial, die Konten von Ural Properties in Gibraltar aufspürte und die Informationen an *Newsnight* weiterleitete. Die Firma war faktisch im Besitz von Arron und Katya Banks und war wiederum Eigentümerin zweier Wohnungen in Gunwharf, Portsmouth, mit Blick auf die schmale Küstenstraße, die zum Royal-Navy-Stützpunkt führte, etwas, das die Männer mit Schnee auf den Stiefeln interessiert haben dürfte, sehr sogar. Davon abgesehen waren sie auch ein attraktives Geschäftsobjekt.

In der *Andrew Marr Show* auf Ural Properties angesprochen, gab Banks wie üblich keine substanzielle Antwort, sondern ging sofort zum Gegenangriff über: „Das hier ist jetzt schon die siebte [*Newsnight*-]Sendung, die darauf abzielt, meinen Namen und den Brexit durch den Schmutz zu ziehen. Ich habe wiederholt erklärt, dass ich meine Steuern in Großbritannien zahle und die Gelder aus diesem Land kommen. Die NCA hat alle relevanten

Bankkonten gesichtet und konnte zurückverfolgen, woher das Geld stammt. Sobald diese Angelegenheit erledigt ist, werden wir eine Ehrenrunde hier im Fernsehstudio drehen und freuen uns schon jetzt darauf, von John ‚Trot' Sweeney oder der immer so ‚professionellen' Kristy oder Emily interviewt zu werden."

Um irgendwelchen Gerüchten vorzubauen: Ich bin und war niemals Trotzkist oder Kommunist.

Kapitel achtzehn
Gift in der Unterhose

Im August 2020 fliegt Alexei Nawalny von der sibirischen Stadt Tomsk nach Moskau. Während des Fluges steht er auf, um zur Toilette zu gehen, doch in diesem Moment versagen seine Beine den Dienst, er stürzt zu Boden und schreit gellend auf. Er schreit wie im Todeskampf. Und es ist nicht nur Nawalny, hier höre ich den Todesschrei der Demokratie in Russland.

Dann geschehen drei Wunder in der richtigen Reihenfolge und retten Nawalny das Leben. Das erste Wunder: Der Pilot des Flugzeugs begreift, dass der Anführer der russischen Opposition wirklich im Sterben liegt, und leitet eine Notlandung in Omsk ein. Das zweite Wunder: Ein Notarztwagen nimmt Nawalny mit, nachdem er aus dem Flugzeug gebracht wurde, und die Sanitäter spritzen ihm Atropin, dasselbe Mittel, das schon die Skripals in Salisbury gerettet hat. Und das dritte: Die deutsche Bundeskanzlerin Angela Merkel greift zum Telefon, ruft im Kreml an und bittet um die Erlaubnis, Nawalny zur Behandlung nach Deutschland ausfliegen zu lassen. Nach langem Zögern, während sich das Krankenhaus in Omsk bereits mit seltsamen Fremden in billigen Anzügen füllt, stimmt Putin der Evakuierung nach Deutschland zu. Dort machen sich die Ärzte an die Arbeit, führen Tests durch und stellen fest, dass Nawalny mit Nowitschok vergiftet wurde, dem Nervengift, das man auch beim Anschlag auf die Skripals verwendet hat und mit dem aus Versehen Dawn Sturgess getötet wurde.

Hauptverdächtiger ist der Herr des Kremls.

Ein paar Monate später, im Dezember 2020 identifizieren Christo Grosew vom Recherchenetzwerk Bellingcat und *The Insider* die Attentäter: Es sind Mitarbeiter des FSB.

Die ganze Recherche ist ein Beispiel für Open-Source-Journalismus auf höchstem Niveau. Nicht nur konnte festgestellt werden, wer Nawalny vergiftet hatte, sondern man konnte auch die Bewegungen der Verdächtigen nachvollziehen und so herausfinden, dass die entsprechende Abteilung des FSB Nawalny bereits seit drei Jahren verfolgte und vermutlich ebenso lange darüber nachdachte, wie man ihn umbringen könnte. Nawalny selbst, der sich zu dem Zeitpunkt in Deutschland von dem Anschlag erholte, sagte gegenüber der spanischen Tageszeitung *El País*: „Es fällt mir schwer, genau zu verstehen, was in [Putins] Kopf vorgeht ... Zwanzig Jahre an der Macht verderben wohl jeden Menschen und treiben ihn in den Wahnsinn."

In diesem Dezember unternahm Nawalny selbst einiges, um Wlad noch etwas wahnsinniger zu machen. Man stelle sich vor, es ist mitten in der Nacht, und man selbst ist ein kleines Licht beim FSB, ein Militär-Chemiker mit Namen Konstantin Kudrjawzew, und jetzt ruft auf einmal irgendein hohes Tier an und fängt an, einen anzuschnauzen. Natürlich erzählt man da alles, was man weiß.

Hohes Tier: Konstantin Borissowitsch?
Kudrjawzew: Ja, ja.
Hohes Tier: Ustinow hier, Maxim Sergejewitsch, Mitarbeiter vor. Nikolai Platonowitsch Patruschew. Ich habe Ihre Nummer von Wladimir Michailowitsch Bogdanow bekommen. Entschuldigen Sie den Anruf zu dieser frühen Stunde, aber ich brauche Sie ganz dringend für zehn Minuten.

Alles Fake, in Wirklichkeit ist Nawalny selbst am Telefon. Der Anruf findet bei Tagesanbruch statt, und der dusselige FSB-Schafskopf plaudert tatsächlich alles aus. Nawalny, die coole Socke, spielt das hohe Tier „Maxim", der wissen will, wie die Jungs Nawalny vergiftet haben. Nach ein bisschen Vorgeplänkel geht das Gespräch weiter.

Nawalny (in seiner Rolle als hohes Tier): Und welchen Stoff hatten Sie da im Auge? Welches Kleidungsstück hatte den höchsten Risikofaktor?

Kudrjawzew: Die Unterhosen.

N: Die Unterhosen.

K: Was meinen Sie mit Risikofaktor?

N: Wo konnte man es [das Nervengift Nowitschok] am höchsten konzentrieren?

K: Ja, in der Unterhose.

N: Innen oder außen?

K: Also, wir haben es innen aufgebracht. So haben wir es gemacht.

N: Gut, stellen wir uns mal eine Unterhose vor. Welchen Teil davon haben Sie behandelt?

K: Innen, im Schritt.

N: Im Schritt?

K: Ja genau, im Schritt. Da gibt es ein paar Nähte, wir haben es auf die Nähte gegeben.

N: Moment mal, das ist wichtig. Wer hat Ihnen die Anweisung gegeben, den Schritt der Unterhose zu behandeln?

K: Das haben wir uns selbst ausgedacht. Man hat uns nur gesagt, wir sollen es auf die Innenseite tun.

N: Ich notiere: auf die Innenseite. Okay ... Erinnern Sie sich noch an die Farbe der Unterhosen?

K: Blau. Aber ganz sicher bin ich nicht.

N: Und sie sind noch heil, ich meine, theoretisch könnten wir [der FSB] sie zurückgeben? Das werden wir nicht tun, aber sie sind unbeschädigt, alles ist okay damit?
K: Ja, ja, sie sind sauber.

Nawalnys Nachbohren machte noch etwas klar: Wladimir Putin war der Unterhosenvergifter. Er hat Nawalnys Unterhose natürlich nicht selbst mit Nowitschok behandelt, aber nur er hatte die Macht, den Giftmord an dem zweitmächtigsten politischen Akteur Russlands zu befehlen.

HBO und CNN haben einen Film mit dem Titel *Auf den Spuren von Nawalny* gedreht, der seinen Krieg gegen den Kreml zum Thema hat. Sehr sehenswert!

Ich habe ein Gespräch mit Dr. Ben Noble geführt, er ist Associate Professor für russische Politik am University College in London und Co-Autor des Buches *Nawalny: Seine Ziele, seine Gegner, seine Zukunft* (deutsch 2021 bei Hoffmann und Campe). Er beschrieb zunächst, auf welche Weise Bellingcat und *The Insider* die Täter gefunden hatten. „Durch Zugang zu verschiedener Informationen, darunter Passagierlisten, die sie aus verschiedenen Quellen erhalten haben, kommen sie dahinter, dass es eine Gruppe von Leuten gibt, die Nawalny seit Jahren folgen, vor allem seit er 2018 bei den Präsidentschaftswahlen angetreten ist. Am Ende wurde seine Kandidatur abgelehnt, aber die Kampagne lief ja eine Weile."

In Russland sind sämtliche Abteilungen der Regierung und jedes Wirtschaftsunternehmen so korrupt, dass man für die richtige Summe alles kaufen kann: Passagierlisten, Kfz-Zulassungsdaten, Passdaten. Der Widerstand gegen Putin nutzt die korrupten Praktiken des Herrschaftsapparats, um seine Todesmaschinerie offenzulegen. Das hat schon auch eine gewisse Schönheit an sich.

Ben fuhr fort: „Es gibt da also eine Gruppe von Leuten, von

denen Bellingcat behauptet, sie seien die FSB-Attentäter-Einheit, die Nawalny verfolgt. Bellingcat stellt dann fest, dass diese Gruppe auch in andere Giftanschläge gegen Oppositionspolitiker in Russland verwickelt ist. Und sie untersuchen die Expertise dieser Gruppe in Bezug auf den Umgang mit Giften. Und irgendwann lassen sie die Informationsbombe platzen, die letztlich für viele Leute nur bestätigt, was sie ohnehin vermutet haben. Die Details, die Bellingcat dokumentiert, sind wirklich beeindruckend, aber das i-Tüpfelchen ist die Geschichte, dass Nawalny höchstpersönlich jemanden angerufen hat, der zu dieser Gruppe von Attentätern gehört. Man kann Nawalnys Mut nur bewundern, dass er da anruft und sich für ein hohes Tier beim Geheimdienst ausgibt. Er findet genau den richtigen Ton, die richtige Sprache. Nawalny bringt ein Mitglied vom ‚Team Giftmord' dazu zu sagen: ‚Na ja, wir haben das Gift in seine Unterhose gepackt.' Das ist ja schon ein außergewöhnliches Eingeständnis."

Bellingcat und *The Insider* haben die Untersuchung weitergetrieben, haben die Gruppe, die Nawalny verfolgte, mit anderen Todesfällen in Verbindung gebracht – darunter die der Menschenrechtsaktivisten Timur Kujaschew im August 2014 und Ruslan Magomedragimow im März 2015 sowie den des Politikers Nikita Isajew im November 2019. Eine weitere gemeinsame Untersuchung brachte das Ergebnis, dass der russische Oppositionelle Wladimir Kara-Mursa von derselben Gruppe verfolgt wurde, bevor man im Mai 2015 und Februar 2017 vermutlich zwei Giftanschläge auf ihn verübte, die er jedoch überlebte.

Im Januar 2021 flog Nawalny zurück nach Russland – wohl wissend, dass ihm Verhaftung, Verurteilung und Lebensgefahr drohten. Doch der tapfere Mann sah keine Alternative. Er wusste, wenn er im Exil bliebe, könnte er Putin nie aus dem Kreml vertreiben. Unmittelbar nach der Landung in Moskau wurde er verhaftet und anschließend vor Gericht gezerrt. Dort saß er in einem Glaskäfig, und als man ihn abführte, um ihn in die Strafkolonie zu bringen, machte er mit den Fingern ein Herzzeichen für seine Frau Julia. Das war ein schöner, romantischer Moment, ein Zeichen von Anmut unter Druck und eine weitere Erinnerung daran, dass ein anderes Russland möglich ist.

Nawalny hatte aber noch ein weiteres Ass im Ärmel. Sobald er hinter Gittern saß, ließ er einen Film auf YouTube hochladen, einen extrem komischen Film mit dem Titel *Putin's Palace*. Man sieht den mindestens 1 Milliarde Dollar teuren Palast am Schwarzen Meer, den Putins Kumpane bezahlt haben und der von Putins Präsidentengarde bewacht wird. Nawalnys Anti-Korruptions-Stiftung war dort, hat Drohnen über den geheimen Ort fliegen lassen, nutzt Fotos aus dem Inneren und zeigt die Architektenpläne, um zu dokumentieren, welche obszönen Summen für dieses Projekt ausgegeben wurden. Nachdem der Film veröffentlicht war, taten Putin und die von ihm gesteuerten Medien ihn als unbedeutend ab, aber bis heute haben ihn mehr als hundertzwanzig Millionen Menschen gesehen, darunter viele Russen. Man erinnert sich an die bereits erwähnte 700 Dollar teure goldene Klobürste, an die Aqua-Disco – was auch immer zum Teufel das sein mag. Und an Nawalnys etwas grobschlächtigen Sidekick Georgi Alburow, der alle Checkpoints an Land austrickste, indem er in einem Schlauchboot mit starkem Außenbordmotor so nah an der Küste des Schwarzen Meeres entlangfuhr, dass er eine Drohne über den Palast fliegen lassen konnte. Das ist investigativer Journalismus, für den man wirklich Eier braucht.

Nawalny sitzt nach wie vor im Gefängnis, aber er ist am Leben. Warum in aller Welt bringt der Kreml ihn nicht um?, werde ich manchmal gefragt. Die Antwort ist ganz einfach: Wenn Nawalny, ein fitter Sechsundvierzigjähriger, in der Haft stirbt, werden die besten Menschen von Moskau und Sankt Petersburg auf die Straße gehen, um zu protestieren. Davor hat der Herr des Kremls eine geradezu morbide Angst. Und es gibt noch etwas, vor dem er sich krankhaft fürchtet: vor dem Sterben.

Darin liegt eine gewisse Ironie, denn es gibt Hinweise darauf – wenn auch undurchsichtige, schließlich reden wir von Russland –, dass ihm genau das bevorstehen könnte.

Kapitel neunzehn
Der Patient im Kreml

Am Abend vor dem Ausbruch des großen Krieges war ich zu einer Supermodel-Party eingeladen, die in einer Wohnung in einer der Nebenstraßen der Chreschtschatyk stattfand, der schicksten Straße von Kyjiw. Supermodels waren keine da. Auf einem Tisch ein Brocken Cervelatwurst, Plastikbecher, Wein- und Wodkaflaschen. Eine Gruppe Freelance-Journalisten stand herum und suchte ihr Heil im Alkohol. Es fühlte sich an, als hätten wir den 2. September 1939. Im Fernsehen erschien Joe Biden und sprach das aus, von dem wir alle im Herzen bereits wussten, dass es geschehen würde: Wladimir Putin hatte den Befehl zum Einmarsch in der Ukraine gegeben.

Es war verdammt trostlos. Ich ging nach draußen, suchte mir eine Bar und begann zu trinken. Bis dahin war ich den breiten Boulevard nur mit dem Taxi entlanggefahren. Ich kam mit zwei ukrainischen Frauen ins Gespräch und erzählte ihnen, der Krieg werde in ein paar Stunden beginnen. Sie glaubten mir nicht. Als eine Art Trostpreis kaufte ich jeder von ihnen einen Burger, kehrte allein in meine Unterkunft zurück und wachte mit einem Kater auf. Ich habe schon schlimmere Kater erlebt, aber nicht am ersten Tag eines Krieges.

Fast alle meine ukrainischen Freunde, die ich sehr liebe, sind der Meinung, an Russland und der russischen Seele wäre irgendetwas außergewöhnlich falsch. Sie glauben, Putin wäre nur ein Monster von vielen im östlichen Sumpf. Bei aller Liebe und bei allem Respekt – ich bin da anderer Auffassung. Das hier ist der

Krieg Wladimir Putins, genau wie es seine Kriege in Tschetschenien, Georgien und Syrien gewesen sind. Wie es sein Krieg ohne Panzer und Bomben gegen den Westen ist. Wie es seine Giftanschläge sind. Es liegt an ihm.

Ich hatte die BBC 2019 verlassen und befand mich als Freiberufler in Kyjiw, mein eigener Redakteur, mein eigener Chef, aber auch mein eigener Leibwächter. Aber ich hatte immer noch meinen orangenen Hut als Glücksbringer. In den fast drei Monaten, die ich von Mitte Februar bis Mitte Mai in Kyjiw zugebracht habe, hatte ich nur dreimal Angst. Das erste Mal, als ich nachts einen kleinen Film für Twitter drehte und mittendrin eine Luftschutzsirene losging; da muss ich in meinem Vortrag gestockt und ein Gefühl von Unsicherheit und Verwundbarkeit verraten haben. Ich tue immer mein Bestes, um so etwas zu verbergen. Irgendjemand twitterte: „Ruhe in Frieden, John Sweeney." Mein Sohn rief mich an, in seiner Stimme lag Angst. Ich versicherte ihm, dass ich ausgesprochen lebendig sei, aber ich machte mir Sorgen, dass meine Familie sich Sorgen machte, und in dieser Nacht schlief ich nicht besonders gut.

Ein weiteres Mal bekam ich Angst, als ich eine E-Mail erhielt, die sehr nach einem erfolgreichen Angriff auf sensible Daten aussah. Der Absender hatte seine Geodaten im Moskauer Kreml. Das war zu der Zeit, als ich meinen Podcast *Taking On Putin* vorbereitete, und ich verlor zwei volle Tage, weil ich meine E-Mail-Passwörter neu einrichtete und meine digitale Sicherheit verdoppelte, die natürlich nicht nur mich selbst, sondern auch meine Informanten schützt. Um Ihnen eine Vorstellung davon zu vermitteln: Ich habe einen dreizehnstelligen Code, mit dem ich mein Telefon entsperre. Erst zwei Tage später bekam ich eine Nachricht von einem befreundeten Computerfreak, dass es kein Phishing-Angriff gewesen war, sondern dass der von der Geolokation ermittelte Standort ein Schwindel und eine

Täuschung gewesen waren, aber eine, die an Leute mit hohem Bekanntheitsgrad geschickt worden war, an Leute, die viele Follower auf Twitter haben und die Russlands geheimem Staat sehr kritisch gegenüberstehen.

Der dritte Augenblick der Angst war, als Wladimir Putin das Treffen seines Nationalen Sicherheitsrats im Kreml abhielt, wenige Tage vor dem Krieg. Alles wurde im Fernsehen übertragen, damit die Welt es miterleben konnte. Putin war vollkommen im psychopathischen Bond-Bösewicht-Modus, hielt seine furchtsamen Ergebenen gute zehn Meter auf Abstand und knurrte Sergei Naryschkin, den Direktor des russischen Auslandsgeheimdienstes SWR, an. Offiziell ging es darum, ob die Kriecher und Schleimer, die ihn umgaben, dem Herrn des Kremls zustimmen würden, dass die beiden östlichen Oblaste oder Gebiete, Donezk und Luhansk, als unabhängige Staaten anerkannt werden sollten. Inoffiziell war es eine Machtdemonstration Putins, dass Russland seine Einwilligung gab, die Ukraine zu verstümmeln, und darüber hinaus nagelte er seine Schergen öffentlich darauf fest, dass sie seine Vorgehensweise unterstützten und implizit damit auch seinen bevorstehenden Krieg. Aber Naryschkin – noch so ein alter Kumpel von Putin aus Sankt Petersburg und aus seinen frühen Tagen beim KGB, damals ein bedeutungsloser Niemand, der nur sehr wenig Zeit in der Geheimdienst-Zeche verbracht hatte – war irgendwie nicht linientreu. Als er aufgefordert wurde, die Verstümmelung der Ukraine zu genehmigen, begann Naryschkin – Boxernase, hager, gerötete Augen – zu stammeln. Es war, als würde ein Teil seines Verstandes allein bei dem Gedanken an einen unsinnigen Krieg aufbegehren.

Putin fuhr ihn an, er solle deutlich sprechen. Furcht zeigte sich auf Naryschkins Gesicht, als er spürte, dass sein Verrat durch das Stammeln für ihn nichts Gutes zu bedeuten hätte. Er überschlug sich fast, um sich zu berichtigen, sprang in seinem

Redemanuskript drei oder vier Seiten vor und sagte, die abtrünnigen Republiken sollten als „Teil von Russland" anerkannt werden. Putins Knurren veränderte sich zu einem sadistischen Grinsen, als er sagte, ein Anschluss an Russland stehe „nicht zur Debatte". Wenn man jetzt auf einen anderen Film verweisen will, war es wie eine Szene aus dem *Paten,* wo der „capo di tutti i capi", gespielt von Marlon Brando, eine Abweichung bemerkte und Gefolgschaft forderte.

Der Putin, den ich 2014 herausgefordert hatte, war ein anderer Mann gewesen, scharfsinnig, geistig beweglich, willens, sich auf einen schwierigen BBC-Reporter einzulassen, und sei es auch nur, um vollkommen gelassen zu lügen. Der Putin von 2022 war äußerst aggressiv. Aber Angst machte mir etwas anderes. Der Putin, dem ich 2014 begegnet war, hatte wie ein Frettchen oder ein Reptil ausgesehen, mit dünnem Gesicht – und schmal. Der Putin von 2022 sieht aus wie ein Hamster mit gefüllten Backen – krank. Er sieht aus wie ein Mann, der Steroide nimmt, und das machte mir große Angst.

Steroide gehören zu den Mitteln der modernen Medizin und sind gut als schmerzstillende Mittel einsetzbar. Bei Missbrauch können sie den Patienten allerdings außergewöhnlich aggressiv machen. Zum ersten Mal begegnete mir „roid rage", die durch Steroide hervorgerufene Raserei, in den Neunzigerjahren als ich Recherchen zu einem Drogenbaron aus Liverpool anstellte, Curtis „Cocky" Warren, und seinen Handlanger Johnny Phillips. Letzterer war ein Bodybuilder, der zu viel Steroide genommen hatte und so krankhaft aggressiv geworden war, dass er Drogenschulden eintrieb, indem er kleinere Dealer auf den Straßen von Toxteth vergewaltigte. Man verdächtigte ihn, 1995 David Ungi, einen rivalisierenden Gangster, erschossen und dadurch in Liverpool einen Bandenkrieg ausgelöst zu haben. Er starb daran, dass sein Herz regelrecht platzte. Der Gerichtsmediziner sagte aus, er habe in seiner gesamten beruflichen Laufbahn noch nie ein so krankhaft erweitertes Herz gesehen.

Irgendwann in den frühen Jahren seiner Herrschaft stürzte Wladimir Putin beim Reiten vom Pferd und verletzte sich so schwer am Rücken, dass er tagelang außer Gefecht gesetzt war. Die naheliegende medizinische Behandlung wären Steroide. Aber der Missbrauch von Steroiden kann zu Nierenproblemen und Leberschäden führen, sogar zu Tumoren. Hat er Krebs? Besteht die Möglichkeit, dass Wlad der Giftmörder sich letztlich selbst vergiftet hat?

Möglich ist es. Und ein solches Schicksal wäre sowohl von einer düsteren Ironie als auch zum Lachen komisch, wenn der Patient im Kreml nicht über das größte Atomwaffenarsenal der Welt gebieten würde, wie rostig es auch immer sein mag. Aber so ist es.

Wenn Wladimir Putin irgendjemandem näher kommt, so erzählt man sich, muss derjenige sich zuvor zwei Wochen isolieren, regelmäßig PCR-Tests auf Covid machen und seinen Stuhl untersuchen lassen, damit die Ärzte im Kreml wissen, dass er bei guter Gesundheit ist. *Proekt* die herausragende investigative russische Webseite unter der Leitung von Roman Badanin, dem Reporter, der mir von Putins erster Geliebter Lady Krummbein erzählt hatte, auch bekannt als Swetlana Kriwonogich, veröffentlichte einen Artikel über Putins krankhafte Furcht vor Krankheiten und darüber, wie eine ganze Reihe von Ärzten ihm überallhin folgt. *Proekt* berichtete: „Der auf Tumorerkrankungen spezialisierte Chirurg Jewgeni Seliwanow ist einer der ärztlichen Begleiter Putins, die man am häufigsten sieht. Innerhalb von vier Jahren ist der Arzt fünfunddreißig Mal mit ihm oder zu ihm gereist und hat insgesamt 166 Tage mit dem Staatsoberhaupt verbracht."

Wenn Putin erkrankt, verschwindet er nie von den Bildschirmen des russischen Staatsfernsehens. Das liegt an dem, was *Proekt* „gespeichertes Bildmaterial" nennt: an der Ausstrahlung von zuvor aufgezeichneten Treffen zwischen Putin und seinen Untergebenen. Der Trick mit dem aufgezeichneten Bildmaterial erlaubt es ihm, von Zeit zu Zeit zu verschwinden, wenn er krank ist. *Proekt* hat auch einen weiteren Exklusivbericht darüber gebracht, dass sich Putin, besorgt über seinen schlechten Rücken nach dem Sturz vom Pferd, mit okkulter Medizin befasst. Es heißt, er habe in Geweihblut von sibirischem Rotwild gebadet, das berühmt für seine heilende Wirkung ist, obwohl das Verfahren, nach dem man die Flüssigkeit mit den magischen Kräften gewinnt, außerordentlich grausam ist. Aber das könnte natürlich auch einen Teil ihres Reizes ausmachen.

Mitte März zog ich in ein anderes Quartier, in eine Wohnung mit Blick auf die Chreschtschatyk und mit einem Whirlpool, der tragischerweise nicht funktionierte. Ich war versucht, der Wohnung eine miese Bewertung zu geben, aber dann dachte ich mir, dass das mitten in einem Krieg nicht angemessen wäre. Stattdessen schmiss ich eine Party, zum Teil, um meine eigene Stimmung aufrechtzuerhalten, zum Teil, um meine britischen, amerikanischen und ukrainischen Freunde aufzumuntern. Aufgrund des Kriegsrechts war der Verkauf von Alkohol noch untersagt, und ich war ziemlich stolz, dass ich für meine Freunde mehrere Flaschen guten italienischen Rotwein hatte, irischen Whiskey, Wodka, Gin und Eierlikör. Mein Dolmetscher Eugene färbte den Gin mit Lebensmittelfarbe blau, und wir mixten daraus und aus dem Eierlikör Selenskyj-Cocktails. Die Gang zwang mich, welche davon zu trinken. Wie es schmeckte? Das Wort „widerwärtig" reicht nicht aus. Sagen wir einfach, dass der Präsident besser ist als der Cocktail, den wir nach ihm benannten. Wlad der Fahrer brachte seine Kinder mit, und es war eigenartig und wunderbar normal, herumzualbern und Kinder zu Besuch zu haben, die zu viel Schokolade aßen und vor einem Fremden mit alberner orangener Mütze frech zu ihren Eltern waren. Einen Augenblick lang fingen wir an, den Krieg zu vergessen. Sweeney, du Idiot! Mein Telefon klingelte kurz - eine Freundin, nennen wir sie K, würde gleich eintreffen. Ich nahm mein Telefon, stieg in den Aufzug, fuhr nach unten und wurde von zwei vorbeikommenden Polizisten aufgehalten, die meinen Ausweis sehen wollten. Dummerweise hatte ich ihn oben in der Wohnung gelassen. Mein Unvermögen, mich auf Anhieb ausweisen zu können, und vielleicht auch meine geringe Verärgerung darüber machte einen Bullen argwöhnisch. Er wollte, dass ich zum nächstgelegenen Kontrollpunkt der Polizei mitkam, gleich in der Metro-Station Chreschtschatyk. Ich rief Eugene an, damit er meinen Pass brachte, und während wir alle warteten, traf K ein. Ich begrüßte sie, und dann ging das ganze Grüppchen - die beiden Polizisten, Eugene, K und ich - zum Kontrollpunkt, wo mein Pass mit der nationalen Datenbank der Ukraine abgeglichen wurde. Ich war ehrlich gesagt ein bisschen ungehalten und mürrisch (und der Selenskyj-Cocktail wird nicht gerade geholfen haben), und Eugene erinnerte mich an meinen eigenen Rat, dass man an Kontrollpunkten immer einen Witz reißen soll. K verkniff sich ein Lächeln. Meines Wissens arbeitete sie bis vor Kurzem für den oder direkt beim ukrainischen Militärgeheimdienst, oder sie tut es noch. Sie hätte nur einen Finger rühren müssen, und die Farce hätte ein Ende gefunden. Aber es war klüger und zeitsparender mitzumachen, und ich begann mit einem Lächeln auf den Lippen *God Save The Queen* zu singen. Bald fand das System mich, und wir durften gehen.

Als wir wieder auf der Party waren, redeten K und ich unter vier Augen, während die anderen systematisch alles tranken, was noch an Alkohol übrig war, und zur Musik von Boney M. rockten. K erzählte mir, sie kenne einen russischen Oligarchen, der dem Kreml sehr nahestehe. Der Oligarch hatte ihr vor wenigen Monaten erzählt, Putin habe Leberkrebs.

„Als ich ihn traf, hatte er gerade eine Behandlung mit Botox hinter sich", sagte ich. „Sein Gesicht wirkte ein bisschen wie aus Plastik, aber seine Wangen sahen normal aus. Jetzt sieht er aus wie ein Hamster."

„Das sind die Steroide", sagte K.

„Stirbt er?"

„Das wissen wir nicht genau."

Ich wandte mich wieder der Party zu, Asche im Mund.

Michael Weiss ist ein Freund von mir, ein New Yorker, halb jüdischer, halb irischer Abstammung. „Ich kann nachts die Bar kaputt schlagen und morgens die Schäden bezahlen", lautet einer seiner Sprüche. Während der Covid-Lockdowns haben wir einen simplen Unterhaltungs-Podcast veröffentlicht, *Two Boozy Hacks* (*Zwei versoffene Schmierfinken*), bei dem wir auf unterschiedlichen Seiten des Großen Teichs tranken und die Welt in Ordnung brachten, Trump, den Brexit, Putin und so weiter. Als Reporter ist Mike lange in den finsteren Korridoren der US-Geheimdienstler unterwegs gewesen. Er arbeitet an einem langersehnten Buch über den russischen Militärgeheimdienst, die GRU, und kennt in der Ukraine die richtigen Leute.

Im April erzählte er mir, dass er gehört habe, Putin habe Krebs. „Sag ich doch!" oder etwas Ähnliches erwiderte ich darauf. Aber nach der Geschichte, die er gehört hatte, litt Putin an Blutkrebs. Mike hatte mehr Quellen, also stellte ich ihm den Kontakt zu einem Typen her, den ich vor langer Zeit in einem Pub kennengelernt hatte. Der Name des besagten Typen ist Ashley Grossman, und er ist Professor für Neuroendokrinologie an der Universität Oxford. Er sagte: „Einige meiner Freunde und ich haben uns sein Gesicht angesehen. Es ist in den letzten paar Jahren viel runder geworden. Das würde am besten zu Lymphdrüsenkrebs passen. Eine normale Behandlung dagegen wäre Prednison, ein Steroid. Zu den Nebenwirkungen würden unter anderem Stimmungsschwankungen, Aggression und Verwirrung gehören. Man nimmt am Bauch zu, im Nacken und im Gesicht. Falls er also Prednison nimmt, könnte das sein sprunghafteres Verhalten in den letzten Monaten erklären."

K sprach von Leberkrebs, Mike hatte man von Blutkrebs berichtet, und Ash und seine Leute in Oxford dachten an Lymphdrüsenkrebs. Mit Blut hängen alle drei Krankheiten zusammen. Ash überlegte weiter: „Schilddrüsenkrebs ist leicht zu behandeln. Blutkrebs ist auch behandelbar, aber Lymphdrüsenkrebs ist sehr viel ernster, insbesondere, wenn sich an der Wirbelsäule Metastasen gebildet haben. Ich hatte gelesen, seine Wirbelsäulenprobleme hätten damit zu tun, dass er vom Pferd gestürzt ist, aber falls er Metastasen an der Wirbelsäule hätte, ist das eine sehr ernste Diagnose. Ein zusätzliches Problem besteht darin, dass die Qualität der Medikamente in Russland dürftig ist, selbst für jemanden wie ihn."

Ich erzählte Ash, dass Putins Gesicht bei unserer Begegnung 2014 ausgesehen habe wie das eines Reptils, er heute aber aussehe wie ein Hamster.

„Das könnten die Steroide sein", sagte Ash. „Putin sieht aus wie ein anderer führender Politiker in früheren Jahren: 1963 hatte JFK ein Hamster-Gesicht, weil man ihn gegen die Addison-Krankheit mit zu viel Steroiden behandelt hat." Weil Ash tatsächlich ein Medizinprofessor ist, fügte er noch hinzu, dass Putin nicht sein Patient sei und dass seine Äußerungen nur auf Beobachtungen aus der Ferne beruhten.

Mike arbeitete seine Story für das *New Lines Magazine* aus, und sie verursachte weltweit Aufsehen. Er führte die Geschichte von einem Telegram-Kanal namens „General SVR" an, scheinbar von einem aus dem russischen Auslandsgeheimdienst ausgeschiedenen Offizier. Der sagt, dass Putin sich demnächst einer nicht näher bestimmten Krebsoperation unterziehen soll. Während er unter dem Messer liegt, wird Nikolai Patruschew, ein einundsiebzigjähriger Ex-KGB-Mann, den Laden schmeißen. Aber Mike setzte noch eins drauf und trieb eine Tonaufzeichnung des Oligarchen auf, von dem K gesprochen hatte. Die Geschichte klang ein wenig anders, aber nach meiner umfangreichen Erfahrung verleiht ihr das eher mehr als weniger Glaubwürdigkeit. Ein Risikokapitalanleger aus dem Westen hatte den Oligarchen Mitte März ohne seine Erlaubnis aufgezeichnet. Mike gab ihm den falschen Namen „Juri". Juri ist kein glücklicher Mensch. Er sagt, Putin habe „Russlands Wirtschaft vollkommen ruiniert, ebenso die Wirtschaft der Ukraine und viele weitere – vollständig ruiniert. Es gibt ein Problem mit seinem Kopf ... Ein Irrer kann die ganze Welt durcheinanderbringen."

Der Oligarch verriet, was er über Putins Gesundheit wusste: Er sei „schwer erkrankt an Blutkrebs".

Mike ist übrigens nicht zu hundert Prozent überzeugt, dass die Geschichte stimmt. Es könnte eine von den russischen Eliten verbreitete Fehlinformation sein, „weil die sein Regime untergraben wollen". Christo Grosew von Bellingcat hat berichtet, dass der FSB die Anweisung hat, alle derartigen Geschichten über Putins schlechten Gesundheitszustand als Fehlinformation zu behandeln. Was logischerweise die ungewollte Konsequenz nach sich zieht, dass sie anfangen, daran zu glauben. Mein Schluss ist, dass Putin tatsächlich an einer ernsten Erkrankung leidet. Ende Mai behauptete der Telegram-Kanal „General SVR", dass Putin in der Nacht zum 16. Mai operiert wurde. Putin war, so die Geschichte, für jeden außer seinem getreuen Handlanger, Leiter der Nationalen Sicherheit Patruschew, unerreichbar. Die Gerüchteküche in Moskau hat eine fünfte Krebsart hervorgebracht: Unterleibskrebs.

Welche der fünf Möglichkeiten – Leberkrebs, Blutkrebs, Lymphdrüsenkrebs, Schilddrüsenkrebs, Unterleibskrebs – ist es nun? Wir wissen es nicht. Rufen Sie sich in Erinnerung, geschätzter Leser, Russland unter Putin bedeutet ein Regime der Undurchsichtigkeit. An klare Fakten ist nur schwer heranzukommen. Das gesamte System des Kremls arbeitet daran zu verhindern, dass unumstößliche Tatsachen zusammengetragen werden können – nicht zuletzt dadurch, dass es diejenigen vergiftet, die diese Tatsachen sammeln. Es tut mir leid, aber Sie müssen bedenken, dass Unklarheit und das Unvermögen, klar zu sehen, normal sind, wenn man versucht, den schlechten Gesundheitszustand eines russischen Autokraten zu verstehen.

Gegen Ende April hatte Putin mit seinem Handlanger General Sergei Schoigu, dem russischen Verteidigungsminister, eine Unterredung, in der er ihn anwies, das Stahlwerk von Mariupol, die letzte Bastion der ukrainischen Armee in der belagerten Stadt, nicht anzugreifen. Innerhalb weniger Tage wurde das Stahlwerk dann von russischer Artillerie zertrümmert, und nach einer Waffenruhe, ausgehandelt von der UN und dem Internationalen Roten Kreuz, gestattete man den meisten der überlebenden ukrainischen Soldaten schließlich den Abzug, aber auf russisches Staatsgebiet. Ihr Schicksal ist zu dem Zeitpunkt, da ich dies schreibe, ungewiss. So viel zu Putins Ehrlichkeit. Doch das Bemerkenswerteste an dem Plausch mit Schoigu war Putins Körperhaltung. Er setzte sich mit dem General an einen lachhaft kleinen Tisch, von der Art, auf die man ein Schachbrett stellen würde. Eine Seite seines Körpers schien wie erstarrt, mit der rechten Hand umklammerte er mit aller Kraft den Tisch. Das erinnerte mich daran, wie meine Großmutter, Granny Sweeney, sich früher an allem festhielt, damit sie nicht hinfiel.

Er ist kein gesunder Mann. Und das wirft eine Frage auf: Würde Wladimir Putin, im Wissen, dass er nicht mehr lange zu leben hat, uns alle töten?

Kapitel zwanzig
Das wird blutig enden

Wie wird das enden? Wie wird ein wie immer auch erreichter Friede aussehen? Was wird die Ukraine akzeptieren? Und wie sähe ein letzter Akt aus, mit dem Wladimir Putin leben könnte? Oder wird es zu der viel beschworenen fatalen Schlussszene kommen, in der ein mit dem Tode ringender Mann den roten Knopf drückt?

Das vom Kreml produzierte Schmierentheater läuft jeden Abend im russischen Staatsfernsehen. Vorgeführt wird eine Kakofonie von Stimmen, die miteinander streiten, manchmal sogar leidenschaftlich. Aber nie sagt eine dieser Stimmen, Putin sei ein Ganove und Giftmischer; nie fällt der Name Nawalny. Es ist ein streng kontrolliertes Varietéprogramm, das der Zirkusdirektor aus dem dunklen Hintergrund aufmerksam verfolgt. Er wartet darauf, dass einer der Clowns den Narrenwagen gegen die falsche Wand fährt oder dass eine Trapezkünstlerin einen nicht eingeplanten Schrei ausstößt, wenn sie hart auf dem Boden aufschlägt. In manchen Momenten, wenn das Scheinwerferlicht auf die richtige Stelle fällt, eröffnet die Zirkusvorstellung einen unscharfen Blick durch ein vereistes Fenster in Wladimir Putins Seele. Die Chef-Knallcharge ist Wladimir Solowjow, das Schwein *Schwatzwut* aus Orwells *Farm der Tiere*, nur ohne dessen Charme. Mit Vorliebe zitiert Solowjow Aussagen Putins aus einem Interview, das er 2018 mit ihm geführt hat: „Welchen Sinn hätte eine Welt, in der es kein Russland gäbe?" Garniert mit einem weiteren Putin-Zitat aus demselben Jahr: „Wenn sie einen Atomkrieg beginnen, werden wir reagieren. Aber wir, die wir rechtschaffene Menschen sind, werden direkt in den Himmel kommen, während sie nur abkratzen werden."

Abkratzen. Man beachte den Gangstersprech. Hut ab übrigens vor Masha Gessen für eine brillante Karikatur des vom Kreml veranstalteten Medienvarietés in der Mai-2022-Ausgabe des *New Yorker*. Oder vor Martin Amis, der ein schönes Stück geschrieben hat über Gewalt – wie die Person, die sie ausübt, genau weiß, dass du dieses Spiel nicht mitmachen willst, dass jeder anständige menschliche Instinkt dich drängt davonzulaufen. Das ist es, was Putins Schwein *Schwatzwut* von uns allen erwartet. Die Ukrainer haben keine Wahl. Sie können nirgendwo anders hinlaufen.

Borodjanka gewährt uns einen guten Einblick in die tiefe Kluft zwischen der ukrainischen Demokratie und dem Schmierentheater des Kremls. Die Kleinstadt liegt rund 65 Kilometer nordwestlich von Kyjiw, und um ins Zentrum zu gelangen, mussten wir im Slalom zahllose Autowracks umkurven, von Artillerie zerfetzt trotz der gut lesbaren Aufschrift „djeti" („Kinder") auf den Frontscheiben: Kriegsverbrechen auf Kriegsverbrechen auf Kriegsverbrechen.

Vier Wohnblocks umsäumen den Hauptplatz des Städtchens. Ein Block ist von einer von einem Kampfjet der russischen Luftwaffe abgefeuerten Rakete in Schutt und Asche gelegt worden, schon in der Anfangsphase des Krieges, als die Invasoren aus dem theoretisch neutralen Nachbarland Belarus durch die radioaktiv verstrahlte Sperrzone um Tschernobyl Richtung Kyjiw vordrangen. Borodjanka lag auf dem Weg dahin – oder, besser gesagt, stand im Weg.

Liza Kozlenko, Mike Weiss, Alex Zakletsky und ich schlendern über den Kinderspielplatz, ohne richtig wahrzunehmen, was wir mit eigenen Augen sehen. In einem zweiten Wohnblock ist ebenfalls ein Geschoss eingeschlagen und hat ein großes Loch gerissen, doch ist das Dach irgendwie intakt geblieben, sodass das Gebäude ein bisschen wie ein Rettungsring aussieht. Ein sowohl obszöner als auch auf makabre Weise faszinierender Anblick: Wie zum Teufel konnte dieses Dach standhalten? Feuerwehrleute schauen zu, wie ein Schaufelbagger große Betonbrocken aus dem Trümmerschutt zieht. Sie warten darauf, dass weitere Leichen zum Vorschein kommen. Letztlich werden sie um die vierzig Tote bergen. Es war ein Wohnblock, jetzt ist es ein Massengrab.

Unter unseren schuldlosen Füßen ist der Spielplatz mit dem Krimskrams gewöhnlicher außergewöhnlicher Menschen übersät, von russischen Sprengkörpern 75 Meter durch die Luft katapultiert: ein Kindertagebuch, ein Preis, der einer Schülerin namens Julia für die Bestnote in einer mündlichen Englischprüfung an der örtlichen Schule verliehen wurde, ein Zettel mit der Bitte, Milch einzukaufen.

Zwei der vier Wohnblocks sind beim Angriff der russischen Luftwaffe nicht in Schutt und Asche gebombt worden. An ihnen haben Soldaten des russischen Heers ihre Plünderlust ausgetobt, haben Geld und Schmuck mitgenommen. In einer der Wohnungen hängt an der Kühlschranktür eine rührende Liebeserklärung eines Mannes an seine Frau, davor hat jemand einen Bademantel auf den Boden gelegt und draufgekackt. In einem anderen Stockwerk stößt Mike auf eine Tür mit einem Sperrsiegel am Schloss und der Warnung, die Wohnung dahinter sei vermint. Liza findet eine Katze – verdreckt und mit einem Antlitz, das sowohl Ruhe ausdrückt als auch Traumatisierung nach dem nie da gewesenen Schrecken, den sie erlebt hat. Die russischen Truppen scheren sich so gut wie gar nicht um die Regeln der Kriegführung, um die Gebote zivilisierten Verhaltens und einfachen menschlichen Anstands. Einen Waffenstillstand auszuhandeln mit einer Streitmacht, die Wohnblocks mit Raketen beschießt, Zivilisten massakriert, schutzlose Frauen vergewaltigt und Privatwohnungen ausplündert, wird nicht einfach sein.

Hat Wolodymyr Selenskyj den Nerv, seinem eigenen Volk einen Friedensvertrag mit einem Killer zu verkaufen? Er ist clever. Frage: Wie veranstaltest du eine Pressekonferenz in deiner Hauptstadt, wenn du weißt, dass du das Zielobjekt Nummer eins der gesamten russischen Marschflugkörperflotte bist? Antwort: Du hältst sie in einem U-Bahnhof ab, hundert Meter oder mehr unter Straßenniveau, wo die Mobiltelefone von Hunderten Journalisten nichts über deinen Aufenthaltsort preisgeben. In seinen „Kampfanzug" aus olivgrünem T-Shirt und graubrauner Hose gekleidet, schlendert er zu seinem Stuhl, nimmt vor der in Kyjiw versammelten Weltpresse Platz, dankt uns allen für unser Kommen und für unsere Arbeit und bittet um Fragen. Hat er Angst, getötet zu werden? Er schmettert das ab – zu viele Menschen sind schon gestorben, zu viele setzen im Kampf ihr Leben aufs Spiel, als dass er sich darüber Gedanken machen könne.

Hin und wieder rauscht während der Pressekonferenz ein U-Bahn-Zug vorbei, dann legt Selenskyj eine kurze Pause ein. Seine Leibwächter beobachten uns alle mit Wolfsaugen, aber das tun diese Leute ja immer. In Sarajevo erlebte ich 1993, als die Stadt sich bereits unter Granatenbeschuss befand, eine Aufführung von *Warten auf Godot* (in serbokroatischer Sprache) unter der Regie von Susan Sontag. Selenskyjs Pressekonferenz ist auf ihre Art ein noch dramatischeres Erlebnis, nicht so sehr wegen seiner Aussagen – die er mit einer tiefen Stimme, bedacht und beruhigend, vorbringt –, sondern einfach deswegen, weil er sie überhaupt veranstaltet.

Merken wir uns das: Zu Beginn des Krieges war es das Schwierigste für mich, mit dem klarzukommen, was gute Freunde in

London und New York mir dringend rieten: Mach dich aus dem Staub, denn du bist ein bekannter Kreml-Gegner. Denselben Rat bekam Selenskyj, potenziert, aus der Downing Street und aus dem Weißen Haus, worauf er erwiderte: „Wir brauchen Munition, keine Mitfahrgelegenheit."

Das war - ist - seine größte Stunde.

In der Pressekonferenz stand ich eine ziemlich lange Zeit mit meinem hochgereckten Papierschildchen mit der Aufschrift *Jewish Chronicle* da und hatte die Hoffnung, mit einer Frage an die Reihe zu kommen, fast schon aufgegeben, als Liza mich ins Blickfeld von Selenskyjs Pressemann schob. Ich bat den Präsidenten um eine Botschaft an die russische Opposition, an die jungen Leute, die in Moskau gegen den Krieg demonstrieren und von der Polizei die Zähne eingeschlagen bekommen, an den Mann, der verhaftet wurde, nur weil er ein Exemplar von Tolstois *Krieg und Frieden* hochhielt, an Nawalny. Selenskyj antwortete, er sei diesen Menschen dankbar, denn „Worte sind genauso mächtig wie Bomben".

Einfach um es noch mal festzuhalten: In Russland bin ich praktisch kaltgestellt - es gibt keine Pressekonferenzen. Der Kommandeur der Privatarmee des Kremls hat sich SS-Runen eintätowieren lassen. In der angeblich von Nazis unterwanderten Ukraine habe ich, freier Mitarbeiter einer jüdischen Zeitschrift, die Freiheit, den Präsidenten (der Jude ist) auf einer Pressekonferenz (wenn auch 150 Meter unter der Erde) auf die guten Russen anzusprechen, die gegen den Krieg sind, und er spricht ihnen seinen Dank aus. Der Historiker Timothy Snyder hat zur Charakterisierung dieses Phänomens - der Dämonisierung der Ukrainer als Nazis durch die Kreml-Propaganda - den Begriff „Schizo-Faschismus" geprägt: Faschisten werfen ihren nicht faschistischen Opfern vor, Faschisten zu sein.

Kurz vor meiner Abreise aus Kyjiw Anfang Mai ging ich mit

den Journalisten und Filmemachern Oz Katerji und Emile Ghessen frühstücken. Über drei vollen ukrainischen Frühstücken bissen wir drei Freischaffende uns die Zähne an der Frage aus, wie es weitergeht. Wir alle hatten dasselbe Gefühl: dass Russland dabei ist, den Krieg zu verlieren, und die Ukraine gute Aussichten hat, ihn zu gewinnen; dass die schweren Waffen – insbesondere die reichweitenstarken Artilleriegeschütze aus US-Produktion – das Blatt zugunsten der Ukraine wenden würden; und dass die einfachen Ukrainer mit Russland und dem russischen Volk abgeschlossen haben; sie haben in den letzten Monaten zu viele Barbareien gesehen (oder davon gehört und gelesen), als dass sie noch bereit wären, einen Verhandlungsfrieden mit Wladimir Putins Mordmaschine hinzunehmen. Wir hatten für die Haltung der Ukrainer mehr oder weniger Verständnis, pflichteten ihr mehr oder weniger bei. Meine persönliche rote Linie war überschritten, als eine Einheit der russischen Armee den mit Flüchtlingen vollgepackten Bahnhof von Kramatorsk mit zwei Raketen des Typs Totschka-U zerbombte.

Mit ballistischen Boden-Boden-Raketen wie der Totschka zu schießen, ist so ähnlich wie Golf spielen, eine endlos durchexerzierte Übung in kartesischer Geometrie. Ein Sport, bei dem es auf äußerste Genauigkeit ankommt. Filmaufnahmen des Bahnhofs Kramatorsk, vollgestopft mit vor dem Kriegsgeschehen im Donbass fliehenden Frauen und Kindern, waren allgegenwärtig. Der kommandierende Offizier musste wissen, dass das Zielobjekt voll mit zivilen Flüchtlingen war. Mehr als fünfzig Menschen starben. Unter den Überlebenden waren eine Mutter und ihre Zwillinge. Fotos aus einer Krankenstation zeigten die drei: Die Tochter hatte beide Beine verloren, die Mutter eines, der Sohn keines. Die russischen Streitkräfte hatten bei dieser Trainingseinheit in kartesischer Geometrie im wahrsten Sinn des Wortes Knochenarbeit geleistet.

Und dann ist da noch Mariupol.

Weiß Gott, wie viele Zivilisten die russische Armee in der Hafenstadt am Asowschen Meer auf dem Gewissen hat. Es kursieren Geschichten über Krematorien auf vier Rädern, die Leichen zu Asche verbrennen. Auf Satellitenbildern sind immer mehr Massengräber zu erkennen. Die Wahrscheinlichkeit, dass die Bevölkerung der Ukraine einem Verhandlungsfrieden zustimmt, der Teile ihres Landes unter permanenter russischer Kontrolle belassen würde, ist gleich null oder doch so nahe bei null, dass es müßig wäre, sich darüber Gedanken zu machen. Selenskyj wird es nicht darauf ankommen lassen. Der Krieg läuft, um es noch mal zu sagen, nicht gut für Russland, auch weil die Kampfmoral der russischen Truppen dürftig ist. Ihre Logistik ist miserabel, von oben bis unten; ihre Befehlshaber sind schlecht in der doppelten Bedeutung des Wortes: schlecht im Sinne von inkompetent und schlecht im Sinne von böse.

Nach meiner Überzeugung wird also die russische Armee früher oder später die Waffen strecken, und Wladimir Putin wird seine ultimative Demütigung erleben.

Wird sich die Rachsucht des Zaren aller Zombies nicht nur gegen die Ukrainer richten, sondern gegen uns alle? Kurz bevor ich die Ukraine verließ, um etwas Zeit mit meiner Familie zu verbringen – im Juni geht es zurück nach Kyjiw –, schmiss ich eine Abschiedsparty. Mein letztes Domizil in Kyjiw war schick, hatte aber eine unsinnige Drei-Türen-Konstellation, die bewirkte, dass man, wenn man auf dem Klo oder in der Besenkammer war und jemand die Vordertür öffnete, nicht mehr rauskam. Semen Hlusman, der Psychiater, war einer der ersten Gäste, die zu der Party kamen. Jemand steckte im Klo fest, deshalb bugsierte ich den fünfundsiebzigjährigen Semen kurz in die Besenkammer und schloss deren Tür, um die Haustür öffnen zu können, woraufhin sich eine ganze Horde ukrainischer Gäste mit Händen voller Geschenke und britischer Gäste mit Bierdurst ins Haus ergoss. Ich hechtete in die Küche und schenkte Getränke ein, bis in einer Sekunde, in der das Stimmengewirr nachließ, jemand sagte: „Wer klopft da?"

Ich hatte einen der weltweit bedeutendsten Psychiater in meine Besenkammer gesperrt. Ich ließ ihn heraus, und er sagte mit einem schiefen Lächeln: „Das ist nicht ganz so schlimm wie die Strafarrestzelle im Gulag." Das schreiend Komische an der Sache war, dass praktisch alle Gäste, ganz sicher die britischen, den Rat eines Seelendoktors nötig gehabt hätten. Stattdessen war er der, der weggesperrt wurde.

Wieder auf freiem Fuß und mit einem Glas in der Hand, antwortete Semen auf meine Frage, ob er Putin immer noch für zurechnungsfähig halte: „Ja. Er ist ein Psychopath, aber er ist zurechnungsfähig."

Das ist die eminent gute Nachricht. Ein zurechnungsfähiger Mensch, auch ein rational denkender Psychopath, wird nicht die Erde in die Luft jagen. Der Krieg in der Ukraine ist eine Katastrophe für viele unschuldige Menschen in dem Land, aber auch eine Schmach für den Herrscher im Kreml. Er beschloss, mit einer rund 200 000 Mann starken Armee in der Ukraine einzufallen. Die Mathematik der Kriegführung ist simpel: Wenn du der Angreifer bist, brauchst du mehr Soldaten als der Angegriffene. Drei zu eins ist eine gängige Quote. Die Ukraine hatte in ihren Streitkräften 200 000 Mann unter Waffen, dazu weitere 100 000 bei den militarisierten Polizeitruppen, in Summe also 300 000 Mann. Russland hätte demzufolge 900 000 aufbieten müssen, besser noch eine Million, um die Ukraine zu überrollen. Stattdessen marschierten sie mit 100 000 Mann weniger ein, als die Ukraine unter Waffen hatte. Putin hatte wohl erwartet, dass die Ukraine – gespalten, verzagt, geschwächt durch Schwulenrechte und anderen westlichen Unsinn – zu Staub zerfallen würde.

Da täuschte er sich gewaltig. Der ukrainische Kampfgeist, die Traktorfahrer, die Leidenschaft, die hinter dem Hohn und Spott lodert, all das bestärkt mich in der Überzeugung, dass die Drei-zu-eins-Quote in diesem Fall zu niedrig angesetzt ist, dass Putin eine Sieben-zu-eins-Überlegenheit gebraucht hätte, mehr als zwei Millionen Soldaten unter Waffen. Er hat nur ein Zehntel davon aufgeboten und die Schlacht um Kyjiw verloren.

Die Schlacht um den Donbass ist noch nicht entschieden, während ich dies Anfang Juni 2022 schreibe. Der Fleischwolf der russischen Armee verbucht Gewinne. Die russische Armee verfügt über stark überlegene Artillerie. 10 000 ukrainische Soldaten sind umgekommen. Außerdem starben 30 000 russische Soldaten, aber das kümmert Wladimir Putin nicht. Er hat reichlich Frischfleisch, das er in den Kampf schicken kann. Von frommen Wünschen mal abgesehen, hat der Westen der Ukraine bis jetzt nicht genug schwere Geschütze geliefert, um die Russen zu besiegen. Also bluten die Verteidiger langsam und grauenhaft aus, mit 100 toten Soldaten pro Tag.

Genauso schlimm ist die Blockade der ukrainischen Schwarzmeerhäfen durch die russische Marine. Also der Häfen, die sie nicht schon in Schutt und Asche gelegt haben. Ukrainisches Getreide ernährt einen großen Teil des Mittleren Ostens und Afrikas. Sollte der Westen nicht gegen die Blockade vorgehen, wird Putin einen Hunger-Krieg gewinnen.

Vlad Demchenko, der Soldat, der mich am zweiten Tag des Krieges verhaftete, weil er mich für einen russischen Spion hielt, ist heute Leutnant beim Freiwilligen-Korps der ukrainischen Armee. Auf dem Reservestützpunkt seines Bataillons, während seine Kameraden versuchten, ein beschädigtes Maschinengewehr aus einem russischen Schützenpanzer zu reparieren, erklärte er mir, warum viele Ukrainer die russischen Soldaten „Orks" nennen:

„Das kommt alles von diesen Tolkien-Filmen. Und Mordor. Wir haben Russland Mordor genannt, weil die Ukraine an ein grünes Hobbit-Land erinnert, mit friedlichen Bewohnern, die einfach nur tanzen, Bier trinken und das Leben genießen wollen. Und dann sind da diese Kreaturen, die einfach nur Gewalt wollen."

Vlad glaubt, dass die Ukraine am Ende siegen wird, und ich stimme ihm zu. Wenn der Westen endlich aufhört, zu zaudern und den Ukrainern das ganze schwere Geschütz liefert, das sie brauchen, wird die russische Armee anfangen zu zerbrechen. Ökonomisch, moralisch und, drücken wir die Daumen, militärisch wird Wladimir Putin den Krieg im Endeffekt verlieren. Der Westen kann es sich nicht leisten, ihn gewinnen zulassen.

Russland hat eine eher kurzatmige Toleranz für Fehlschläge. Ich habe das Gefühl, dass Wladimir Putin den Maschinenraum des Kremls nicht mehr so souverän steuert wie noch Anfang 2022. Und dass die Kreml-Maschinerie ihrem Herrn und Meister nicht mehr so gehorcht wie früher. So langsam wirkt er wie der Zauberer von Oz. Wir warten nur noch darauf, dass der kleine Hund den Vorhang wegzieht und alle Welt den zum Zwerg geschrumpften Hochstapler erblickt, wie er in sein Megafon kräht.

Falls Wladimir Putin je den Befehl erteilt, den roten Atomknopf zu drücken – etwas, das Semen Hlusman ihm nicht zutraut –, glaube ich nicht, dass der Befehl ausgeführt würde. Das Schmierentheater im Kreml wird weiterhin mit dem nuklearen Inferno drohen, aber es ist wichtig zu verstehen, dass das Spiegelfechterei ist. Wir hier im Westen können auch auf eine für den Kreml ungemütliche geopolitische Realität verweisen: China ist eine im Aufstieg begriffene Macht. In einem der kriegerischen Planspiele, die im Pentagon durchexerziert werden, tut sich die US Army mit Russland zusammen, nachdem ein nach Wasser und Erdöl dürstendes China in Sibirien einmarschiert ist. Weshalb sollte der Westen Russland gegen seinen großen

Nachbarn China beistehen, wenn Russland seinen sehr viel kleineren Nachbarn Ukraine mit so ungerechtfertigter Brutalität angreift? Viel zu lange hat der Westen gezittert, wenn Putin ihn angeknurrt hat. Die Courage der Ukrainer hat uns eine alte Erkenntnis neu vor Augen geführt, die wir zu unserem potenziell fatalen Schaden fast vergessen hätten: dass die Demokratie immer verteidigt werden muss, dass die Redefreiheit uns nicht frei Haus geliefert wird. Mit viel zu langer Verzögerung hat der Westen, so scheint es jedenfalls, die Lektion gelernt, und das ist kein gutes Omen für den Herrscher im Kreml und seine Spießgesellen.

Der letzte Romanow beging einen ähnlich gearteten Fehler wie Wladimir Putin heute: hoffnungslose Überschätzung der Kampfkraft der russischen Streitkräfte und der Bereitschaft ihrer Zwangsrekrutierten, für eine Sache zu sterben, die ihnen niemand in einem Satz erklären kann. Nikolaus II. wurde im Juli 1918 mitsamt seiner ganzen Familie im Keller des Ipatiew-Hauses in Jekaterinburg erschossen.

Ich traue mir die Voraussage zu, dass Wladimir Putin nicht mehr viel Zeit auf dieser Welt verbringen wird. Noch wird der Rubel von den üppigen Finanzreserven Russlands aufgepumpt, aber wenn die westlichen Sanktionen erst einmal richtig greifen, wird die russische Wirtschaft in die Knie gehen, und dann wird das russische Volk sich erheben. Wieder einmal. Oder einer von Putins Generälen wird vorher zur Pistole greifen. Oder einer seiner Ärzte wird dafür sorgen, dass Putin nach einer Operation nicht mehr aufwacht. Oder er stirbt an einem Tumor, gemästet von einem Übermaß an Steroiden.

Dass Putin am Ende sich selbst ein tödliches Gift verabreichen könnte, wäre ein Schlussakt, der Shakespeare alle Ehre machen würde.

Wie sein alter Narr, der König, sagte: Schicksal, schieb das Glücksrad an!

Dank

Dieses Buch entsteht gewissermaßen schon seit 22 Jahren, deshalb gibt es eine Menge Leute, die mir halfen, Wladimir Putin besser zu verstehen, und die ihre Namen dennoch nicht hier finden. Aber ich danke ihnen allen trotzdem.

Im Jahr 2000 reiste ich für meine damalige Zeitung, den *Observer,* und *Dispatches* auf *Channel 4* undercover nach Tschetschenien. Mit mir reisten der mittlerweile verstorbene James Miller und Carla Garapedian, während David Henshaw von Hard Cash Productions in London die Stellung hielt. Unserem tschetschenischen Team und all den mutigen Tschetschenen, die für unseren Film mit uns sprachen und auch für meine spätere BBC Radio-Dokumentation über den Gebrauch von Folter durch die russische Armee, muss ich anonym danken.

Ich wechselte zur BBC, wo ich eine Reihe von TV-Dokumentarfilmen über Russland machte, viele davon für *Panorama* und *Newsnight*. Zur gleichen Zeit nutzte der geheime Staat in Russland Stellvertreter, um zu versuchen, ehrliche Reporter zum Schweigen zu bringen. Gute Leute, auch Politiker, wurden hellhörig. Und dann waren da tapfere Russen und andere, die es wagten in der BBC, in meinem Podcast *Taking On Putin* und besonders in diesem Buch ihre Meinung zu sagen. In alphabetischer Reihenfolge: Roman Badanin, Darius Barzagan, Chris Baughen, Catherine Belton, Roman Borisovich, Oliver Bullough, Tom Burgis, Liam Byrne MP, Jonathan Coffey, David Davis MP, Professor Norman Dombey, Arthur Doohan, Tom Giles, Steve Grandison,

Andrew Head, Paul Joyal, Peter Jukes, Dan Kaszeta, Marina Litwinenko, Jenny Klochko, Seamas McCracken, Tomiko Newson, Natalia Pelevine, Professor Donald Rayfield, der Dekan und die Mitarbeiter der Kathedrale von Salisbury, Bob Seely MP, Arthur Snell, Nick Sturdee, Ceri Thomas, Tom Tugendhat MP. Danke an die wunderbaren Laura Sheeter, Ruth Barnes and Jason Phipps bei Chalk & Blade.

Danke an Jeremy, Margaret, Alessio und Jason, dass Ihr Euch um Bertie gekümmert habt.

Das Einleitungskapitel dieses Buches enthält Material, das ursprünglich im *Jewish Chronicle*, im *New Lines Magazine* und im *Index on Censorship* veröffentlicht wurde. Danke an Ben Felsenburg und Martin Bright. Ich finanzierte mich zum Teil über TV- und Radio-Spots auf *Good Morning Britain*, in der BBC Scotland, Wales und Northern Ireland und im LBC. Mein Dank geht an alle dort.

Als ich in Kyjiw ankam, hatte ich keine Unterstützung, und dann passierten gleich zwei tolle Dinge. Ich fing so ein *Patreon*-Ding an und jetzt habe ich 2000 *Patreons*. Danke an jeden Einzelnen. Und dann finanzierte ich meinen Podcast *Taking On Putin* durch Crowdfunding, danke an alle Unterstützer.

Was mich in schweren Zeiten in Kyjiw und der Ukraine aufmunterte: der weltbeste Helfer vor Ort Yevhenii „Eugene" Yermolenko und Vladyslav Shvets, der uns Mitte Februar in seinem klapprigen Skoda vor allen anderen in den Bereich des bombardierten Fernsehturms in Kyjiw brachte, mit ihrem auch unter Feuer unverbrüchlichen Humor.

Mitte Februar reiste ich mit der großartigen Oz Katerji nach Kyjiw, Emile Ghessen nahm mich kurz vor der Sperrstunde auf seinem Moped mit, ich trank mit Iain Burns, Johnny Mercer MP und Lev Wood und tanzte im Buena Vista auf den Tischen, unter den wachsamen Augen von Maks and Dascha. Mariana Shostak im Bassano ist die beste Kriegsgebietsköchin – weltweit. Danke an Paul Conroy, Tomas Davidov, James Gregson, Liam Kennedy, Kristina Ratushnaya, die Mitarbeiter, den Clown und die Patienten im Kyjiwer Kinderkrankenhaus, die Mitarbeiter und den Elefanten im Kyjiwer Zoo, Vaughan Smith und Matej Šulc. In Butscha geht mein Dank an Alex Zakletsky, Giuseppe Attard and Neil Camilleri. In Borodjanka und aus New York danke ich Michael Weiss.

Mein Agent Humfrey Hunter, mein Lektor Henry Vines und Jack Beattie, mein Hörbuchproduzent, waren unermüdlich.

Meine Familie, Sam, Lou, Shilah und Molly, ertrug liebevoll meine Verrücktheit.

Ich muss mich bei den gewöhnlichen, außergewöhnlichen Menschen der Ukraine bedanken, aber bei drei ganz besonders: Vlad Demchenko verhaftete mich an Tag zwei des Krieges als russischen Spion. Als das aufgeklärt war, schlossen wir Freundschaft und ich ziehe den Hut vor seinem Mut, für sein Land und die freie Welt zu kämpfen. Semen Hlusman, der Exekutivsekretär der Vereinigung der Psychiater der Ukraine verfügt über endloses und faszinierendes Wissen, wenn es um die Mentalität des KGB geht und ich muss mich nochmal dafür entschuldigen, dass ich ihn in die Besenkammer gesperrt habe.

Zu guter Letzt möchte ich Liza Kozlenko danken: Journalistin, Produzentin, Axtschwingerin. Wladimir Putins Krieg ist dumm und grausam, aber er beweist mal wieder die alte Wahrheit, dass die schlimmsten Zeiten das Beste im Menschen hervorbringen können.

Quellennachweise

Kapitel eins
Teile dieses Kapitels erschienen zuerst in *Jewish Chronicle*, London, und in *New Lines Magazine*, Washington, D. C.

Kapitel zwei
Uneheliches Kind: https://www.zeit.de/feature/vladimir-putin-mother; https://www.telegraph.co.uk/news/worldnews/europe/russia/3568891/Could-this-woman-be-Vladimir-Putins-real-mother.html
Yuri Felshtinsky und Vladimir Pribylovsky: *The Age of Assassins: The Rise and Rise of Vladimir Putin* (London 2008), S. 116–121.
Donald Rayfield: Podcast *Taking On Putin* – Buch *Stalin und seine Henker* (München 2004: Blessing)
Wera Dmitriewna Gurewitsch: Natalia Gevorkyan: *First Person: An Astonishingly Frank Self-Portrait by Russia's President* (London 2000: Public Affairs) – Natalia Gevorkyan: Aus erster Hand. Gespräche mit Wladimir Putin (München 2000: Heyne)
Rattenjagd: Ebd.

Kapitel drei
Dresden: https://www.washingtonpost.com/wp-srv/inatl/longterm/russiagov/putin.htm – https://www.dw.com/en/who-is-nord-streams-matthias-warnig-putins-friend-from-east-germany/a-56328159
Sankt Petersburg: Masha Gessen: *Der Mann ohne Gesicht. Wladimir Putin. Eine Enthüllung* (München 2012: Piper)
Korruption im Kreml: https://www.theguardian.com/world/2000/jan/28/russia.iantraynor
Catherine Belton: *Putin's People* (2020) – *Putins Netz* (Hamburg 2022: HarperCollins)
Skuratow: https://bylinetimes.com/2022/03/15/lebedev-the-kgb-spy-who-helped-put-putin-in-the-kremlin/
Lebedew/Lebedev: Jacopo Iacoboni und Gianluca Paolucci, *Oligarchi* (Rom 2021: Laterza)

Kapitel vier

Rjasan: John Sweeney, The Observer, 12. März 2000 – https://www.theguardian.com/world/2000/mar/12/chechnya.johnsweeney – John Sweeney, Cryptome, 24. November 2000; https://cryptome.org/putin-bomb5.htm

Kapitel fünf

Anschläge in Russland: Alexander Litvinenko, Yuri Felshtinsky: *Blowing Up Russia: Terror from Within* (2002). – David Satter *Darkness at Dawn: The Rise of the Russian Criminal State* (2003). – David Satter *The Less You Know, The Better You Sleep: Russia's Road to Terror and Dictatorship under Yeltsin and Putin* (2016)
Tschetschenien: Astolphe de Custine: *Empire of the Czar: A Journey Through Eternal Russia* (1989) – Russland im Jahre 1839 (Leipzig 1843: Thomas) – John Sweeney: https://www.theguardian.com/world/2000/mar/05/russia. chechnya – *Dying For The President*, Dispatches, Hard Cash, March 2000 – John Sweeney: *Victims of the Torture Train*, BBC Radio 5, 2000

Kapitel sechs

Sobtschak: Gabriel Gatehaus, BBC: *The Day Putin Cried* https://www.bbc.com/news/stories-43260651 – Arkady Vaksberg: *Toxic Politics: The Secret History of the Kremlin's Poison Laboratory from the Special Cabinet to the Death of Litvinenko* (Santa Barbara, Ca. 2011: Praeger)
Geiselnahme in Moskauer Theater: Alexander Goldfarb, Marina Litwinenko: *Tod eines Dissidenten. Warum Alexander Litwinenko sterben musste* (Hamburg 2007: Hoffmann und Campe)
Schtschekotschichin: Podcast *Taking On Putin* – Waksberg, ebd.

Kapitel sieben

Anna Politkowskaja in Tschetschenien: Anna Politkowskaja, *Tschetschenien. Die Wahrheit über den Krieg* (Köln 2003: DuMont)
Beslan: https://www.theguardian.com/world/2004/sep/09/russia.media – David Satter: https://www.hudson.org/research/4306-the-aftermath-of-beslan-
Putin: Anna Politkowskaja: *In Putins Russland* (Köln 2005: DuMont) – *Russisches Tagebuch* (Köln 2007: DuMont)

Kapitel acht

Litwinenko: Sir Robert Owen's report into Litwinenko's death https://assets.publishing.service.gov.uk/government/uploads/system/uploads/attachment_data/file/493860/The-Litvinenko-Inquiry-H-C-695-web.pdf – Goldfarb/Litwinenko siehe Kapitel Sechs – Norman Dombey, LRB, Poison And

The Bomb, https://www.lrb.co.uk/the-paper/v40/n24/norman-dombey/poison-and-the-bomb – BBC Panorama: *How To Poison A Spy* http://news.bbc.co.uk/2/hi/programmes/panorama/6294771.stm
Alexander Litwinenko/Yuri Felshtinsky: *Eiszeit im Kreml: Das Komplott der russischen Geheimdienste* (Hamburg 2007: Hoffmann und Campe)

Kapitel neun

Putins Privatleben, Personenkult: Podcast *Taking On Putin* – Website von Proekt investigative: https://www.proekt.media/en/home/
Lied *Ich will einen Mann wie Wladimir Putin*: https://www.youtube.com/watch?v=zk_VszbZa_s
Nationaler Sicherheitsrat streicht Namen von Sanktionsliste: https://www.wsj.com/articles/u-s-withholds-sanctions-on-a-very-close-putin-associate-his-alleged-girlfriend-11650816894?mod=e2tw

Kapitel zehn

Chodorkowski: https://www.vanityfair.com/news/politics/2012/04/vladimir-putin-mikhail-khodorkovsky-russia – https://khodorkovsky.com/ten-years-ago-today-khodorkovsky-dared-to-challenge-putin-on-corruption/ – https://www.dailymail.co.uk/news/article-5495003/British-boss-oil-firm-killed-Russians-friend-claims.html
Deripaska: https://www.youtube.com/watch?v=48Kk7kobMQY – Masha Gessen: *Der Mann ohne Gesicht*, siehe Kapitel drei
https://www.youtube.com/watch?v=ziKUzn-5UcU – https://edition.cnn.com/videos/politics/2017/11/10/deripaska-fake-news-chance-sot.cnn

Kapitel elf

MH17: BBC *Panorama*: Putin's Gamble: https://www.youtube.com/watch?v=kOk1OGbECyo

Kapitel zwölf

Nemzow: https://www.lrb.co.uk/the-paper/v37/n06/keith-gessen/remembering-boris-nemtsov https://www.independent.co.uk/news/world/europe/winter-olympics-2014-welcome-to-sochi-a-city-where-there-are-no-gay-people-9086424.html
Dugin: BBC *Panorama*: The Kremlin's Candidate? Diese Folge ist nicht mehr auf der Webseite der BBC zu sehen, aber Sie finden sie hier: https://eastbook.eu/2017/02/06/aleksander-dugin-eurazjatycki-glos-w-twoim-domu/

Keine Homosexuellen: https://www.independent.co.uk/news/world/europe/winter-olympics-2014-welcome-to-sochi-a-city-where-there-are-no-gay-people-9086424.html

Kapitel dreizehn

BBC *Panorama*: https://www.reddit.com/r/Documentaries/comments/84jpqq/bbc_panorama_taking_on_putin_what_life_is_like/

Kapitel vierzehn

Giftmörder: https://www.youtube.com/watch?v=Ku8OQNyI2io
https://www.thesun.co.uk/news/7268509/salisbury-russia-poisoning-drugs-sex-prostitutes-london/ - https://www.rferl.org/a/novichok-suspects-gay-or-not-russian-state-media-bashirov/29490426.html
Putins Reaktion: https://www.youtube.com/watch?v=Wvbc4vG7Ppw
Russische Desinformation: https://www.kcl.ac.uk/policy-institute/assets/weaponising-news.pdfBig
Bellingcat: https://www.bellingcat.com/resources/podcasts/2020/06/16/bellingchat-episode-3-hunting-the-the-salisbury-poisonings-suspects/
https://www.bellingcat.com/news/uk-and-europe/2020/09/04/gebrev-survives-poisonings-post-mortem/

Kapitel fünfzehn

Podcast *Taking On Putin*

Kapitel sechzehn

Trump: https://www.youtube.com/watch?v=-k3B-tw2sB0 - https://www.bbc.co.uk/news/uk-23152829 - https://www.nytimes.com/2018/11/29/us/politics/trump-russia-felix-sater-michael-cohen.html
Statement der russischen Botschaft zu der Dokumentation *Trump: The Kremlin Candidate?*: https://rusemb.org.uk/fnapr/5941
Joseph Mifsud: https://www.bbc.co.uk/news/world-us-canada-43488581

Kapitel siebzehn

Gerhard Schröder: *Entscheidungen: Mein Leben in der Politik*, (Hamburg 2006: Hoffmann und Campe)
Vanessa Redgrave: https://www.theguardian.com/uk/2000/apr/09/john sweeney.theobserver
Seumas Milne: https://www.newstatesman.com/politics/2016/04/the-thin-controller

Evgeny und Alexander Lebedev: https://www.bbc.co.uk/news/world-europe-20030346 – https://bylinetimes.com/2020/08/20/sweeney-investigates-what-changed-to-make-evgeny-lebedev-no-longer-a-security-risk/ – https://bylinetimes.com/2022/03/15/lebedev-the-kgb-spy-who-helped-put-putin-in-the-kremlin/

Boris Johnson: https://www.opendemocracy.net/en/opendemocracyuk/revealed-boris-russian-oligarch-and-page-3-model/

Nigel Farage: https://www.telegraph.co.uk/news/2017/09/19/bbcs-slur-has-caused-family-misery/ – https://www.youtube.com/watch?v=x8CSVCAIayc

Die „Männer mit Schnee auf ihren Stiefeln": Ein Bezug auf den Mythos aus dem Ersten Weltkrieg, als die Geschichte kursierte, dass in Schottland Männer angekommen seien, am Schnee auf ihren Stiefeln als Russen erkennbar, um die Briten im Kampf gegen die Deutschen zu unterstützen – eine Art säkulare Wundererscheinung

Arron Banks: https://www.dailymail.co.uk/news/article-6374471/Arron-Banks-Russian-wife-entranced-husband-getting-rub-BUTTER-her.html – https://www.bbc.co.uk/news/uk-41740237 – https://www.bbc.co.uk/news/uk-46460194

Tommy Robinson: https://bylinetimes.com/2020/02/23/rape-of-britain-russia-rolls-out-red-carpet-for-tommy-robinson/

Kapitel achtzehn

Nawalny: https://www.bellingcat.com/news/uk-and-europe/2020/12/14/fsb-team-of-chemical-weapon-experts-implicated-in-alexey-navalny-novichok-poisoning/ – https://www.youtube.com/watch?v=T_tFSWZXKN0 – https://www.bbc.co.uk/programmes/m0016txs – Eliot Higgins: *Digitale Jäger. Ein Insiderbericht aus dem Recherchenetzwerk Bellingcat* (Köln 2021: Quadriga)

Kapitel neunzehn

https://newlinesmag.com/reportage/is-putin-sick-or-are-we-meant-to-think-he-is/

Kapitel zwanzig

https://www.newyorker.com/news/annals-of-communications/inside-putins-propaganda-machine – https://www.proekt.media/en/investigation-en/putin-health/